Großmutters
Schatztruhe

Kathrin Rüegg

Großmutters Schatztruhe

Altbewährt und überliefert

Weltbild Verlag

Ein Kochherd, in dessen Pfannen es dampft und brodelt (und duftet!), in dem ein Feuer ▸ prasselt und knistert ... bei ihm zu sitzen, der richtige Ort, um von alten Zeiten zu plaudern

Genehmigte Lizenzausgabe für Weltbild Verlag GmbH, Augsburg 1989
© Albert Müller Verlag AG, Rüschlikon-Zürich, – Nachdruck, auch einzelner Teile, verboten. Alle Nebenrechte vom Verlag vorbehalten, insbesondere die Übersetzungsrechte, die Filmrechte, das Abdrucksrecht für Zeitungen und Zeitschriften, das Recht zur Gestaltung und Verbreitung von gekürzten Ausgaben und Lizenzausgaben, Hörspielen, Funk- und Fernsehsendungen sowie das Recht zur photo- und klangmechanischen Wiedergabe durch jedes bekannte, aber auch durch heute noch unbekannte Verfahren. – Printed in Germany
Einbandentwurf: Peter Engel
IBSN 3 · 926187 · 20 · 4

Für alle Großmütter, die uns mit ihren Tips die Herausgabe dieses Buches ermöglichten.

Wo nicht anders vermerkt, sind die Kochrezepte immer für 4 Personen angegeben.

Inhaltsverzeichnis

(Die ohne Namen aufgeführten Artikel sind
von Kathrin Rüegg)

Vorwort 10

Vom Januar und vom Februar
(W. O. Feißt) 11
In Garten und Haus 14
Für die Schönheitspflege 14
Aus Großmutters Küche 16
Naturfarben für Wolle und Seide 19
Vom Hundertjährigen Kalender –
oder wie wird das Wetter im kom-
menden Jahr (W.O. Feißt) 26

Vom März und vom April
(W. O. Feißt) 29
In Garten und Haus 33
Heilkräuter 34
Für die Schönheitspflege 36
Aus Großmutters Kräutergarten 37
Naturfarben für Wolle und Seide 43

Vom Mai und vom Juni
(W. O. Feißt) 45
In Garten und Haus 51
Heilkräuter 54
Für die Schönheitspflege 56
Aus Großmutters Küche 57
Naturfarben für Wolle und Seide 63

Vom Juli und vom August
(W. O. Feißt) 65
In Garten und Haus 71
Heilkräuter 73
Für die Schönheitspflege 76

Aus Großmutters Küche 76
Vom Mond – oder das Geheimnis
der Nacht (W. O. Feißt) 83
Naturfarben für Wolle und Seide 87

Vom September und vom Oktober
(W. O. Feißt) 91
Vom Kürbis – oder alles Vollkommene
ist rund (W. O. Feißt) 96
In Garten und Haus 100
Heilkräuter 102
Für die Schönheitspflege 103
Aus Großmutters Küche 103
Vom Sauerkraut – oder wie der Mensch
sich ändert (W. O. Feißt) 109
Naturfarben für Wolle und Seide 113
Vom Filzen 115
Wie Großmutter Hefegebäck machte 121

Vom November und vom Dezember
(W. O. Feißt) 123
In Garten und Haus 127
Heilkräuter 128
Für die Schönheitspflege 128
Aus Großmutters Küche 129
Naturfarben für Wolle und Seide 135

Als die Großmutter noch jung war 137
Die Küche 138
Aus Monikas Hotel-Kochbuch 144
Der Wunderwald 156
Aus Nanis Küche 184
Aus Nanis Garten 189

Sommer	190
Nanas Lebens-, Mond- und Wetterregeln	191
Aus Monikas Weihnachts-Backstube	192
Das Januarloch und was es mit sich brachte	195
Wurstrezepte – und wie Monika den Schweinsbraten zubereitete	199

Vom Apfel bis zur Zwiebel

(W. O. Feißt)	203
Die Frucht der Früchte: Der Apfel	204
Was unsern Hunger stillt: Das Brot	216
Was war zuerst: Das Huhn oder das Ei	232
Der wahre Schatz der Indios: Die Kartoffel	244
Milch – ein kostbarer Saft	254
Da haben wir den Salat	260
Hat sieben Häute, beißt alle Leute: Die Zwiebel	284

Vorwort

Man spricht heute viel von der Nostalgie-Welle. Beim Versuch, diesen Begriff zu definieren, stellt man fest, daß jeder etwas anderes darunter versteht.

Für den einen ist es schlicht «die gute alte Zeit» (die oft lange nicht so gut war wie «die schlechte neue Zeit»!). Einer wiederum summt ein Lied aus den zwanziger Jahren vor sich hin, und ein anderer denkt mit Wasser im Mund an Großmutters Sonntagsbraten mit Rahmsoße und selbstgemachten Nudeln.

Es scheint uns falsch, jenen Zeiten nachzuweinen, wo man beim Schein der Petrollampe lesen oder gar arbeiten mußte und wo zum Beispiel die Diagnose Tuberkulose fast einem Todesurteil gleichkam. Genauso falsch wie jene Ansicht, «einfaches Leben» ließe sich nur praktizieren mit einem Klo ohne Wasserspülung, einem Holzkochherd und der Waschgelegenheit am Brunnen vor dem Haus. Solche Vorstellungen sind für uns gleichbedeutend mit «Nostalgie».

Man kann auch heute «einfach leben»; ohne Luxus nämlich. Doch für unsern Begriff sind heutige Haushaltmaschinen kein Luxus, denn sie ermöglichen der Hausfrau mehr Zeit für kreative Arbeiten. Ein gut isoliertes, zweckmäßig geheiztes Haus ist kein Luxus – sowenig wie praktische Arbeitsräume und eine geschmackvolle Einrichtung es sind.

All dies sind Tatsachen, die unsere Großmütter schon wußten. Sie haben sie mit ihren Mitteln in ihre Lebensweise umzusetzen versucht – und wir tun es heute mit den unseren.

Es gibt viele alte Rezepte und Traditionen, die auch heute noch ihre Gültigkeit haben und die zum Teil verblüffend den neuesten Erkenntnissen für einen umweltgerechten, gesunden Lebensstil gleichkommen. Solche haben wir hier aufzuzeichnen versucht. Teils stammen sie aus unseren eigenen Erinnerungen, dann aber auch aus Briefen vieler Zuschauer und Zuschauerinnen unserer Fernsehsendungen. All jenen, die dadurch das vorliegende Buch bereicherten, danken wir herzlich.

Vom Januar und vom Februar

Fangen wir vorn an, mit dem Neuen Jahr, am ersten Januar. Wenn ich mich ganz weit zurück erinnere, an eine Zeit, als mein Vater noch lebte, das war vor dem Zweiten Weltkrieg, da war der erste Januar dem kleinen Bub besonders deswegen so verhaßt, weil alles in der Wohnung, von der Diele bis ins Wohnzimmer, ganz piekfein aufgeräumt sein mußte, und weil ausgerechnet an diesem Tag die Familie schon um acht Uhr in die Kirche ging. Genaugenommen sind wir immer um acht Uhr in die Kirche gegangen, so lange ich denken kann, meine Mutter und ich. Und damit es keinen falschen Eindruck gab, erzieherisch, meine ich, hat die Mutter immer gesagt, der Vater sei schon um sechs Uhr in der Kirche gewesen. Aber vielleicht tue ich ihm unrecht, vielleicht war er das wirklich. Vielleicht ist er auch morgens in aller Frühe aufgewacht, und die Zeit war ihm zu schade zum Schlafen, so wie es mir heute geht, seitdem ich die 50 hinter mir hab'.

Also am Neujahrstag, da ging der Vater mit uns um acht Uhr in die Kirche. Meine Mutter sagte, so wie der Sonntag, so sei der Sterbetag, und darum müsse man ihn gut beginnen, d.h. mit einem Kirchgang. Und am ersten Januar, da müsse man das neue Jahr entsprechend beginnen, denn sonst könnte ja aus dem Jahr gar nichts werden. Am ersten Januar mußte nicht nur alles in der Wohnung aufgeräumt sein, sondern meine Mutter, mein Vater und ich mußten auch die allerfeinsten Kleider anziehen. Das kam zu der schrecklichen Ordnungspflicht noch dazu. Nun bedeuteten die allerfeinsten Kleider für einen Bub' in den dreißiger Jahren ein dunkelblauer Bleyle-Anzug, dessen «kurze» Hosen bis in die Kniekehlen reichten, und unter diesen grauenhaft beißenden – vielleicht war es auch wirklich nur Einbildung – Hosen hatte ich selbstgestrickte, lange braune Wollstrümpfe zu tragen, die mit einem Gummibändel an der Hose befestigt waren. Diese wurde von Hosenträgern gehalten, die aus den gleichen Gummibändeln bestanden, mit Knopflöchern in der Mitte, und die Hosenträger wurden durch Schlitze im Hemd sozusagen unsichtbar über die Schultern geführt. Ja, und über das Ganze kam dann noch eine Bleyle-Jacke, genauso dunkelblau und beißend wie die Hose. Aber alles, aber auch wirklich alles, juckte und biß! Es war eine Tortur. Ich brüllte «es biiiiißt». Meine Mutter sagte, «nai, des biiiiißt net», und mein Vater schimpfte im Hintergrund über «des ewig Theater am Sunntigmorge». Dabei hatte mein Vater sein eigenes Sonntagsvergnügen. Und das bezog sich auf seinen Kragen. Mein Vater trug bis an sein Lebensende die weißen, von seiner Schwester, meiner Tante Anna, gestärkten Kragen. Die wurden so ausgiebig mit «Hoffmanns Stärke» behandelt und dann gebügelt, bis sie steif waren wie Karton. Und diese Kragen mußten nun auf dem Hemd befestigt werden. Diesem Zweck dienten zwei Kragenknöpfe, deren Konstruktion unterschiedlich war: Das hintere Kragenknöpfle hatte einen Stiel, und an diesem Stiel war ein kleiner, umlegbarer Pilzhut; das vordere Kragenknöpfle hatte so etwas wie eine kleine Hand aus Draht, die ebenfalls umlegbar war. Und meines Vaters besondere Sonntagsfreude war, daß er nie das rechte Kragenknöpfle im rechten Moment fand, bzw. daß die Kragenknöpfletechnologie ihm unzählige Streiche spielte. Aus all dem mögen Sie entnehmen, daß weder die Woche noch das neue Jahr im Hause Feißt so harmonisch begann, wie sich das meine Mutter erträumte.

Aber schließlich sind wir in der Kirche gewesen. Der Bub bei den Kindern, die Mutter auf der Frauenseite, der Vater auf der Männerseite, wie sich's gehörte. Wir sind heimgegangen, die Mutter hat den Kaffee gekocht, der Bub hat den Tisch mit den geblümten Sonntagstassen gedeckt, und mein Vater hat Radio gehört. Radio Luxemburg oder Beromünster, versteht sich, weil das verboten war. Mein Vater hatte zum großen Bedauern meiner Mutter überhaupt nichts für die damals herrschende Regierung übrig, was zu unzähligen, mit Lautstärke geführten Diskussionen zwischen meinen Eltern führte.

Pünktlich 5 nach 11 Uhr hat es dann geläutet und meine Mutter machte auf. Es war der erste der Gesellen meines Vaters, der zum «Neujahrswünschen» erschien. Und dann kamen sie, einer nach dem andern. Ich mußte die Hand geben (das schöne Händchen bitte!), und dann hatte ich in die Küche zu gehen, während meine Mutter ein Krüglein Wein, vom guten, den Männern ins Wohnzimmer brachte. Jedem der steif auf dem vorderen Rand des Stuhles sitzenden Gesellen und dem Lehrbub (der mir gesondert vorgestellt worden war und mit dem deutlichen Hinweis, daß er besonders brav und fleißig sei), schenkte sie ein Gläschen ein. Dazu gab es das, was hierzulande an Feiertagen unvermeidlich ist: Linzertorte. Nach einer Stunde, oder wahrscheinlich noch eher, sind alle wieder die Treppe hinuntergepoltert und heimgegangen. Vermutlich waren sie froh und glücklich, so wie ich, daß ich mich endlich umziehen konnte, und mein Vater, der seinen Kragen ablegte. Nur im Wohnzimmer roch es noch tagelang nach Zigarren, die mein Vater und seine wichtigsten Mitarbeiter miteinander geraucht hatten. So begann bei uns das Jahr.

Für mich ist das Jahr eingeteilt in Zeitabschnitte und Monate, die sich vollkommen voneinander unterscheiden. Jeder Monat hat für mich eine eigene Farbe und ein eigenes Licht.

Der Dezember ist dunkelgrau, vielleicht sind's die dicken Schneewolken. Es ist dunkel, fast Nacht, und dann fällt mir sofort der leuchtende Christbaum ein. Aber am ersten Januar, da wird das Jahr für mich unversehens ganz hell. Da gibt's Schnee und blauen Himmel, da ist es kalt, und die Luft ist ganz klar. Eiszapfen hängen von den Dachrinnen. Für mich ist es ein ruhiger Monat. Eigentlich mag ich jetzt nicht viel schaffen.

Aber durch den Schnee stapfen möchte ich, zwischen den weißen Pyramiden von verschneiten Tannen hindurch der Sonne entgegen, die sich in den Eiskristallen bricht. Ich möchte an einer Stelle sitzen, wo die Sonne den Schnee schon weggetaut hat. Oder war's nur der kalte Wind, der ihn verweht hat? Ich möchte zuschauen, wie der schmelzende Schnee von den Grashalmen tropft, denn nun riecht's so merkwürdig, halt nach Januar, wo es wieder aufwärts geht mit der Sonne, mit dem Tag, mit dem Jahr.

Der Christbaum muß an Drei König abgeräumt werden, die Krippe aber kommt an Mariä Lichtmeß, am 2. Februar, weg. Weil ich es so schön finde, die Figuren der heiligen Szene anzuschauen, warte ich immer bis zum letzten Augenblick, nämlich bis zum Lichtmeß-Abend, mit dem Wegräumen. Damit ich immer ein Stück von der Krippe zum Betrachten habe, lasse ich jedes Jahr eine Figur draußen, und sie steht dann das ganze Jahr über auf meinem Schreibtisch.

An Lichtmeß hat man früher die Wachsstöcke geweiht, die vor allem bei den Totenmessen brannten. Sie wissen nicht, was ein Wachsstock ist? Ein Wachsstock, das war eine sehr lange, dünne Kerze aus Bienenwachs, die auf eine kunstvolle Weise aufgewickelt war, so daß die Bodenfläche des Kerzenwickels so groß wurde wie eine Handfläche. Es gab ganz einfache Wachsstöcke und solche, auf denen mit farbigem Wachs Ornamente und christliche Symbole dargestellt waren: das Herz Jesu, mit seinen Flammen, oder das Herz der Mutter Gottes, von zwei Schwertern durchbohrt. Längst gibt es dies nicht mehr. Wachsstöcke waren «Mitbringsel» von Wallfahrten nach Einsiedeln oder auf den Lindenberg. Und ein junger Bursch konnte seinem Mädchen auf dem Jahrmarkt einen Wachsstock kaufen. Etwas so Schönes war ein Wachsstock! Und das Mädchen hat ihn dann jahrelang geschont, bis er unansehnlich war – der Wachsstock und vielleicht auch der Bursch, längst mit ihr verheiratet.

Im Februar ist der Schnee nicht mehr so schön weiß, sondern ein bißchen grau, die Luft nicht mehr ganz so klar. Und im Februar da wird man ungeduldig, weil einem jetzt der Winter langsam zum Halse heraushängt. Während der Januar für mich der stillste Monat überhaupt ist, wo ich gern am Fenster sitze, ein Glas Wein trinke und den Vögeln an ihrem Futterplatz zuschaue, ist der Februar ein Monat, der mich nervös macht.

Dann ist auch noch die Fasnacht mit ihren langen Nächten und den vermummten Mädchen, die ihre Stimmen verstellen und ihre Figuren so ausstopfen, daß ich nicht die leiseste Ahnung hab', wer mich beim Tanzen triezt. Selbst die Hände stecken in Handschuhen. Soll ich mich auf einen Flirt einlassen, und am nächsten Tag lacht mich meine eigene Frau aus? Oder soll ich kühl bleiben, worauf die schöne Nachbarin mich verachten wird? Oder tanz' ich besser gar nicht und versenke meine Melancholie in einem Glas roten Wein? Werden Sie auch melancholisch, wenn die Leute so ausgesprochen heiter sind? Und dann kommt Aschermittwoch, und man wäscht den leeren Geldbeutel am Brunnen aus, aber man muß ihn richtig leergefasnachtet haben, damit man das Jahr über Geld hat. Und man zieht hinter dem Trauerzug her, welcher der Fasnacht die letzte Ehre gibt, eh sie um zwölf Uhr nachts auf dem Marktplatz verbrannt wird. Am Aschermittwoch morgen geht man in die Kirche, wo man ein Aschenkreuz auf die Stirn bekommt: «Aus Asche bist du und zu Asche wirst du... » Die Fastenzeit beginnt, und die entspricht für mich dem Charakter des Monats Februar. Sie ist genauso bedrückend wie das Tauwetter und die schmutzigen Pfützen. Kurz, den Februar mag ich nicht. Deshalb fahre ich in Urlaub, dorthin, wo die Sonne schon etwas wärmer scheint und wo es schon ausschaut wie im März.

In Garten und Haus

Es sage mir niemand, im Januar gäbe es im Garten nichts zu tun! Falls uns viel Schnee beschert worden ist, müssen wir dafür sorgen, daß durch die Schneemassen keine Äste geknickt werden. Ist dagegen wenig oder kein Schnee gefallen, müssen die Stauden an relativ warmen Tagen gewässert werden, sofern der Boden nicht gefroren ist, eine Tatsache, die man gern vergißt. Auch sollte in diesem Falle besonders bei immergrünen Pflanzen der Winterschutz beachtet werden (Farnkraut, Laub, Stroh). Und wer hindert uns daran, jetzt einen Rundgang zu machen, einfach um zu schauen und zu genießen? Ein Garten im Winter verspricht doch so vieles! Wenn ich im Winter an den Frühling in meinem Garten denke, wachsen, nein, wuchern oft meine Ideen. Da könnte man noch ein Mäuerchen machen, dort noch ein Nistkästchen aufhängen, jene Azalee sollte nächsten Herbst versetzt werden, an der hintern Mauer muß ich noch mehr Drähte für die Clematis spannen ... Mache ich das jetzt, falle ich in den Schnee, wenn die Leiter ein bißchen zu kurz ist ...

Winterjasmin habe ich immer noch keinen.

Und dann gibt's noch die feinste aller Gartenwonnen im Januar: Pflanzenkataloge studieren!

Wenn man jetzt seine Bestellung an Staudengärtnereien und Baumschulen aufgibt, kann man gewiß sein, zur Pflanzzeit genau das Gewünschte zu erhalten.

Übrigens: sind ihre Gartenwerkzeuge schon überholt? Jetzt ist genau der richtige Moment, um den Rasenmäher schleifen zu lassen.

Für die Schönheitspflege

Schönheit – wie sehr wird heute der Begriff geprägt vom Fernsehen, von Reklamen in allerhand Zeitschriften.

Mein erstes erstrebenswertes Schönheitsziel waren Zöpfe. Sie wurden so lang, daß ich mich darauf setzen konnte. Sie bereiteten mir Höllenqualen, bis sie gewaschen, wieder glatt gekämmt und ordentlich geflochten waren. Anstelle der heutigen Haarkur verwendete meine Mutter zwei Eigelb, die sie mir einmassierte. Das letzte Spülwasser war Kamillentee und als Haarfestiger schüttete mir Mama ein Glas Bier über den Kopf. Das haßte ich, erstens weil's kalt war und zweitens, weil ich den Biergeruch verabscheute.

Weil unsere Großmütter auch Wert legten auf einen hübschen Teint und glänzendes Haar, präparierten sie sich allerlei Schönheitsmittelchen, deren Rezepte erhalten geblieben sind.

Es kann darum heute zum vergnüglichen Hobby werden, sich die eigenen Salben und Wässerchen herzustellen – aus Früchten, Gemüsen und Kräutern. Und man erhält erst noch die Möglichkeit, persönliche Geschenke zu machen und dafür wohlklingende, passende Namen zu erfinden. Es braucht nur wenige Substanzen, die man sich beim Apotheker besorgt und die genügen, um jedes der erwähnten Rezepte auszuführen.

Vorerst aber meine Brunnenkresse-Geschichte: Vor etlichen Jahren zerstörte eine Schneelawine die Wasserleitung, die zu meinem Haus führte. Ausgerechnet zu jener Zeit warf meine Hündin Bona Junge. Im Wohnzimmer war der einzige Platz, wo es warm genug für die «Kinderstube» war. Ich bettete die Hundefamilie in einen Wäschekorb, den ich mit alten Leintüchern polsterte.

Niemand, der es nicht selbst erlebt hat – womöglich im eigenen Wohnzimmer, kann sich vorstellen, wieviel Feuchtigkeit drei kleine Hundchen produzieren können. Damit wir uns alle trotzdem wohl fühlten, mußte ich die Leintücher fleißig wechseln. Bloß, wie sollte ich sie waschen, jetzt, da ich jeden Topf Wasser zuerst aus Schnee schmelzen mußte? Es zeigte sich jedoch eine Lösung, die einfach war: Ich legte die Tücher in den Fluß, beschwerte sie mit einem Stein, holte sie am nächsten Tag wieder zurück. Und da galt es gleich noch etwas auszuprobieren: Wie windet man ein mit eiskaltem Wasser getränktes Leintuch aus, weil es sonst bleischwer heimzutragen wäre?

Meine Nachbarin Emilia machte mich auf eine Quelle aufmerksam, die nahe beim Fluß aus dem Hang austrat, an der Stelle, wo früher die Frauen ihren Waschplatz hatten, weil das Wasser dort um etliche Grade wärmer ist.

Ich schaute mir den Platz an – und beschloß, die Hundebettwäsche auch weiterhin im Fluß zu waschen.

Bei der Quelle entdeckte ich Brunnenkresse – da wuchs ja eine ganze Plantage von Brunnenkresse, und das mitten im Winter! Jeden Tag holte ich mir dann meine Portion Salat und probierte damit immer wieder andere Varianten aus. Man kann aus Brunnenkresse auch eine Art Spinat zubereiten oder Fleischgerichte auf spezielle Art würzen, indem man die Kresse ganz fein hackt und über das fertig gekochte Gericht streut.

Haarspülungen

Haarspülungen sind besonders zu dieser Jahreszeit angezeigt. Der Aufenthalt in zu trockener Luft in den warmen Räumen und der Mangel an vitaminreicher Kost können auch das Haar in Mitleidenschaft ziehen.

Erproben Sie folgende einfache Großmutter-Tips:

Gegen brüchiges, schütteres Haar:

Brunnenkresse-Spülung

Eine Handvoll Brunnenkresse fein hacken. Mit einer Mischung von 1 Eßlöffel Obstessig und ½ Liter Wasser übergießen.

Über Nacht stehen lassen, abseihen, wie die andern in diesem Kapitel beschriebenen Spülungen anwenden.

Orangen-Spülung, für dunkles Haar

1 ungespritzte Orange mit der Schale ganz fein schneiden. 10 Minuten in ½ Liter möglichst weichem Wasser (evtl. Regen- oder Schneewasser) kochen, durch ein Mulltuch abseihen, gut auspressen. Haare normal waschen, gut spülen. Orangenlotion auf Kopfhaut und ins Haar einmassieren. Nicht mehr ausspülen.

Grapefruit-Spülung, für helles Haar

Sie wird genau gleich gemacht wie die Orangen-Spülung.

Orangen-Hautcreme

Nun sind wieder frische Orangen erhältlich. Haben Sie gewußt, daß man mit frischem Orangensaft auch eine ganz hervorragende Hautcreme herstellen kann?

Wenn Sie es probieren wollen: Besorgen Sie sich aus der Apotheke je 60 g Lanolin und geraspelte Kakaobutter, je 20 g Avocadoöl und gelbes Vaselin. Diese Substanzen werden zusammen im Wasserbad geschmolzen und gemischt. Dazu gibt man 2 Kaffeelöffel frisch gepreßten, durch einen angefeuchteten Kaffeefilter filtrierten Orangensaft und rührt, bis die Masse fest wird. In Töpfchen mit gut schließendem Deckel abfüllen. Im Kühlschrank aufbewahren.

Erstens belebt diese Creme die Haut – das heißt also, daß man frisch und gesund aussieht, und zweitens riecht sie gut. Wer sie verschenkt, dem bleibt es anheimgestellt, von einem Rezept zu sprechen, das er oder sie auf geheimnisvolle Art und Weise erhalten hat ...

Kathrins Brunnenkresse-Quelle

Aus Großmutters Küche

Mit wilden Pflanzen kochen

Brunnenkresse-Süppchen

Man füllt einen vorgewärmten (wichtig!) Suppenteller mit kochendheißer Fleischbrühe, legt eine Scheibe in Butter geröstetes Weißbrot darauf, bestreut diese mit einem Eßlöffel fein gehackter Brunnenkresse und läßt dann ein frisches Ei darübergleiten. Man drückt die Brotscheibe mit der Gabel etwas tiefer in die Brühe, damit das Eiweiß überflutet wird und gerinnen kann. Da bekanntlich das Auge mit ißt, kann man auf das Eigelb noch ein Stäubchen Paprika pudern – obwohl das bei der klassischen «Zuppa pavese» nicht dazugehört (aber die Brunnenkresse schließlich auch nicht). Wer mag, streut noch geriebenen Parmesankäse darüber.

Andere Kochrezepte

Basler Mehlsuppe

100 g Mehl
2 EL Fett oder Butter
1 Zwiebel, fein gehackt
1 Kalbsfuß und andere Knochen
Salz und Pfeffer
1 Fleischbrühewürfel

Zum Drüberstreuen: 100 g Emmentaler, gerieben.

Für eine Variante ohne Käse: eine Scheibe Weißbrot würfeln, in 1 Eßlöffel Butter knusprig rösten und mit ein paar Spritzern Speisewürze verbessern.

Mehl in Fett oder Butter anrösten, bis das Mehl schön braun ist. Die Zwiebel dazugeben. Damit sich keine Knollen bilden, die Pfanne vom Herd ziehen und langsam dem

Pfannenrand entlang kaltes Wasser in kleinen Mengen beigeben. Mit dem Schneebesen gleichmäßig rühren. Nun erst einen Liter heißes Wasser beigeben und immer noch gut umrühren.

Kalbsfuß und Knochen dazugeben, mit Salz und Pfeffer und dem Brühewürfel abschmecken. Mindestens eine Stunde kochen lassen.

Der Käse wird separat gereicht. Bei der Variante mit den Brotwürfeln gibt man diese in die Suppenschüssel und füllt mit der fertigen Suppe auf.

An der Basler Fasnacht ißt man zuerst die Mehlsuppe und dann eine Zwiebelwähe.

Bohnen-Eintopfgericht
(im Dampfkochtopf)

Dieses Rezept soll bloß als Richtlinie gelten. Besonders sparsame Hausfrauen lassen sich Schweinsbrustspitz (Schälrippchen) vom Metzger in ragoutgroße Stücke schneiden. Auch Schaffleisch ist geeignet.

Für unser Rezept brauchen wir:
- 2 EL eingesottene Butter
- 500 g weiße, gedörrte Bohnen (über Nacht eingeweicht, das Einweichwasser abgeschüttet)
- je 300 g Schweine- und Lammfleisch
- 150 g Magerspeck, geräuchert
- 2 große Zwiebeln, gehackt
- 3 Karotten, in Scheibchen geschnitten
- 3 Stangen Bleichsellerie, feingeschnitten
- 3 EL Tomatenmark
- je 1 EL Thymian, Majoran und gehackte Petersilie
- 1 Lorbeerblatt
- ¼ l Fleischbrühe
- 4 Schweinswürstchen

So soll das für Mehlsuppe geröstete Mehl aussehen

Die Butter in den Dampfkochtopf geben, erwärmen, Zwiebeln und Fleisch darin andämpfen. Weiße Bohnen, Sellerie, Karotten, Tomatenmark, Thymian, Majoran, Lorbeer und Fleischbrühe beigeben, Speck darauflegen. Dampfkochtopf schließen.

Wenn der zweite Ventilring sichtbar ist, 10 Minuten kochen, Topf unter Wasserstrahl abkühlen (bis Ventil ganz unten) und öffnen. Die Würstchen und die Petersilie beigeben, nochmals 4 Minuten unter Druck kochen. Wenn der erste Ventilring sichtbar ist, unter Wasserstrahl abkühlen, öffnen.

Speck und Würstchen in Tranchen schneiden, den Eintopf eventuell noch etwas salzen, pfeffern. In vorgewärmter Schüssel servieren. Weißbrot und Salzkartoffeln schmecken gut dazu.

Orangenschalen-Sirup

Schalen von 6–8 Orangen
3 l Wasser
2 kg Zucker
60 g kristallisierte Zitronensäure

Die Orangen, die man z. B. für Fruchtsalat verwenden will, in heißes Wasser legen, gut waschen und mit einem saubern Tuch abtrocknen. Mit einem Sparschäler die Schale dünn abschneiden (ohne das Weiße). Ganz fein schneiden, dann mit Wasser, Zucker und Zitronensäure vermischen. Alles in einem Steinguttopf 6 Tage lang stehen lassen, täglich ein- bis zweimal gut umrühren. Dann absieben, in heiß ausgespülte Flasche füllen, gut verkorken. Stehend und kühl aufbewahren. Je nach Geschmack mit mehr oder weniger kaltem oder kochendem Wasser verdünnen. Mit einem Schuß Gin vervollständigt, verwandelt sich der Sirup in einen vorzüglichen Cocktail.

Tante Hannis Zwiebelkuchen

10 g Hefe
1 Prise Zucker
1 EL lauwarmes Wasser
50 g frische Butter
1 dl Milch
500 g Mehl
½ TL Salz
500 g Zwiebeln, fein gehackt
150 g Speckwürfelchen
Salz, Pfeffer
2 dl Rahm
3 zerklopfte Eier

Teig

Hefe und Zucker im Wasser auflösen. Butter schmelzen, zuerst mit der Milch, dann mit der Hefe vermischen. Mehl und Salz in eine Schüssel sieben, das Hefe-Butter-Milch-Gemisch darunter kneten, ½ Stunde an einem warmen Ort aufgehen lassen.

Belag

Speckwürfelchen in der Bratpfanne rösch braten. Herausnehmen. Im verbleibenden Fett – wenn zuwenig, etwas Oel zugeben – die Zwiebeln weichdünsten. Mit Salz und Pfeffer würzen und abkühlen lassen. Die mit dem Rahm vermischten Eier gleichmäßig daruntermischen. Den Teig für Boden auswallen, in einer Springform ausbreiten und dabei einen Rand hochziehen. Mehrmals mit der Gabel einstechen. Belag verteilen. Im auf 200° vorgeheizten Ofen 30–35 Minuten backen.

Heiß servieren.

In Süddeutschland genießt man den Kuchen im Herbst zum neuen Wein – in Basel am Fasnachts-Montagmorgen nach der Mehlsuppe.

Naturfarben für Wolle und Seide

Allgemeines

Mit dem Färben mit Pflanzen ist es wie mit dem Kochen:

Man muß gewisse Grundregeln kennen, muß ein bestimmtes Vokabular von Fachausdrücken beherrschen, man kann nach vorhandenen Rezepten arbeiten, kann sich aber auch ans Pröbeln machen und sich seine eigenen Rezepte erarbeiten. Anfängerinnen halten sich vorerst besser an gegebene Rezepte.

Das Wollefärben ist kein billiges Vergnügen. Handle es sich nun um gekaufte maschinengesponnene oder gar um handgesponnene Wolle oder Seide, der Aufwand an Färbematerial, Beizmittel und Energie ist zu groß, um verschwenderisch damit umzugehen. Wer aber diese Anleitung Schritt für Schritt durcharbeitet, sollte befriedigende Resultate erzielen können. Wo allerdings die Möglichkeit besteht, einen Färbkurs zu besuchen, sollte man sich diese trotzdem nicht entgehen lassen. Es geht ja nicht nur ums Technische. Wer sich für die Färbegeheimnisse, die uns die Natur verrät, und für die Verarbeitung von Wolle interessiert, hat eine bestimmte Lebenseinstellung, eine gewisse «Wellenlänge» – und in den Kursen treffen sich dann immer die Gleichgesinnten.

Wie oft habe ich den Seufzer gehört: «Soo gerne möchte ich versuchen, Wolle mit Pflanzen zu färben, aber ich hause in einer kleinen Mietwohnung, und da muß ich eben darauf verzichten.» Liebe Färberinnen: Man muß nicht! Man kann in der Kochnische einer Einzimmerwohnung Wolle färben, wenn man gewisse Regeln strikte, aber ganz strikte einhält.

Grundausrüstung

2 emaillierte Kochtöpfe mit Deckel, mit einem Fassungsvermögen von 15–20 Liter. Die Emailbeschichtung der Töpfe darf keine Risse oder gar abgeblätterte Stellen haben! Damit ist es möglich, maximal 500 g Wolle auf einmal zu behandeln. **Diese Kochtöpfe dürfen für Kochzwecke nicht mehr verwendet werden!**

Drei Plastikeimer oder Waschzuber mit einem Fassungsvermögen von je mindestens 10 Liter
1 Plastiksieb zum Abtropfen der Wolle
1 Schwingbesen
1 Küchenwaage
1 Briefwaage
1 Thermometer (Einmach-Thermometer oder Käse-Thermometer)
1 Krug aus Glas oder Porzellan, Fassungsvermögen ½ bis 1 Liter
Dieser Krug darf für Kochzwecke nicht mehr verwendet werden!
Für jedes Beizmittel:
1 Marmeladeglas von ½ Liter Inhalt
2 Paar Gummi-Handschuhe (das zweite Paar als Reserve)
3 Rührlöffel aus Holz, zur Größe des Topfes passend
Diese Rührlöffel dürfen für Kochzwecke nicht mehr verwendet werden!
1 Gazewindel oder 1 Stück Käsleinen, ca. 60 × 60 cm
1 Mörser aus Porzellan oder Glas
1 Knäuel Abbindgarn aus Baumwolle, weiß (Topflappengarn)
1 Küchenwecker
Etiketten und wasserfesten Filzstift
Wäscheständer
1 Gummi- oder Plastikschürze

Wieviel Spaß hat es gemacht, die Dinge für dieses Foto zu arrangieren. Wolle, Beizmittel, Farbstoffe, Kochtöpfe, Thermometer, Waagen: alles zwanzigmal neu – und umdrapiert auf der Gartentreppe!

Wichtig: Für alle Färbvorgänge ist möglichst weiches Wasser notwendig!

Man kann also Regenwasser sammeln, sofern man nicht in einer Gegend wohnt, wo das Wasser wenig Kalk enthält (z. B. im Tessin). Unsere Wollfärberin in der Einzimmerwohnung kann sich einen kleinen Wasserenthärter anschaffen. Dieses Gerät schraubt man an den Wasserhahn; das durchlaufende Wasser wird enthärtet und durch den Filter zusätzlich noch gereinigt. Den Filtereinsatz gelegentlich erneuern!

Eiserner Grundsatz: In der Färbküche werden keine Speisen gekocht – in der Speiseküche wird nicht gefärbt! Wenn wir also unsere Speiseküche zur Färbküche umfunktionieren, haben wir alles Eßbare wegzuräumen. Für gute Durchlüftung während der Beiz- und Färbvorgänge sorgen!

Wolle

Wie schön, daß es Wolle gibt! Dieser natürliche Werkstoff hat so viel Charakter, existiert in so vielen verschiedenen Qualitäten, daß ich mich hier beherrschen muß, um nicht seitenlange Loblieder darüber zu schreiben. Und erst pflanzengefärbte Wolle! Wer sich angewöhnt, der stummen Sprache der Natur zu lauschen, dem können ein paar Knäuel Wolle lange Geschichten erzählen. Aber der Färblehrling will jetzt keine Geschichten, sondern Tatsachen hören:

Die ersten Färbversuche machen wir mit Strangenwolle.

Am meisten Spaß macht es sicher, handgesponnene Wolle zu färben, und am ursprünglichsten wird die Beziehung, wenn man weiß, von welchem Schaf die Wolle stammt.

In der Schweiz kann man sich das ganze Vlies vom weißen Alpschaf, vom Walliser Schwarznasenschaf oder vom ostfriesischen Milchschaf beschaffen. In Deutschland sind Heidschnucken und Texelschafe weitverbreitet.

Ein einfaches Rezept, um Rohwolle zu erhalten: Sich bei einem Schafhalter nach den Scherzeiten erkundigen und sich so die Wolle direkt beim Produzenten beschaffen. Ich plädiere hier natürlich in erster Linie für die Wolle der ostfriesischen Milchschafe, weil wir selbst solche halten. Die Milchschafe werden nur einmal im Jahr, anfangs Mai, geschoren und haben deshalb eine langstapelige Wolle, die sich besonders gut zum Handspinnen eignet. Zudem ist diese Qualität außerordentlich weich. Die Rückenwolle eines Vlieses läßt sich sogar ungewaschen leicht verspinnen.

Eine andere Möglichkeit besteht darin, sich gewaschene, kardierte Wolle zu beschaffen und zu verspinnen. Folgende Importwollen sind im Textilhandel (siehe Lieferantenliste) meist erhältlich: Crossbred, Islandwolle, Kamelwolle, Mohairwolle, Neuseelandwolle.

Wer sich aber vorerst nur aufs Färben konzentrieren will, kann auch maschinengesponnene Wolle dazu verwenden. Wichtig ist bloß, daß man sich reine Wolle beschafft und daß diese nicht chemisch behandelt worden ist. Die Strangen werden drei bis viermal lose abgebunden, damit sich die Wolle bei den verschiedenen Arbeitsprozessen möglichst wenig verheddert.

Unser Webstuhl dient hier zur Abwechslung als Wolltrocknungsgestell

Dann wird sie gewaschen. Daran denken: Je mehr Fett eine Wolle enthält, desto wasserabstoßender ist sie. Je weniger Fett eine Wolle enthält, desto leuchtender erscheinen die Farben!

Wir geben eine Handvoll Seifenflocken in handwarmes Wasser (ca. 40 Grad) und schlagen die Seife schaumig. Wolle ein paar Minuten im Wasser liegen lassen, dann durch das Seifenwasser ziehen. Nicht auswringen! – das Wasser nur von der Strange abstreifen. Zuerst in lauwarmem, dann – mit absteigender Temperatur – mehrmals in immer kühlerem Wasser spülen. Spülen, bis das Wasser klar bleibt.

Und damit sind wir bei einem Grundsatz angelangt, den man sich beim Wollefärben nicht gut genug einprägen kann:

Wolle darf nie «erschreckt» werden, sonst filzt sie!

Genauer umschrieben heißt das: Für alle Beiz- und Färbprozesse die Wolle ins handwarme Bad geben, bis auf die im Rezept angegebene Temperatur erwärmen, färben, im Farbbad wiederum abkühlen. Einige Rezepte verlangen jedoch einen Unterbruch dieses Vorganges: nach der Färbung die heiße Wolle in heißes Spülwasser geben und darin abkühlen lassen.

Bei fast allen Rezepten «beizt» man die Wolle; entweder geschieht das vor dem Färben (Vorbeize), oder man gibt dem Farbbad ein Beizmittel bei (Direktbeize). Beizmittel verbinden sich mit Wolle und Farbstoff – das heißt, die Wolle nimmt den Farbstoff auf. Ungebeizte Wolle stößt ihn oft ab, oder die Farbe ist dann nicht licht- oder reibfest. Weil sich der Beizstoff vollkommen mit der Wolle verbindet, können die Beizbäder nur jeweils einmal verwendet werden.

Beim Durchlesen der nachfolgenden Rezepte fällt einem neugierigen Lehrling sicher als erstes auf, daß man Wolle «sanft kochend», je nachdem eine halbe bis zwei Stunden färbt. «Sanft kochend» heißt: das Farbbad darf Blasen werfen, aber nicht strudeln (Temperatur 70 bis 80°C).

Seide

Seide läßt sich wie Wolle färben, doch wird bei einem genau gleichen Färbvorgang die Farbe meist etwas heller. Wir können uns das zunutze machen, und durch Farbe und Struktur ein recht interessantes Effektgarn spinnen, indem wir Flöckchen von Bouretteseide ins Wollgarn einspinnen. Das Resultat wird nach dem Färben ein Ton in Ton gehaltener Faden sein. Falls wir reine Seide (also ohne Wollbeimischung) färben, achten wir darauf, daß das Farbbad die Temperatur von 80 Grad Celsius nie übersteigt.

Andere tierische Fasern

Es ist viel zu wenig bekannt, daß auch Hundehaar versponnen werden kann. Man muß die Haare aber mit Schafwolle mischen (50% Schaf- und 50% Hundewolle) und darf sich selbstverständlich nicht daran stören, daß der Pullover tüchtig nach Hund riecht, wenn er naß wird. Meine Freundin Andi hat sich aus den Haaren eines Entlebucher-Sennenhundes den schönsten Zottelpullover gesponnen und gestrickt. Meist haben ja Hundehaare an sich eine hübsche Naturfarbe und brauchen also nicht mehr weiter mit Pflanzen gefärbt zu werden.

Blauholz
(Ligamum Haematoxylon campechianum)

Zutaten
2 mal je 500 g = 1 kg Wolle
200 g   Blauholzspäne oder
100 g   Blauholzpulver (Drogerie)
2 mal je 8 g Kaliumbichromat (Drogerie)
2 mal je 1 Handvoll Seifenflocken

Farbsud
Das Blauholz über Nacht in kaltem Wasser einweichen. Dann langsam zum Sieden bringen und 2–3 Stunden auskochen. Den Farbsud abkühlen lassen. Falls Späne verwendet wurden, Sud erst durch ein Mulltuch abseihen; das Tuch zubinden und wieder in das Farbbad geben.

Beizbad
Kaliumbichromat ist lichtempfindlich. Deshalb wird in möglichst dunklem Raum gearbeitet, und das Beizen und Färben der Wolle erfolgt bei geschlossenem Topf-Deckel. Wird die gebeizte Wolle nicht sofort verarbeitet: in dunkles Tuch einwickeln, dunkel aufbewahren.
Beize: 8 g Kaliumbichromat in 1 Liter lauwarmem Wasser auflösen. Diese Lösung in den mit lauwarmem Wasser aufgefüllten Färbkessel geben, umrühren. 500 g in lauwarmem Wasser eingeweichte Wolle beigeben. Zugedeckt 1 Stunde köcheln und dann – im zugedeckten Kessel – abkühlen lassen.

Farbbad
Die gebeizte, erkaltete Wolle ins Farbbad geben, zugedeckt auf kleiner Flamme zum Kochen bringen, 1 Stunde köcheln, gelegentlich wenden, im Farbbad abkühlen lassen, über dem Farbbad sorgfältig ausdrükken, waschen, klarspülen.

Das Farbbad wird ein zweites Mal verwendet und ergibt dann silbergraue Wolle. Diese beizt man vorher genau gleich wie diejenige für das erste Bad.

Zwiebelschalen *(Allium cepa)*
Für eine Sendung benötigten wir nullkommaplötzlich zehn Kilogramm Zwiebelschalen. Ich war sehr gespannt, wie Bubi, unser Requisiteur (von dem behauptet wird, er könne auch einen weissen Elefanten in nützlicher Zeit herzaubern) dieses Problem lösen würde: Er erschien anderntags mit einem Riesensack voller Schalen. «Erst noch ein Geschäft gemacht!» Er hatte einhundertfünfzig Kilogramm Zwiebeln bei einem Großverteiler gekauft, diese durch ich weiß nicht wieviele Leute des Dorfes, schälen lassen, und die geschälten Zwiebeln dann mit schönem Aufpreis an ein Hotel weiterverkauft. Bloß, wiederholen läßt sich das Geschäft nicht, weil das ganze Dorf einen Abend lang weinte!

Sie werden es sehen: Mit Zwiebelschale gefärbte Wolle wird so schön, daß Sie in Zukunft in Ihrer Küche öfter Zwiebeln verwenden und alle Ihre Bekannten darum bitten werden, jedes, aber auch das kleinste Zwiebelschaleblättchen für Sie beiseite zu legen. Zudem ist der Färbeprozeß einfach. Das Beizmittel wird zum Farbsud gegeben = Direktbeize.

Beginnt man mit 500 g Zwiebelschale und 500 g Wolle, kann man dasselbe Farbbad zehn- bis zwölfmal verwenden und erzielt damit eine Farbskala von gelbbraun bis zitronengelb.

Zutaten
12 mal je 500 g = 6 kg Wolle
500 g   Schale von braunen Speisezwiebeln
12 mal je 60 g Alaun (Drogerie)
12 mal je 1 Handvoll Seifenflocken

Mit Blauholz gefärbte Wolle (1. Farbsud) und Blauholzspäne

Farbbad
Man schichtet 500 g gut angefeuchtete Wolle und 500 g Zwiebelschalen lagenweise in den Färbtopf, füllt mit lauwarmem Wasser auf. Nun streut man 60 g Alaun darüber, und bringt das Bad auf schwachem Feuer zum Kochen. 1 Stunde köcheln lassen (Strangen gelegentlich wenden), dann die Wolle im Farbbad erkalten lassen. Die Strangen sorgfältig ausdrücken und das

Zwiebelschalen und wie man Wolle damit färben kann

Farbwasser und an der Wolle hängen gebliebene Schalen zurück in den Färbtopf schütten. Wolle erst in handwarmem Seifenwasser waschen, dann in lauwarmem Wasser klarspülen.

Zweites bis letztes Farbbad: jeweils 500 g Wolle ins verbliebene Farbbad geben, jedesmal 60 g Alaun darüberstreuen.

Allgemein wie beim ersten Farbbad vorgehen.

Vom Hundertjährigen Kalender – oder wie wird das Wetter im kommenden Jahr

Bei uns daheim war's der Lahrer «Hinkende Bote», den meine Mutter regelmäßig konsultierte. Wenn sie etwas mit dem Garten vorhatte, so schaute sie im Kalender nach, was da über die Wetterentwicklung stand. Der Hundertjährige Kalender! Als aufgeklärter Knabe hielt ich ihn für den Ausbund von abergläubischer Dummheit. Wie kann es einen Kalender geben für hundert Jahre! Wann, fragte ich meine Mutter, sind denn die hundert Jahre um? Sie konnte mir keine Antwort geben, aber mit der ihr eigenen Toleranz wies sie mich stets darauf hin, wenn der Kalender wieder einmal recht gehabt hatte. Dennoch hegte ich den Verdacht, daß der Hinweis nur beim Eintreffen der Vorhersage erfolgte.

Was hat es denn nun eigentlich mit diesem Kalender auf sich? Zurück geht er auf den Abt eines Zisterzienserklosters in Langenheim in Franken, der von 1613–1664 lebte. Er nahm sich eines Tages vor, einen immerwährenden Kalender zu schreiben, um den Mönchen des Klosters bei der Arbeit in der Landwirtschaft zu helfen. Sieben Jahre lang beobachtete der Abt täglich das Wetter und die Natur (1652–1658). So, und das, was Dr. Moritz Knauer damals aufgeschrieben hat, das ist er, der original Hundertjährige Kalender. «Das sind doch nur sieben Jahre», wird man einwenden. Richtig, doch länger mußte der Abt nach seiner eigenen Überzeugung gar nicht beobachten, denn ihr entsprechend steht jedes Jahr unter der Herrschaft eines der sieben für die Astrologie wichtigen Planeten: Saturn, Jupiter, Mars, Sonne, Venus, Merkur, Mond. (Sonne und Mond gelten astrologisch als Planeten.) In obiger Reihenfolge treten die jeweiligen Planeten ihre «Herrschaft» an, welche jeweils vom 21. März des einen bis zum 20. März des andern Jahres dauert.

Kommt Ihnen das mit den sieben Jahren nicht bekannt vor? – Natürlich. Schon im alten Testament ist die Rede von sieben fruchtbaren und sieben unfruchtbaren Jahren. Nach Abt Knauer hat jedes Jahr dieses Siebner-Zyklus seine eigenen Wetterprobleme, seine eigene Fruchtbarkeit.

Nehmen wir das Venusjahr 1983, das bis zum 20. März 1984 dauerte. Ihrer Natur nach ist die Venus feucht und warm. Die Regel für ein Venusjahr heißt, es sei eher feucht als trocken: betrachtet man das Jahr als Ganzes, so sei es schwül und ziemlich warm. Erinnern Sie sich? – Der Sommer 1983 galt als Jahrhundert-Sommer, doch der Frühling war eher verregnet. Im «Hundertjährigen» heißt es: «Regnet es ständig im Frühjahr, dann folgt ein heißer und trockener Sommer. In diesem Fall wächst Spitzenwein.» Auch das stimmte! Am 21. März 1984 hat das Merkurjahr begonnen. Der Merkur ist seiner Natur nach kalt und trocken, und deshalb meint der Kalender, das Merkurjahr sei mehr trocken als feucht, eher kalt als warm und nur selten fruchtbar.

Nun gibt es noch eine Reihe von Regeln, die die Aufzeichnungen aus dem 17. Jahrhundert variieren, vor allem, was die Mondphasen angeht. Diese verschieben sich datummäßig Jahr für Jahr, und aus diesem Grund kann die vom Abt aus Langenheim prophezeite Witterung nicht auf den Tag genau eintreten.

Sonnenfinsternisse beeinflussen das Wetter ebenso wie die Stunden, zu denen der Neumond eintritt. Denn nach der Astrologie hat nicht nur jedes Jahr seinen Planeten, sondern auch jede Stunde, und der Planetenherrscher der Stunde bestimmt das Wetter des nachfolgenden Monats ebenfalls. Sie sehen, ganz so einfach, wie er manchmal in Kalendern abgedruckt ist, ist der Hundertjährige Kalender gar nicht, und wenn man ihn recht benutzen will, so wird es einigermaßen kompliziert. Man könnte sagen, so ungenau wie Zeitschriftenhoroskope sind und so genau, so steht es mit dem einfach abgedruckten Hundertjährigen Kalender. Eines muß man außerdem noch beachten: Die Wetterbeobachtungen des Zisterzienser-Abtes beziehen sich auf Franken. Ob sich das Wetter am Oberrhein oder am Alpenrand genauso verhält wie dort? – Das müßte man einmal erforschen.

Irgendwer hat den Hundertjährigen Kalender ins Japanische übersetzt. Das ist natürlich Unsinn! Wie könnte das Wetter auf einer Insel im Pazifik den Aufzeichnungen des Abtes folgen!

Vom März und vom April

uar die Farbe von kaltem Blau und glänzendem Silber, der Februar
em Grau, so ist der März für mich braun. Ich denke an die Hänge des
ern zwischen Oberbergen, Vogtsburg und Schelingen – und an die
es, der vulkanischen Ursprungs ist. Im Sommer wachsen hier die
nen, aber keine Bäume. Im März sind sie mit verwelktem Gras
stoßen daraus die «Küchenschellen». Ihr Grün ist mit einem feinen,
berzogen, die Blüten sind violette Kelche, deren Herz – Stempel,
ütengrund – goldgelb leuchtet. Sie stehen unter Naturschutz und
ezeit bewacht. Ist es nicht traurig, daß man sogar Blumen vor der
en schützen muß?

rün auf den Wiesen gehört für mich zum März: das Grüngelb der
rwitzigen Blüten der Veilchen, Himmelsschlüssele und natürlich der
er Löwenzahn, die winzigen Blättchen von Schafgarbe und ganz
h und Brunnenkresse. Wenig später genieße ich den ersten Spinat
nesseln.

Sehnsucht nach Sonne und Wärme übermächtig. Wenn ich nicht
enigstens ein Wochenende auf die Alpensüdseite gefahren bin – im
ehr zu halten.

Palmsonntag. Aber schon an den Sonntagen zuvor war in den
längst von Freude die Rede, als ließe sich – auch in der strengen
ude auf das Wiedersehen der Natur nicht verheimlichen. Am Palm-
vor allem droben im Schwarzwald, die «Palmen». Die Erwachsenen
ergrüne Zweige mit in die Kirche, wo sie geweiht und von den Leuten
mitgenommen werden. Dort werden einige hinter das Kreuz im
eckt und andere am höchsten Firstbalken auf dem Speicher befe-
Blitzschlag. Bei schweren Gewittern hatte meine Mutter immer ein
zweig abgebrochen und im Herd verbrannt, damit das Haus vor
Unheil bewahrt bleibe. Die Palmzweige vom vergangenen Jahr wurden verbrannt, auf
einer Schaufel, und meine Mutter ging damit durchs Haus, damit der Rauch und der Duft
die bösen Geister austreibe. Die «Palmen» erinnern an die Stelle in der Heiligen Schrift,
wo es heißt, daß die Menschen beim Einzug von Christus in Jerusalem Zweige von den
Bäumen brachen und sie vor die Hufe des Esels legten.

Dann kommt die Karwoche mit ihren uralten, ergreifenden Gottesdiensten am Gründonnerstag, Karfreitag und Karsamstag.

Am Gründonnerstag gab's daheim immer Spinat und Spiegeleier, so daß ich schließlich glaubte, das «Grün» käme vom Spinat.

Am Karfreitag hat meine Mutter eine ganze Reihe von Arbeiten verrichtet, die sozusagen die Krönung der Vorbereitungen für das Osterfest waren. Dazu muß man zunächst erwähnen, daß der Karfreitag für Katholiken kein öffentlicher Feiertag ist. Zu den speziellen Tätigkeiten gehörte zum Beispiel die Pflege der Essigmutter.

Meine Mutter machte ihren Essig selber. Sie schüttete alle Weinreste, die im Haushalt anfielen, in eine große, bauchige Flasche. Ein paar hinzugefügte Krümel von Brotrinde ließen den Wein «umfallen», und er wurde im Laufe einiger Zeit zu Essig. Es entstand eine braun-graue, pelzige Schicht auf dem Wein, vermutlich aus Hefepilzen und Bakterien, die seine Verwandlung in Essig bewirkte. Am Karfreitag füllte meine Mutter allen Essig in die Flaschen ab, die sie im Haushalt speziell für Essig vorgesehen hatte. Die Essigmutter wurde mit sauberem Wasser ausgewaschen, aber gab es schon eine «junge Essigmutter», dann wurde die alte weggeworfen und die junge kam zum Zuge. In die inzwischen gewaschene große Essigflasche kam frischer Wein und die Essigmutter, die nun für ein Jahr «ihre Tätigkeit wieder aufnahm».

Am Karfreitag hat meine Mutter auch alle Blumenzwiebeln in den Boden gebracht und das gesät, was nicht auf die Eisheiligen warten mußte. Denn, so sagte meine Mutter, am Karfreitag wächst alles. Am Karfreitagnachmittag wurden die Ostereier mit Zwiebelschalen, Kaffeesatz und Tee gefärbt.

Die Eier, die die Hühner am Karfreitag legten, galten als etwas Besonderes. Ich nehme an, daß das Ei, das ja «unbelebt» scheint und aus dem doch nach einiger Zeit ein quicklebendiges Hühnchen schlüpft, als ein Symbol für das nach der Starre des Winters wiedererwachende Leben galt. Die Karfreitagseier spendeten also Kraft und Leben und jeder in der Familie bekam ein Ei. Die Eier, die meine Cousine Elsa aus der Heimat meiner Mutter brachte, kamen meist erst am Karsamstag auf den Tisch, aber Elsa hatte sie eigens gekennzeichnet. Jedes Jahr wurde eines der Karfreitagseier über das ganze Jahr hinweg aufbewahrt – als Glücksei. Man kann es natürlich auch so sehen, als ein Symbol für die Hoffnung, daß aus allem Toten wieder Leben wird. Meine Mutter behauptete immer, ein solches Karfreitagsei werde nicht faul. Ich hab's einmal wissen wollen und hab' eines ein Jahr später zerbrochen: es war ganz einfach ... leer. Aber faul war es nicht.

Am Karfreitag nahm mich mein Vater mit zum Kreuzweg-Beten. Ich bin in einem Vorort von Freiburg im Breisgau aufgewachsen, in der Wiehre, am Lorettoberg. Der Lorettoberg hat seinen Namen von einer Wallfahrtkapelle, im italienischen Loreto, südlich von Ancona. Genaugenommen gibt es am Lorettoberg drei Kapellen, aber unter einem Dach – nach dem italienischen Vorbild: Die mittlere ist der Mutter Gottes und dem Jesuskind gewidmet, die westliche dem Heiligen Josef und die östliche der Heiligen Anna.

Unterhalb der Kapelle zeigt ein Kreuzweg oder Stationenweg das Leiden des Herrn in vierzehn Stationen, Sandsteinpfeiler mit Bildern in kleinen Nischen.

Der Vater erzählte mir am Karfreitag die Geschichte der Passion, von Station zu Station. Als ich erwachsen war, bin ich den Weg wieder gegangen und habe erst dann entdeckt, in welchem Maße der Gottessohn unser Menschenschicksal in den einzelnen Stationen

Ein Osterhase hat dieses Ei extra für unsere Sendung bemalt

seines Leidens durchgelitten hat: Einsamkeit, Niederlage, Hoffnung, Liebe, Abschied, Verlust und die Endgültigkeit des Todes, die Einsamkeit des Sterbens ...

Seitdem gehe ich jeden Karfreitag zum Stationenweg, um über mich und das Menschsein nachzudenken.

Der Karsamstagmorgen war im Dasein eines Ministranten (Meßdieners), der ich war, der Höhepunkt des gesamten Kirchenjahres. Nie sonst gab es so anspruchsvolle Dinge zu tun. Demgegenüber war das Meßdienerdasein des gesamten übrigen Jahres reines Statistentum.

Es begann damit, daß Meßdiener und Pfarrer durch die vollkommen dunkle Kirche, in der selbst das Ewige Licht ausgelöscht war, von der Sakristei zum Kirchentor schritten. Draußen wurde mit einem Stahl aus einem Eckstein der Kirche Feuer geschlagen. Natürlich haben schon zu meiner Zeit die meisten Pfarrer das nicht mehr gekonnt und griffen infolgedessen auf das Sturmfeuerzeug des Meßmers zurück. Damit wurde ein Holzstoß angezündet, in dem bestimmte Dinge verbrannt wurden, so zum Beispiel die mit dem Oel der Krankensalbung vollgesogenen Wattebäusche, die von dem stammten, was man früher «letzte Ölung», heute das «Sakrament der Krankensalbung» nennt. Hierauf vollzog sich der wunderschöne Karsamstag-Gottesdienst: das Hineintragen des Heiligen Feuers, das Anzünden der dreiteiligen Kerze, das Singen «Lumen Christi», die Weihe der Osterkerze, des Osterwassers, des Taufwassers, die Lesung der zwölf Abschnitte aus der Bibel, «Prophetien» genannt, das Singen des «Exultet», die schönste der alten Gregorianischen Hymnen. All das ist heute bis auf ein paar wenige Überreste verkümmert, und der Gottesdienst findet in der Karsamstagnacht statt.

Zu Zeiten, als man fast ausschließlich Holz in seinem Herd verfeuerte, hütete man eine Kohlenglut das ganze Jahr hindurch. Am Karfreitag löschte man das Feuer und reinigte den Herd. Am Karsamstagmorgen wurde das Holz mit dem Heiligen Feuer der Osterkerze wieder neu entfacht. Frisch geweihtes Wasser («Ostertauf») nahmen die Leute mit nach Hause. Meine Mutter hielt das geweihte Wasser in einer Sprudelflasche, sinnigerweise bei den Schnapsflaschen hinter den Wintermänteln im Schlafzimmerschrank, aufbewahrt. Das führte gelegentlich dazu, daß einer, der rasch etwas gegen sein Bauchweh tun wollte, in der Eile das Weihwasser anstatt den Schnaps erwischte. Im übrigen wurde das Weihwasserkesselchen, das neben der Schlafzimmertür hing, mit dem frischen Weihwasser gefüllt.

Wenn im Hochsommer ein Gewitter im Anzug war, wurde die Wohnung reichlich mit Weihwasser besprengt.

Wenn der Vater und der Bub am Morgen fortgingen, zur Arbeit und in die Schule, wurden sie von der Mutter mit Weihwasser gesegnet.

Ostermorgen: Sonne, Licht, Wärme, Blumen, grüne Wiese, Ostereiersuchen im Garten. Der Tag eine einzige Haydnmesse. Und der Bub darf Kniestrümpfe anziehen und vielleicht sogar den dicken Pullover ausziehen. Die Familie geht die Tante Emilie und den Onkel Ulrich besuchen. Sie betrieben eine kleine Wirtschaft am Rand eines Sportstadions. Da durfte noch einmal nach Ostereiern gesucht werden, mit Base Erika und Vetter Roland. Weil an Ostern ja kein Sportbetrieb war, durften wir auf dem Sportplatz herumrennen,

Ein Glas, eine Kerze, ein paar Frühlingsblumen: wie wenig braucht es, um einem Tisch festliches Gepräge zu geben

was bei mir regelmäßig mit einer Katastrophe endete. Entweder fiel ich hin und machte die Sonntagskleider kaputt oder zumindest dreckig, oder ich wurde von meiner älteren Base Erika verhauen, weil ich nach ihrer Auffassung etwas falsch gemacht hatte. Oder aber: das kleine, dicke Wernerle schwitzte und erkältete sich, was dann wieder acht Tage Bettruhe zur Folge hatte. Noch heute, fast 50 Jahre später, werde ich von meinen Basen und Vettern mit der Frage gehänselt: «Wernerle, hesch e nasses Hemm?» Mit dieser Frage hatte meine Mutter mich am Genick, unter dem Hemd geprüft, ob mein Unterhemd feucht war. Traf es zu, unterband sie jegliche sportliche Betätigung und alles, was sonst noch Spaß machte. Sie schleppte mich in ein Schlafzimmer und zog mir ein Ersatzhemd an, das sie immer bei sich hatte, und für den Rest des Nachmittags mußte ich brav bei den Erwachsenen sitzen, während die anderen draußen «Fangen» spielten und «Verstecken» oder «Männle Ball» oder «Ochs am Berg» oder «Kaiser, wieviel Schritte darf ich tun?»

Auf die Osterwoche folgt der Weiße Sonntag, an dem die jüngeren Kinder in katholischen Gegenden zur Ersten Kommunion gehen. In unserer Familie war es ein Anlaß zu wunderschönen Festen. Aber es ist ja merkwürdig: In den Familien folgen sich Taufe, Erstkommunion und Hochzeit – dann aber ist es eine Weile Schluß mit Feiern. Zwar wird in der nächsten Generation bei den gleichen Anlässen gefeiert, aber selbst ist man der Familie schon zu weitläufig verwandt, als daß man noch eingeladen würde. Das einzige, was dann noch bleibt an Familientreffen, sind die Beerdigungen. Oder wie mein Vetter Roland sagt: «Wenn nicht gelegentlich einer sterben tät, bekäm man sich überhaupt nicht zu Gesicht.»

Aber vom Sterben wollte ich ja eigentlich jetzt im April nicht reden, sondern von der feierlichen Erstkommunion, vom langen Zug der in schwarzen Anzügen steckenden Lausbuben, die bereit sind, mit ihren Kerzen, die sie mit einem weißen Tüchlein festhalten, jeglichen erdenklichen Unfug zu treiben, und von der Schar der ganz in Weiß gehüllten Minibräute, die ebenfalls ihre Kerzen umklammern und gleichzeitig andächtig in der Nase bohren. Voraus eine Blaskapelle, dahinter der Herr Pfarrer, die Ministranten und die festtäglich gekleideten Verwandten.

Und dann das Festessen, das zu jeder Erstkommunion gehört: Nudelsuppe und Tafelspitz mit Bouillonkartoffeln, Meerrettichsoße, Preiselbeeren, süßsaure Zwetschgen, Rahnensalat und süßsaurer Kürbis. Und dann einen Schinken oder ein Schäufele mit Sauerkraut und Kartoffelbrei. Und was gibt's danach?

Richtig! Die Linzertorte, die nie fehlt, und Wein. Auf dem obligatorischen Familienspaziergang stellt Onkel Otto seine Fotokamera auf das Stativ, das ewig wackelt. Er zieht ein schwarzes Tuch über Kamera und Kopf, weil er ja noch eine Plattenkamera benutzt. Aber dank einem Selbstauslöser kann er sich im letzten Augenblick auch noch ins Bild stürzen. Deshalb ist Onkel Otto auch auf allen Familienbildern mit einem gehetzten Ausdruck zu sehen.

Tja, ich hab' jetzt noch nicht gesagt, was für eine Farbe mir zum April einfällt. Es ist das Weiß der Erstkommunikantinnen, der Kirsch- und der Apfelblüten und das zarte Grün der Birken, der Buchen und der Lärchen. – Das ist für mich der April.

In Garten und Haus

Ich weiß, nun ist für viele Gärtner der Moment gekommen, wo sie – wie Marathonläufer – auf den Schuß warten, der sie wieder säen, setzen, pikieren, düngen läßt. Nach meiner Erfahrung lohnt es sich, mit diesen Freuden zu warten, bis die Erde gut getrocknet und etwas erwärmt ist. Auch wenn viele Gartenbücher das frühe Säen von Erbsen und Karotten empfehlen – ich habe die Feststellung gemacht, daß spätere Saat oft frühere Ernte und viel weniger Saatverlust ergibt.

Nun aber ist gerade der richtige Zeitpunkt für das Schneiden von Obstbäumen und den Rückschnitt der Sommerblüher. Unsere Großmutter wußte noch, daß Klettergehölze, auch Jungfernreben und Efeu, viel üppiger gedeihen, wenn sie im Februar/März kräftig zurückgeschnitten werden.

Rhabarber kann nun zu frühem Treiben angeregt werden: Man stellt einen Eimer in eine etwas größere Holzkiste, füllt die Zwischenräume mit gut festgestopfter Holzwolle und/oder Zeitungspapier und stülpt das Ganze über eine Rhabarberstaude. Wenn die Sonne scheint, entfernt man diesen Wärmeschutz. Nicht vergessen, mit leicht temperiertem Wasser gut gießen.

Frühkartoffeln sollten jetzt vorgekeimt werden. Man legt sie einschichtig in Obstkistchen, die man übereinanderstellen darf, wenn der Lagerplatz hell genug ist. Gestapelte Kisten sollen jeden zweiten Tag umgeschichtet und die keimenden Kartoffeln dem Licht zugedreht werden.

Brennesseljauche

In ein Gefäß (nicht Metall!) von 2 l Inhalt gibt man 100 g feingeschnittene Brennesseln und 1 l Wasser, ein paar Zwiebel- und Eierschalen und läßt die Brühe an einem warmen Ort stehen. Achtung! Sie schäumt und stinkt während des Gärungsvorganges, der je nach Temperatur 10 Tage bis 3 Wochen dauert.

Täglich umrühren. Die Jauche ist gebrauchsfertig, wenn sie nicht mehr schäumt. Man sieht die Rückstände ab und gießt die Blumen einmal pro Woche mit 1 dl dieser Jauche, der man jedoch einen Liter gestandenes Wasser beifügt; also ein Mischungsverhältnis von 1:10. Beim Gießen macht sich der unangenehme Geruch wieder bemerkbar. Wir sagen entschuldigend «es biologelet» – und ertragen den Gestank in der Überzeugung, daß er allemal gesünder sei als der Geruch nach chemischem Dünger. Übrigens: wenn man dem Jauche-Ansatz etwas Baldrian (frische, feingehackte Pflanzenteile oder getrocknetes Teekraut oder Tinktur) oder etwas Gesteinsmehl, das ja auch düngt, beifügt, kann der – pardon – Gestank etwas gemildert werden.

Geranienpflege

Falls Sie die Möglichkeit hatten, Ihre Geranien an einem kühlen, hellen Ort aufzustellen, sind die Blumen ja längst zurückgeschnitten und umgetopft. Sonst aber macht man diese Arbeit in den nächsten Tagen.

Geranien zieht man am besten in Eternitkistchen oder in Blumentöpfen, auf deren Abzugsloch am Boden man eine Tonscherbe legt, damit die Erde nicht weggeschwemmt wird. Kistchen und Töpfe reinigt man zuerst gründlich mit möglichst heißem Schmierseifenwasser. Dies vertreibt die Pilzsporen.

Beim Zurückschneiden der Geranien soll man nicht zaghaft sein

Ostereiernest aus Gartenkresse. Besonders da angebracht, wo an Ostern noch Schnee liegt ▶

Geranien brauchen jedes Jahr frische Gartenerde, vermischt mit Hornspänen und etwas Sand. Die Großmutter, die noch keine aufbereitete Erde im Supermarkt kaufen konnte, machte sich eine Mischung aus halb Walderde und halb gut verrottetem Kompost zurecht. Man löst die Wurzelstöcke der Geranien aus dem alten Topf, und schneidet bloß die zu weit vorstehenden Wurzelstücke weg, weil man Wurzeln beim Neupflanzen nicht zusammendrücken soll.

Die oberirdischen Teile der Pflanze kürzt man auf fünf Augen ein – genau wie bei den Rosen. «Augen» sind die Erhöhungen am Stiel, wo dann die Blätter heranwachsen. Die Pflanze soll wieder genau gleich tief wie vorher in die Erde kommen. Die neue Erde sorgfältig verteilen, leicht andrücken. Mit gestandenem Wasser (Zimmertemperatur!) gießen.

Ostereiernest

Ein hübsches, grünes Ostereiernest kann man herstellen, indem man 10 Tage vor Ostern eine Teigschüssel (notfalls genügt auch ein tiefer Suppenteller) mit ein paar Kieselsteinen belegt, Gartenerde einfüllt bis ein paar Zentimeter unter den Rand. In die Mitte eine kleine Mulde drücken, mit Gartenkresse dicht besäen, täglich gut gießen. An einen hellen Ort stellen.

Heilkräuter

Bärlauch *(Allium ursinum)*

Es scheint, als ob uns die Natur im Frühjahr eine *Blutreinigungskur* geradezu aufzwingen möchte. Neben Huflattich und Gänseblümchen finden wir jetzt auch den Bärlauch. Er wächst an schattigen, feuchten Stellen. Man pflückt Blätter und Blüten, die beide frisch verwendet werden. *Achtung: Maiglöck-*

chenblätter sehen sehr ähnlich aus und sind giftig! Zerriebene Bärlauchblätter haben aber einen starken knoblauchähnlichen Geruch. Vor dem Pflücken unbedingt diese Probe machen!

Da Bärlauch nur in frischem Zustand verwendet werden kann, lohnt es sich, sozusagen eine Bärlauchkur zu machen. Er schmeckt, wie die meisten Wildkräuter, gut als Spinat oder als Suppengewürz. (Man variiere zum Beispiel das Brunnenkresse-Suppenrezept vom Januar.)

Brennessel *(Urtica dioica)*

Ein Kraut, das von den einen als böses Unkraut angesehen und von den andern als ganz besonders wertvolles Heilkraut geschätzt wird. Zunächst möchten wir die Wirksamkeit der Brennessel als *blutreinigendes* Mittel hervorheben. Wir trinken zu dieser Jahreszeit vor dem Frühstück einen Tee – ein Aufguß aus einer Handvoll frischer Blätter pro Tasse kochendes Wasser. Viele rümpfen die Nase, weil sie den Brennesselgeschmack nicht mögen. Ein Teelöffel Honig nimmt ihn weg. Brennesseltee ist *harntreibend* und deshalb besonders zu empfehlen bei *Rheuma*, aber auch bei *Erkrankungen des Verdauungstraktes*.

Brennesselöl

macht man, indem man Brennesselblätter mit Walnußöl ansetzt. Regelmäßig auf Stirn und Schläfen aufgetragen, hilft es bei *Konzentrationsschwäche*.

Gegen *Schlaflosigkeit* füllt man das Kopfkissen mit getrockneten Brennesselblättern.

Wer *im Bett friert*, legt sich eine Schicht *getrockneter* Nesseln unters Leintuch.

Wer ein *Zugpflaster* braucht, zerquetscht ein paar Brennesselblätter, vermischt sie mit etwas Salz und legt diese Paste auf.

Gänseblümchen *(Bellis perennis)*

Auch Gänseblümchen ist *hustenstillend* und *blutreinigend*. Weshalb dann also nicht Huflattich- und Gänseblümchen-Blüten miteinander zu *Tee* oder *Sirup* verarbeiten? Die beiden Pflanzenarten ergänzen sich auch im Aroma gut.

Gänseblümchenbätter lassen sich aber auch verarbeiten zu einer **Wundsalbe**:

Man schmilzt eine Tasse gutes Schweinefett, gibt eine Handvoll frische Gänseblümchen (Blüten und Blätter) bei, dämpft die Pflanzenbestandteile, so wie man Zwiebeln weich dämpft, seiht ab, drückt die Pflanzenrückstände gut aus, rührt die Salbe, bis sie fest wird. Verschlossen im Kühlschrank aufbewahren.

Huflattich *(Tussilago farfara)*

«Das kleine gelbe Blümlein des Huflattich ist die erste Frühlingsmedizin aus des Herrgotts Hausapotheke. Es gedeiht haufenweise an hilbigen, lehmigen Orten und an Bächen.» So beschreibt Johann Künzle liebevoll den Huflattich.

Wie gut ist das doch eingerichtet: Huflattichtee ist ein ausgezeichnetes Mittel gegen die Krankheit, die gerade im Vorfrühling jung und alt plagen kann: den Husten. Huflattich ist seit Alters her das beste Mittel «wider alle Gebresten der Brust». Man pflückt die Blüten und trocknet sie. Huflattichblüten wirken blutreinigend, wie praktisch alle Vorfrühlings- und Frühlingsblüten.

Hustentee

Für eine Tasse einen Teelöffel voll Blüten mit kochendheißem Wasser übergießen, fünf Minuten ziehen lassen, abseihen. Mit Honig süßen. Dreimal täglich nach den Mahlzeiten schluckweise trinken.

Brennessel (Urtica dioica)

Löwenzahn
(Taraxacum officinale)

Hustensirup (schmeckt fein!)
Zwei Handvoll frische Blüten mit einem Liter kochendem Wasser übergießen, eine Viertelstunde ziehen lassen, abseihen, abkühlen. Wenn der Tee nur noch handwarm ist, mit einem Pfund Honig vermischen. In Flaschen abfüllen und kühl aufbewahren. Einen Eßlöffel voll – zwei bis mehrmals täglich – bei Hustenanfällen.

Löwenzahn *(Taraxacum officinale)*

Wie schön, eine Wiese, auf der Tausende von Löwenzahnblüten ihre kleinen Sonnen der großen Sonne zukehren. Auch der Löwenzahn ist Bestandteil der von der Natur geradezu befohlenen Frühjahrskur. *Tee* aus Blüten, *Salat* aus Blättern, *Preßsaft* des ganzen Krautes sind ausgezeichnete Mittel gegen *Leber-* und *Gallenleiden*, gegen *Rheuma* und *Stoffwechselkrankheiten*.

Wer sich glücklich schätzen darf, von keiner dieser Beschwerden befallen zu sein, genießt den Löwenzahn gleichermaßen – sei es, um vorzubeugen oder ganz einfach, weil er den kräftigen Geschmack liebt.

Für die Schönheitspflege

Brennessel-Wurzel-Haarwasser

Wer selber ein gutes *Mittel gegen Kopfschuppen* herstellen will, nimmt dazu eine Handvoll gewaschener, feingeschnittener Brennessel*wurzeln*, gibt sie in ein gut verschließbares Glas, übergießt sie mit einem guten Weinessig (nicht Essigessenz). Man läßt das Glas während drei Wochen an der Sonne stehen (täglich schütteln) und seiht dann ab.

Das Mittel täglich gut in die Kopfhaut einreiben. Man unterstützt die Kur, indem man ein Tränklein ansetzt: Brennesselblätter in Kornschnaps, genau gleich wie den Wurzelessig behandeln. Davon schluckt man dann täglich vor jedem Essen einen Eßlöffel voll.

Brennessel-Blätter-Haarwasser

 25 g Brennesselblätter
 50 g Alkohol 90%
150 ccm destilliertes Wasser

Die Brennesselblätter werden fein gehackt, in ein dunkles Glas gefüllt, mit dem Alkohol übergossen und einen Tag lang stehengelassen. Abseihen und Rückstand gut ausdrücken. Den Alkoholauszug mit dem destillierten Wasser in einer Flasche durch Schütteln gut vermengen. Verschlossen aufbewahren. Nach der Kopfwäsche ins gut gespülte Haar einreiben.

Huflattich-Deodorant

Gerade bei Deodorants – so scheint mir – ist die Kenntnis, daß man sehr gut natürliche Grundstoffe verwenden kann, ganz verloren gegangen. Dabei ist zum Beispiel Obstessig ein idealer Grundstoff, den man durch Zugabe von Kräutern oder Kräutermischungen in eine wohlriechende, erfrischende Lotion verwandelt. Der Essig neutralisiert den Schweißgeruch, behindert aber die natürliche Schweißabsonderung des Körpers nicht.

Huflattich habe ich ausgewählt, um die Vielseitigkeit dieser Pflanze zu demonstrieren:

Man gibt 30 g getrocknete Huflattich-Blüten mit den Stengeln in eine Emaille- oder Porzellanschale (Metall ist nicht geeignet!)

und übergießt sie mit ½ l kochendem Obstessig. Man läßt das Gemisch abkühlen, seiht es durch und füllt es in eine Flasche ab.

Um die Lotion als Geschenk zu präsentieren, klebt man eine gepreßte, getrocknete Blüte auf die Etikette.

Aus Großmutters Kräutergarten

Wer es einmal probiert hat, weiß es: Frische Küchenkräuter verwandeln die einfachste Speise in ein Festessen. Welche Kräuter man anpflanzt, hängt vom eigenen Geschmack ab.

Wir schlagen Ihnen vor:

Basilikum *(Ocimum basilicum)*
An einem warmen Fensterplatz in einem Topf ansäen, oder beim Gärtner Setzlinge kaufen (aber erst nach den Eisheiligen). Basilikum ist äußerst kälteempfindlich!

Im Sommer einen Salat aus beinahe noch grünen Tomatenschnitten machen, mit rotem Weinessig und Olivenöl, Pfeffer und Salz mischen, mit viel gehacktem Basilikum überstreuen. So zaubern Sie auf Ihren Tisch einen Genuß, der Sie an den Urlaub in Italien erinnert.

Mögen Sie Pesto? – Dann finden Sie das Rezept auf Seite 80.

Dill *(Anethum graveolens)*
Säen, wenn die Saat aufgegangen ist, etwas ausdünnen.

Zu Gurkensalat, auf neue Salzkartoffeln, zu Fisch, zu Krebsen, auch mal im Kopfsalat zur Abwechslung, zum Einmachen von Essiggurken.

Estragon *(Artemisia dracunculus)*
Für Estragon gelten alle beim Thymian gemachten Angaben. Estragon ist auch in der Sauce béarnaise unerläßlich.

Liebstöckel *(Levisticum officinale)*
(man nennt es auch Maggikraut) ist anspruchslos und mehrjährig. Trocken und mager halten. Säen oder setzen. Ein Strauch genügt. Nach einem Jahr den Wurzelstock teilen und die Hälfte einer lieben Freundin schenken.

Feinzerschnittene Blätter über fertig gekochte Teigwaren streuen, zugedeckt einige Minuten stehen lassen. Den Deckel erst vor den hungrigen Gästen abheben. Schmeckt auch zu Salat und Kartoffeln hervorragend. In kleinen Mengen und nicht zu oft verwenden, denn das Aroma ist so stark, daß es schade wäre, wenn einem der Liebstöckelgeschmack verleiden würde.

Majoran *(Majorana hortensis)*
Es gibt ein- und mehrjährige Sorten. Säen oder setzen.

Zu Schweinefleisch, in Frikadellen, in Würsten, zur Abwechslung auch mal im Salat.

Petersilie *(Petroselinum crispum)*
Säen. Nicht verzweifeln, wenn die Saat sich zum Aufgehen Zeit läßt und auf erwärmte Luft wartet! (Je nach Qualität bis zu vier Wochen.)

Gleiche Anwendungsmöglichkeit wie Schnittlauch. Einem gebratenen Fisch ins Maul stecken, ein Kartoffelpüree-Häufchen mit einem Blatt garnieren.

Rosmarin *(Rosmarinus officinalis)*
Mehrjährig, frostempfindlich; beim Gärtner einen Stock kaufen, im Winter an einem hellen Ort im Zimmer halten. Blüht er im nächsten Frühjahr, heißt das, daß es ihm bei Ihnen gefällt.

Rosmarin würzt alle Fleischarten, und man kann ihn zur Abwechslung in den Risotto oder in Polenta geben. Damit er sein Aroma entfaltet, muß er gekocht werden. Er ist zwar kein Salatgewürz, aber niemand hindert Sie daran, mit Rosmarin zu pröbeln. In der Tomatensauce für Spaghetti ist Rosmarin, zusammen mit Salbei, ein *Muß* (oder ein Darf).

Salbei *(Salvia officinalis)*
Mehrjährig; beim Gärtner einen Stock kaufen.

Zusammen mit Rosmarin verwenden. Oder aber Saltimbocca machen: ein dünnes Kalbsplätzchen mit einer Tranche Rohschinken und zwei Salbeiblättern belegen. Einmal falten und mit einem Zahnstocher zusammenhalten. Salzen, pfeffern und in Mehl wenden. In Butter beidseitig hell anbraten. Fonds mit etwas Weißwein oder Marsala ablöschen. Zu Risotto servieren. Oder: Leberschnitten in Butter bräunen und gleichzeitig einige Salbeiblätter in die Bratpfanne geben.

Meine Mutter hat Salbeiblätter in Apfelküchleinteig ausgebacken und bestreute sie mit Zucker. Die Küchlein sehen aus wie Mäuschen (drum heißen sie auf schweizerdeutsch «Müüsli»).

Einfache Sauce zu Teigwaren
Ein paar feingeschnittene Salbeiblätter und Knoblauch in Butter oder Olivenöl dämpfen. Fertig! Salbei ist – wie Rosmarin – ein Gewürz, das gekocht werden sollte.

Salbeitee ist auch ein sanftes Gurgelmittel, da es die Entzündungen hemmt.

Schnittlauch *(Allium schoenoprasum)*
Säen oder einen Stock pflanzen.

Für Suppen, Salate, über Kartoffeln, auf ein Stück Fleisch.

Thymian *(Thymus vulgaris)*
Mehrjährig; ein Stöckchen beim Gärtner kaufen.

Ein mit Salz und Pfeffer gewürztes Brathähnchen mit einigen Thymianzweiglein füllen, zunähen, wenn möglich auf einer Glut braten, in die man nochmals Thymianzweige legt, von der Provence träumen ...

Schweinekoteletts mit frisch gehacktem Thymian bestreuen, Kaninchenfleisch damit würzen. Das sind bloß ein paar Anregungen. – Thymian ist auch ein Heilkraut als Tee.

Mit wilden Pflanzen kochen

Bärlauchbrot

Man schneidet ein französisches Stangenbrot der Länge nach entzwei, bestreicht die eine Hälfte mit einer Paste aus Butter und möglichst fein gehacktem Bärlauch. Dann legt man die zweite Brothälfte wieder darüber und schiebt das Brot für gute fünf Minuten in den ganz heißen Ofen.

Brennesseln als Frühlings-Gratin

Alle Zutaten gelten für eine Portion: 100 g Brennesselspitzen in wenig kochendem Salzwasser zerfallen lassen. Im Mixer pürieren oder auf dem Brett fein wiegen oder hacken. 1 altbackenes Brötchen in heißer Milch aufweichen und dann mit der Gabel zerdrücken. Mit den Brennesseln mischen, ein gut verquirltes Ei darunterziehen. Würzen – z. B. mit etwas geriebener Muskatnuß und Liebstöckel. Auflaufform reichlich mit Butter ausstreichen. Masse einfüllen und mit geriebenem Käse überstreuen. Bei 200° ca. 30 Minuten backen.

Huflattich im Eintopf

Huflattich könne zu einem lästigen Unkraut werden – behaupten die einen. Wir haben mit so viel Huflattich für Hustentee bereits vorgesorgt, daß wir es uns jetzt leisten können, mit den reichlich vorhandenen Pflanzen ein Eintopfgericht zu kochen: 400 g Huflattichblüten mit dem Stiel eine Viertelstunde in Essigwasser legen, damit die eventuell vorhandenen Insekten entfernt werden. Waschen. Huflattich mit einer gehack-

Bärlauchbrot: zur botanischen Bildung der Gäste mit Bärlauchblättern dekoriert

Brennesselauflauf

ten Zwiebel und 100 g Speckwürfelchen zusammen ein paar Minuten in Butter dämpfen. Mit Fleischbrühe bedecken und 10 Minuten köcheln lassen. Dann 4 geschälte und in kleine Stücke geschnittene Kartoffeln beigeben und alles so lange kochen lassen, bis die Kartoffeln zerfallen.

Löwenzahn-Salätchen

Ich entschuldige mich hiermit, daß ich im letzten Kapitel erst von Brunnenkresse-Süppchen sprach und nun schon wieder eine Verkleinerungsform verwende. Aber Wildkräuterspeisen sind so exquisit, daß sie diese Sprachspielerei verdienen. Und «echte» Wildsalate findet man auch nicht in rauhen Mengen!

Man sticht die ganz junge Blattrosette des Löwenzahns mit einem scharfen Messer aus, legt sie in Essigwasser, läßt sie gut abtropfen. Nun überstreut man das Grün mit etwas Salz und übergießt es mit heißer Butter, in der man eine fein gehackte Knoblauchzehe und ein paar Speckwürfelchen knusprig gebraten hat. Essig nach Belieben.

Andere Kochrezepte

Osterfladen
Teig
250 g Mehl
125 g Butter oder Margarine
50 g Zucker
1 Prise Salz
ganz wenig Wasser

Füllung
125 g Grieß oder italienischer Reis
½ l Milch
100 g Zucker
100 g Sultaninen

100 g geschälte Mandeln, gestiftet oder grob gehackt
abgeriebene Schale einer Zitrone
4 Eigelb
4 Eiweiß, ganz steif geschlagen
Ofen auf 200° C vorheizen

Mit Mehl, Butter, Zucker, Salz und Wasser einen geschmeidigen Teig kneten. In einer 26 cm Springform den Teig flachdrücken und am Rand etwa 2 cm hochziehen.

Für die Füllung: Milch aufkochen. Grieß oder Reis einrühren und kochen, bis sich der Brei vom Pfannenrand löst. Zutaten der Reihe nach beigeben. Die Masse ein wenig auskühlen lassen und dann das steif geschlagene Eiweiß darunterziehen. Auf den Teigboden schütten. Fladen eine halbe Stunde auf der mittleren Rille goldbraun backen, mit Alufolie bedecken und noch fünf Minuten auf der untersten Backofenrille belassen.

Bündner Polenta

Für die ganz echte Bündner Polenta brauchen Sie den groben Maisgrieß – Bramata genannt –, den Sie vielleicht aus einem Urlaub in Graubünden mitbringen. Versuchen Sie das Gericht aber auch mit gewöhnlichem Maisgrieß, und zwar auf folgende Weise:

250 g Maisgrieß
1 l Wasser
1 KL Salz
2–3 EL frische Butter

Oder für andere Varianten:
Saft einer ausgepreßten Knoblauchzehe und/oder *Rosmarinzweiglein* und/oder
100 g Parmesankäse, gerieben

Das siedende Wasser zuerst salzen, dann den Maisgrieß einrühren. Kochhitze stark reduzieren. Gut umrühren. Zudecken und dabei den Kochlöffel quer zwischen Deckel und Pfannenrand legen. Während der ersten paar Minuten «spritzt» der Brei sehr. Nach 20 Min. den Deckel entfernen. Knoblauch oder Rosmarin beifügen. Nach 40 Min. die Butter und, je nach gewählter Variante, den Käse unterrühren.

Die mit Gewürzen gekochte Polenta bildet mit einem Salat zusammen ein sättigendes und schmackhaftes Mahl, das zudem den Geldbeutel schont.

Versuchen Sie nicht, die am Boden des Kochtopfes angekochten Polentareste sofort auszuschaben. Füllen Sie den Topf mit kaltem Wasser und lassen Sie ihn ein paar Stunden stehen. Die Reste lösen sich von selbst in einem Stück. – Großmutter gab sie den Hühnern ...

Gitzi mit Bündner Polenta. Das Bild läßt einem das Wasser im Munde zusammenlaufen. Aber erst der Duft ...

Risotto

Risotto ist ein billiges, schnell zubereitetes Mahl, das allen schmeckt. Die Zutaten sind lange haltbar, deshalb in jedem Haushalt vorrätig. Der Arbeitsaufwand und die Kochzeit sind minim – kurz, ein ideales Menu bei einem «Überfallbesuch».

Indem man weißen Wein gegen roten, Safran gegen getrocknete Steinpilze oder feingeschnittene Schinkenstreifen oder Bündnerfleisch austauscht, lassen sich unzählige Risottovarianten herstellen.

- 1 EL Olivenöl
- 1 EL eingesottene Butter
- 1 große Zwiebel, gehackt
- 1–2 Knoblauchzehen, ausgepreßt
- 300 g italienischen Langkornreis – Arborio oder Vialone –, aber niemals einen indischen Reis
- 2 dl herber Weißwein (z. B. Frascati) oder herber Rotwein (z. B. Barbera oder Chianti)

... und beim Osterfladen gilt genau dasselbe

Je nach Geschmack und Freude:
entweder ein Briefchen Safranpulver (= 1 kl. Messerspitze) oder eine Handvoll getrockneter Steinpilze (ca. 25 g) oder 100 g Schinken oder Bündnerfleisch, in feine Streifen geschnitten
ca. ¾ l *Hühnerbrühe*
Salz und Pfeffer
100 g *Parmesankäse, gerieben*
2 EL *frische Butter*
1 EL *Schnittlauch, fein geschnitten*
1 EL *Petersilie, gehackt*

Olivenöl und Butter in einem Kochtopf warm werden lassen, Zwiebel und Knoblauch darin etwas dämpfen, Reis beigeben und alles gut vermengen. Mit dem Wein ablöschen, die gewünschten Zutaten beigeben, sich die Uhrzeit merken, die Hühnerbrühe nach und nach schöpflöffelweise beigeben, immer wieder einkochen lassen, mit Holzkochlöffel sanft rühren. Nach 18 Minuten hat der Risotto die richtige breiartige Konsistenz. Den Kochtopf vom Feuer nehmen, salzen, pfeffern, den Käse und die Butter zugeben, alles miteinander vermengen. Den Topf zudecken und drei Minuten stehenlassen. In eine gewärmte, tiefe Schüssel anrichten, mit Schnittlauch und Petersilie bestreuen.

Zickleinragout (Gitzi)

Das Originalrezept sieht Zickenfleisch vor. Es eignet sich aber für alle weißen Fleischarten.

1,5 kg *Zicklein (Gitzi) oder Huhn oder Kaninchenfleisch, in mundgerechte Stücke zerschnitten oder*
750 g *Kalbsragout*
3 EL *frische Butter*
2 *große Zwiebeln, grobgehackt*
1 *ausgepreßte Knoblauchzehe*
1 *Rosmarinzweig*
2 *Salbeiblätter*
¼ l *herber Weißwein (z. B. Frascati)*
3 dl *Hühnerbrühe*
Salz, Pfeffer, Petersilie, fein gehackt

In einer flachen Pfanne die Butter zergehen lassen. Zwiebel und Knoblauch darin bei kleinem Feuer dünsten, Rosmarin und Salbei beigeben und dann die Fleischstücke. Bei kleinem Feuer (wichtig!) das Fleisch leicht bräunen lassen. Salzen, pfeffern. Kochlöffelweise den Weißwein und die Hühnerbrühe beigeben. Flüssigkeit immer wieder einkochen lassen. Kochdauer ca. 1½ Stunden. Vor dem Anrichten mit viel feingehackter Petersilie überstreuen.

Naturfarben für Wolle und Seide

Brennessel

Die zum Färben bestimmten Brennesseln pflücken wir an einem Standort, der sie für Medizinal- und Kosmetikzwecke ungeeignet macht.

Zutaten

    1 kg frische Brennesseln
    500 g Wolle
    50 g Kupfersulfat (Drogerie)
    1 Handvoll Seifenflocken

Farbsud

Man schneidet die Pflanzen bodeneben ab, zerkleinert sie samt dem Stiel und weicht sie über Nacht ein. Dann den Farbsud 1 Stunde kochen. Nach dem Abkühlen durch ein Mulltuch seihen und die Rückstände gut ausdrücken.

Beizbad

Man löst 50 g Kupfersulfat in 1 Liter heißem Wasser auf. Lösung in den mit lauwarmem Wasser aufgefüllten Färbkessel geben, umrühren. 500 g in lauwarmem Wasser eingeweichte Wolle beigeben. 1 Stunde köcheln, heiß aus dem Beizbad nehmen, auskühlen lassen.

Farbbad

Die gebeizte, ausgekühlte Wolle in den lauwarmen Farbsud legen, 1 Stunde sanft köcheln, dann abkühlen lassen. Lauwarm waschen, spülen.

Brombeerblätter

Schön, wenn Unkraut, besonders solches, das einem mit seinen Dornen das Gärtnerleben sauer machen kann, wenigstens das Färberherz erfreut!

Zutaten

500 g getrocknete Brombeerblätter
2 mal je 500 g Wolle
2 mal je 100 g Alaun (Drogerie)
2 Handvoll Seifenpulver

Farbsud

Die Blätter über Nacht in kaltem Wasser einweichen. Dann 2–3 Stunden kochen und abkühlen lassen.

1. Farbbad (Direktbeize)

Den Farbsud abseihen. 100 g Alaun in 1 Liter heißem Wasser auflösen, zugeben, gut umrühren. 500 g Wolle beigeben, langsam zum Köcheln bringen, 1 Stunde sanft kochen, im Farbbad abkühlen lassen. Im lauwarmen Seifenwasser waschen, lauwarm spülen.

2. Farbbad

Nochmals 100 g Alaun zugeben und genau gleich vorgehen wie beim ersten Farbbad.

Vom Mai und vom Juni

Wenn man 1. Mai sagt, dann fällt einem gleich all das Politische ein, das sich heutzutage mit diesem Datum verbindet: der «Tag der Arbeit». Aber die Arbeiter des 19. Jahrhunderts, die diesen Tag zu ihrem Fest gemacht haben, und ihr Selbstbewußtsein und ihren Stolz demonstriert haben, die haben einen uralten heidnischen Festtag gewählt.

Meine Mutter hat immer gesagt, in den zwölf Heiligen Nächten, in der Osterwoche und in der Nacht zum 1. Mai, da muß man die Besen verkehrt herum aufstellen, damit die Hexen nicht auf ihnen davonreiten. Denn in dieser Nacht reiten die Hexen zu den Tanzplätzen und treiben's mit den Teufeln. In uralten Büchern sind die Rezepte zu Hexensalben überliefert. Ausgezogen haben sie sich, die Hexen, und sich mit einer Salbe bestrichen in der Magengrube, unter den Achseln und an den Schläfen. Dann sind sie auf ihren Besen davongeflogen. Vor etwa 30 Jahren wurde die Hexensalbe zum letzten Mal – so viel man weiß, selbstverständlich – von Wissenschaftlern zubereitet und ausprobiert. In der nüchternen Sprache der Wissenschaft heißt es in den Berichten: «Der Gebrauch der Hexensalbe führt zu Flugerlebnissen und sexuellen Halluzinationen.»

Sie wollen das Rezept wissen? – Ja, natürlich! Aber ich schreib's nicht auf!

Wie gut war es da, wenn man schon getrocknete Brennesseln zur Hand hatte, die ja bekanntlich gegen Hexen sehr wirksam sind, vor allem, wenn man sie über den Türen und Fenstern kreuzweise befestigt.

Meine Mutter war auch überzeugt, daß der erste Maien-Tau Glück und Segen bringt. Regnete es an diesem Morgen, dann war sie der Auffassung, man müsse in diesen Regen hinausgehen. Weil Mutter am 1. Mai den Sonnenaufgang nicht verpassen wollte, mußten wir kurz nach fünf Uhr aufstehen, um mit ihr durch den Tau auf den Lorettoberg zu steigen.

Zum 1. Mai gehört auch der Maibaum, genauso wie der Maitanz. Junge Burschen (die Kobolde) stellten in der Nacht zum 1. Mai ihrer Herzallerliebsten einen Maien vor das Kammerfenster: das ist eine auf vielfache Weise geschmückte Holzstange von erheblicher Länge. Die Mädchen aber, die einen schlechten Ruf hatten, die bekamen einen Strohwisch oder dürre Rebenzweige vor das Fenster. In ganz bösen Fällen führten die «Kobolde» Güllenspuren zum Farrenstall des Dorfes.

Der Mai!

Es gibt zwei Monate, die kann ich das ganze Jahr über riechen: das sind der März und der Mai. Im März rieche ich den eigenartigen Duft der Schneeschmelze und die Sonne auf den feuchten Grashalmen. Und im Mai steigt mir eine Mischung von warmer Luft, Flieder, Maiglöckchen, Maikäfern und Weihrauch in die Nase.

Wie ich auf Weihrauch komme? Das ist einfach. In einer katholischen Gegend wie dem Schwarzwald finden während des ganzen Monates jeden Abend die sogenannten Maiandachten statt. Sie dienen der Verehrung der Mutter Gottes, aber es fiel früher deutlich auf, daß diese Maiandachten einen großen Andrang an jungen Leuten verzeichneten. Verwunderlich ist das nicht, denn sie boten den jungen Mädchen Gelegenheit – und zwar eine sehr respektable Gelegenheit – abends von zu Hause fortzukommen und den jungen Burschen ihres Herzens zu sehen. Was ein verständiger Pfarrer war, der setzte die Maiandachten so an, daß sie bei hereindämmernder Nacht zu Ende gingen. Da mußten die Burschen die Mädchen doch heimbegleiten, oder nicht? Selbst wenn die Maiandacht und das anschließende Heimbringen etwas länger dauerten, grundsätzlich verbieten ließ sich ihr Besuch nicht. Man konnte als Eltern höchstens nach der Maiandacht ein bißchen besser auf das Mädchen aufzupassen versuchen. Aber das gelingt nach alter Volksweisheit bekanntlich weniger, als einen Sack voll Flöhe beieinander zu halten!

Ich weiß nicht, ob sich bei Ihnen jetzt ähnliche Erinnerungen einstellen wie bei mir. Die Erinnerung an junge Mädchen, die man als Ministrant, vor allem, wenn man zur Ehre des Weihrauch-Schwingers aufgestiegen war, der ja an die Chorschranken gehen durfte, um das Volk zu beweihräuchern, sofort in den vorderen Reihen der linken Seite (Frauenseite) feststellte. Und wenn man dann, nach der Andacht, so schnell wie möglich aus den Ministrantenkleidern heraus und zur Kirchentür eilte, wo man, rein zufällig, das schöne Mädchen traf. Wehe, sie war in Begleitung ihrer Freundin, was vor allem dann nicht zu vermeiden war, wenn man zu spät an der Kirchtür ankam, weil einem der Meßmer noch Aufträge erteilte, zum Beispiel die Kerzen ablöschen oder für den anderen Tag die Meßgewänder vom Sakristeispeicher holen oder das Weihrauchfaß putzen, dann war *nichts zu machen. Denn in der Gruppe war sie unerhört kühn, zog einen auf, ja verspottete einen ganz ungeniert, was man 40 Jahre später auf der Basis von Welterfahrung und Verhaltenspsychologie als eine augenfällige Methode erkennt, den Burschen auf sich aufmerksam zu machen, aber es ist halt 40 Jahre zu spät ... Nicht weniger peinlich war, wenn die eigenen Freunde einen auf dem Heimweg mit dem glücklich von seinen Freundinnen isolierten Mädchen trafen. Nur eine gefestigte Persönlichkeit konnte die neidischen Hänseleien ertragen ...*

Aber, wenn ich mich so vergleiche mit den Freunden meiner Töchter heute, dann bin ich schon ein arg schüchterner Bub gewesen. Vielleicht waren die Mädchen kein bißchen weniger schüchtern und hätten, verglichen mit den Freundinnen meiner Töchter, auch elend hinterwäldlerisch gewirkt.

Einmal stand ich in der Maiandacht hinten in der Kirche, und als der Gottesdienst zu Ende war, ging die Angebetete hinaus, ganz nah an mir vorbei. Ich hab' dem Mädchen in meiner Verlegenheit nur einen Blick aus den Augenwinkeln geschenkt, und da hat es sein Taschentuch verloren oder fallen lassen. Ich hab' natürlich gedacht, fallen lassen. Das war eine deutliche Aufforderung. Minutenlang hab' ich geschwankt: Soll ich das Tüchlein bringen oder soll ich nicht? Bring' ich's, was denkt das Mädchen von mir – und wenn ich's nicht bringe, was denkt es dann? Ich hab's nicht gebracht. Ich hab' so getan, als hätt' ich nichts gesehen und bin noch eine Viertelstunde in der Kirche stehengeblieben, so schüchtern war ich. Und das gehört noch nicht einmal in das Kapitel der Sünden, die einem deswegen so reuen, weil man sie nicht begangen hat. Denn was hätt' ich denn schon für eine Sünde begehen sollen. Na ja, so ganz ohne war dieses schöne Mädchen ja nicht. Damit einem die Sache mit dem Taschentuch einfällt, muß man schon eine rechte Eva-Tochter sein ...

Später, sagen wir, als aus dem Teen ein Twen wurde, da war's natürlich anders. Da entfalteten die Maiabende ihren Duft nach Flieder und nach Lindenblüten. Und wenn man Glück hat, singen Nachtigall und Pirol. Eine schöne Lichtung im Wald, ein Bänklein am Waldrand oder eine Wiese am Bach und haufenweise Sterne und einen Mond, der Seufzer entlockt ... Schließlich als Höhepunkt – nicht, was Sie jetzt meinen – macht das schöne Mädchen seine Haare auf, und unter dem Wasserfall von Haaren ... Übrigens: in meinem konkreten Fall dufteten die Haare nach Aspirin und Baldrian, denn meine Angebetete war eine Apothekerin. Wohl deshalb fällt mir beim Geruch von Baldriantropfen sofort wieder das schöne Mädchen ein, und beim Anblick schöner, voller Haare denke ich an Baldrian.

Warum ich Ihnen das alles erzähle? Damit Sie nicht ganz so streng sind mit Ihren Töchtern und Söhnen. Erstens nutzt es nichts, und da lassen Sie sich lieber gleich auf Kompromisse ein mit dem Heimkommen am Abend, und zweitens ist Vertrauen wirklich besser als Kontrolle. Und schließlich drittens, mit welchem Recht mißgönnen Sie Ihren Kindern, was Ihnen selbst eine so schöne Erinnerung ist? Aber vielleicht haben Sie recht. – Am schönsten ist für mich die Erinnerung an jene Abende, wo ich mit schlechtem Gewissen über die gebotene Zeit hinaus fortblieb mit jenem Mädchen, dem jeglicher Umgang mit mir verboten war.

Als die Welt noch in Ordnung war, gab es im Mai Maikäfer, so wie es im Juni Junikäfer

und Glühwürmchen gab. Den letzten Maikäfer habe ich, so scheint mir, vor bald 20 Jahren gesehen. Das letzte Leuchtkäferchen im vergangenen Jahr, als ich mit einer meiner Töchter ein paar Tage Urlaub machte. Das wunderschöne Berghäusle meines Freundes liegt eine dreiviertel Stunde zu Fuß von der nächsten menschlichen Behausung entfernt, und es gibt kein elektrisches Licht. Im Wald haust ein Dachs, der in der Dämmerung vorbeikommt, und wenn einmal ein Mensch durch den Wald streift, dann erfährt man das schon lange bevor man ihn zu Gesicht bekommt; denn die Eichelhäher haben es verraten.

Es war Abend, der Mond war noch nicht aufgegangen. Robbi, die Tochter, ging zum Toilettenhäuschen und war wenige Augenblicke später schon wieder da: «Unten am Haus sitzt ein riesiges Tier.»

«Was für eins?»

«Ich weiß es nicht, aber es ist sehr groß.»

Ich nehme also meine Taschenlampe und steige als vorsichtiger Mensch erst auf den Balkon hinaus. Robbi flüsterte: «Schau, da unten, da, man sieht seine Augen!» Und in der Tat, ich sah etwas grün leuchten. Ich fragte: «Dieser grüne Punkt da unten?» Robbi: «Ja, jetzt hat's ein Auge zugemacht.» Ich leuchtete mit der Taschenlampe hinunter, es war überhaupt nichts da als ein Busch. Aber als die Taschenlampe wieder aus war, leuchtete dort grün ein einzelner Leuchtkäfer. Meine Tochter hatte ihn für das Leuchten eines Tierauges gehalten, sich das zweite Auge dazugedacht und die Umrisse des Busches zu einem riesigen Vieh uminterpretiert.

Meine Tochter, 19 Jahre alt, hatte noch nie einen Leuchtkäfer gesehen! Wir sind hinuntergegangen, haben den Käfer in eine Flasche gelockt, ihn betrachtet und dann wieder fliegen lassen. Ich glaube, einen Maikäfer hat sie überhaupt noch nie gesehen, auch keinen Junikäfer, höchstens einen aus Schokolade. Wo sind sie hingekommen? Natürlich waren es Schädlinge, vor allem ihre Entwicklungsvorform, die Engerlinge. Aber man hätte ihnen nicht ganz den Garaus machen dürfen. Was konnte man nicht alles mit Maikäfern anfangen! Man ließ sie kleine Wägelchen ziehen, und man konnte sie der Cousine – natürlich mehrere Exemplare – hervorragend ins Bett plazieren, worauf man nur noch auf ihre schrillen Schreie zu warten brauchte. Ich hab' einen gekannt, der hat für einen Zehner einen ganzen Maikäfer gegessen. Und wie herrlich konnte man die Lehrer ärgern; weil ja niemand daran Schuld war, wenn so ein Maikäfer plötzlich in die Stille einer Rechenstunde hineinstartete. Aber vielleicht haben die Kinder die armen Maikäfer zu viel gequält, und darum sind sie einfach verschwunden.

Am 24. Juni ist Johanni, an dem es nicht regnen darf; der Regen muß vor Johanni kommen, danach ist er ungelegen. Johanni, das ist die Mittsommernacht, wo die Johannisfeuer brannten und brennen, und wo man mit seinem Schatz durch die Flammen springt, damit man im kommenden Jahr Mann und Frau wird. Die kürzeste Nacht, der längste Tag. Mich macht das immer traurig, weil jetzt in der Ferne der Winter wieder im Anmarsch ist. Doch da ist zunächst einmal der Sommer, der ja mit Johanni beginnt, der die Früchte reifen läßt, aber auch die Natur austrocknet: frühes Sterben auf dem Höhepunkt des Jahres.

In Garten und Haus

Bohnen säen (legen!)
Stangenbohnen ranken, und um sie herum «ranken» sich eine Menge von Großmutter-Weisheiten:

Das Saatgut wird in eine Schüssel mit lauwarmem Wasser gelegt. Bohnen, die an die Oberfläche steigen, sind entweder vertrocknet oder verwurmt, also nicht mehr keimfähig. Die Bohnen wachsen schneller, wenn man sie zwölf bis vierundzwanzig Stunden in jenem Wasser vorkeimt. Bohnen steckt man nur so tief, daß sie noch die Kirchenglocken läuten hören und die Gärtnerin vorbeigehen sehen. Sie sollen nur bei zunehmendem Mond und während einer «hohen» Stunde, also zwischen elf und zwölf, gesteckt werden. Dazwischen gesäte Kapuzinerkresse hält die Blattläuse ab und wirkt als – erst noch hübscher – Bodendecker. Außerdem sind Blätter und Blüten der Kapuzinerkresse eine wohlschmeckende und farbenfrohe Beigabe im grünen Salat.

Tomaten pflanzen
Drei Großmutter-Tips:

Die Pflanze so tief setzen, daß die Erde bis zum zweiten Blattansatz reicht.

Ins Pflanzloch erst einen Bund Brennesseln legen, der mit einer Schicht Erde bedeckt wird. Die Brennesseln verfaulen, erzeugen damit Wärme, und später düngen sie den Boden.

Durch den Stengel der Pflanze ein Stückchen Kupferdraht stecken. Sie ist damit vor der Rostkrankheit geschützt.

Schrittweise die einzelnen Vorgänge beim Tomatenpflanzen als Film

Nicht vergessen: Jede Woche einmal bei den Tomaten die Seitentriebe ausbrechen, Pflanzen hochbinden.

Wer ernten will, muß jetzt fleißig gießen, am besten mit abgestandenem Wasser, weil dieses die gleiche Temperatur wie die Luft hat, und die Pflanze deshalb nicht «erschrickt». Gießwasser – und ganz besonders Düngewasser – direkt auf den Wurzelbereich und möglichst nicht auf die Blätter bringen. Ein wichtiger Hinweis für Gärtner, die ihre Tomaten unter Folie halten: Wenn der Wind die Pflanze nicht erreichen kann, ist die Befruchtung oft ungenügend. Deshalb die blühende Pflanze stark schütteln.

Wer *Spargel* im Garten hat, erntet im ersten Stechjahr nur bis zum 10. Juni, später nur bis zum Johannistag. Eine Gabe von abgelagertem Kompost, den man mit Hornspänen und feinzerriebenen Eierschalen (Stickstoff und Kalk) vermischt, wird jetzt schon beginnen, die nächstjährige Ernte vorzubereiten.

Auch *Rhabarber* sollte nach dem Johannistag seine Triebe behalten dürfen. Die Pflanze mit einer guten Lage verrottetem Mist oder Kompost düngen. Gießen nicht vergessen. Samenstände entfernen.

Einmal im Monat bekommen unsere *Rosen* eine Seifendusche: man löst in 1 Liter Wasser 1 Eßlöffel Schmierseife auf. Die Pflanze wird damit gründlich auf allen Seiten benetzt. Mit diesem viel zu wenig bekannten Mittel trifft man sehr viele Fliegen (und Blattläuse und sonstige Rosenschädlinge) auf einen Schlag: Saubere Blätter können besser atmen. Oberflächenschmarotzer werden erstens weggeschwemmt und zweitens gleich vertrieben, nicht bloß von der Pflanze, auch im Boden; und zudem hat Schmierseife eine leichte Düngewirkung. Wir brauchen zur Bodenpflege im Haus nur Schmierseife. Das Schmutzwasser gießen wir über unsere Blumen. Sie danken uns, und ich leite den Dank weiter an meine Großmutter, die mich das gelehrt hat.

Erdbeeren

Der Frucht des Monats, der Erdbeere, gehört natürlich unsere spezielle Aufmerksamkeit. Wichtig ist es, daß Erdbeeren richtig gewässert werden, nämlich – sofern es nicht regnet – bloß einmal in der Woche, dafür dann ausgiebig – zwei Gießkannen zu 10 Liter auf einen Quadratmeter – und dies wenn möglich vor Sonnenaufgang. Die Blätter der so getränkten Pflanzen können bis zum Abend gut abtrocknen. Zur Haupterntezeit sollten die Erdbeerbeete täglich einmal am Vormittag abgeerntet werden.

Erdbeerfaß

Es gab einmal eine Zeit, da hatte ich keinen Garten, bloß einen winzig kleinen Balkon. Die Küchenkräuter pflanzte und säte ich in einem Blumenkistchen, eigene Erdbeeren zog ich im Erdbeerfaß.

Ich möchte wetten, daß in vielen Kellern und Schuppen noch Fässer liegen, die für unsern Zweck geeignet wären.

Also: man nimmt ein hölzernes Faß (es braucht keineswegs wasserdicht zu sein) in der für den vorgesehenen Platz geeigneten Größe. Dann sägt man seitlich zwei bis drei Reihen Löcher versetzt im Durchmesser von ca. 12–15 cm, wie es auf der Abbildung ersichtlich ist. Auf den Boden des Fasses gibt man als Dränage eine etwa zehn bis fünfzehn Zentimeter hohe Schicht ganz groben Kies. In der Mitte des Fasses plaziert man ein hochgestelltes Reisigbündel (etwa ⅕ des Faßdurchmessers dick). Dieses ergibt die Dränage gegen oben. Nun füllt man rings um das Reisigbündel gute Gartenerde bis zur ersten Lochreihe ein, pflanzt in jedes Loch eine Erdbeerstaude (am geeignetsten sind Monatserdbeeren), füllt weiter Erde ein. Wieder Erdbeeren, und so weiter. Die Faßöffnung wird ebenfalls mit Erdbeerstauden bepflanzt.

Erdbeeren gedeihen am besten in vollsonniger Lage. Man kann deshalb die der Sonne abgewendete Seite auch anders bepflanzen. Zum Beispiel mit fleißigen Lieschen (Impatiens).

Hier blühen die Erdbeerstauden im Faß. Schmackhafte Balkondekoration!

Ein Biedermeierkranz zum Muttertag

Tags zuvor werden Vergißmeinnicht gepflückt und ringsum so auf einen Teller gelegt, daß die Blüten gerade noch über den Rand hinausragen. Dann bedeckt man die Stengel mit feuchtem Sand. Bis zum nächsten Morgen haben sich die Blüten aufgerichtet – ein lieblicher Kranz schmückt den Teller. In seine Mitte kann man – auf Stanniolpapier (Alu-Folie) einen Kuchen oder ein Geschenk stellen. Wenn man den Sand feucht hält, wachsen die Blütenstengel noch, und der Kranz bleibt lange frisch.

Vielleicht blühen Vergißmeinnicht extra anfangs Mai, damit man mit diesem Kranz Mutters Frühstücksplatz schmücken kann

Heilkräuter

Birke *(Betula)*

Die Birke ist einer meiner Lieblingsbäume. Ich habe lange hin und her überlegt, ob hier die Gewinnung von Birkensaft überhaupt beschrieben werden soll. Doch gelangte ich zur Überzeugung, daß die Leserinnen und Leser meiner Bücher meinen Respekt vor der Natur teilen.

Besitzt man eine «eigene» Birke, ist das Problem einfach. Möchte man den Saft eines «wilden» Baumes abzapfen, so ist die Erlaubnis des Försters einzuholen; er wird den Baum bestimmen, vielleicht einen krummwüchsigen, der ohnehin eher ausgeforstet wird als die gerade gewachsenen Bäume.

Der Baum sollte unbedingt einen Durchmesser von 20 cm aufweisen. Etwa 3 Handbreit vom Boden dringt man mit einem 1 cm dicken Bohrer in den Stamm ein; 3 cm tief und nach aufwärts gerichtet. Man steckt nun ein Glasröhrchen in den Saftgang und leitet so den Saft in ein Glasgefäß (kein Metall!). Die Birke ist je nach Witterung ausgiebig und spendet bis einen Liter Saft im Tag. **Doch länger als zehn Tage darf man dem Baum die Säfte nicht entziehen. Dann muß man das Loch mit Baumwachs sorgfältig verschließen.** Birkensaft ist ein kräftiges Anregungsmittel, und für den leeren Magen ist es besser, wenn man das Quantum mit Wasser verdünnt: 3 mal täglich ein Schnapsgläschen voll Saft vor den Mahlzeiten.

Birkensaft ist geeignet bei *Leber- und Nierenleiden, Blutarmut,* als *Stärkungsmittel,* bei *Hautkrankheiten.* Äußerlich kann er angewendet werden zur *Wundbehandlung,* gegen *Mundfäule.* Man kann ihn einige Zeit *haltbar machen,* indem man ihm pro Liter drei bis vier Gewürznelken beigibt. Kühl aufbewahren!

Wichtig: Nach der Saftentnahme verschließt man das Bohrloch unbedingt sorgfältig mit Baumwachs. Ich weiß, daß mancher mich auslacht, aber ich sage dem Baum, der mir den Saft spendete, danke schön.

Birkenknospentinktur

Meine Großmutter schwor auf Arnika zur Desinfektion von Wunden und deren Heilung. Aber sie kannte auch schon die Tinktur, die Pfarrer Künzle aus Birkenknospen herstellte. Man pflückt, jetzt im Mai, die Birkenknospen, gibt sie in eine durchsichtige, gut verschließbare Flasche und füllt mit Feinsprit auf. Man läßt die Flasche während zehn Tagen an der Sonne oder an einem warmen Ort stehen. Dann seiht man den

Birke (Betula)

So sehen die Birkenblätterknospen aus, wenn man sie für Tinktur pflücken sollte

Dieser Birkenstamm wäre kräftig genug, um aus ihm Saft zu gewinnen

Auszug ab und füllt ihn in eine andere Flasche um. Wunden werden damit im Bedarfsfall zweimal täglich behandelt. (Achtung, die Tinktur brennt auf der Haut!)

Birkenblätter

Tee aus Birkenblättern – besonders aus den frischen – schmeckt so gut, daß man versucht sein könnte, ihn als wohlschmeckenden Haustee zu verwenden. Seine harntreibende Wirkung ist aber so stark, daß wir ihn besser nur dann anwenden, wenn wir ihn zur Behandlung *rheumatischer Erkrankungen, oder Erkrankungen der Blase und Niere* brauchen.

Johanniskraut *(Hypericum perforatum)*

Die Liste der Heilkräuter, die im Juni gepflückt werden können, ist unendlich lang. Trotzdem ist es mir nicht schwer gefallen, ausgerechnet das Johanniskraut besonders hervorzuheben.

Das Johanniskraut findet man auf sonnigen, mageren Wiesen, an Waldrändern und auf Lichtungen. Der Stengel ist kantig, die paarweise stehenden, kurzen Zweige tragen länglich ovale, glattrandige Blätter. Die Pflanze blüht von Ende Juni bis anfangs September. Hält man ein Blatt gegen das Licht, so muß es wie durchlöchert scheinen. Zerdrückt man eine Blüte, so färben sich die Finger tiefrot.

Johannisöl

stellt man folgendermaßen her: Man zupft Blüten und Blätter vorsichtig ab, gibt sie in ein gut verschließbares, lichtdurchlässiges, schlankes Einweckglas (in der Schweiz sagt man dazu Einmachglas), bedeckt mit feinstem Olivenöl und verkorkt die Flasche. 6 bis 7 Wochen an die Sonne stellen und öfters schütteln. Hat das Öl seine typische, leuchtend rote Farbe angenommen, sieht man es

Johanniskraut (Hypericum perforatum)

durch ein Tüchlein (das man schließlich gut auspreßt) in eine braune Flasche, die man nun aber im Dunkeln aufbewahrt. Eine nach einigen Tagen eventuell auftretende, wäßrige Schicht saugt man mit einem Trinkröhrchen ab. Das Johanniskrautöl bleibt während zwei Jahren wirksam, sofern es vorschriftsgemäß aufbewahrt wird. – Dosierung: Dreimal täglich zwei Eßlöffel einnehmen. Mehrmals täglich einreiben.

Zur Zubereitung von *Tee* trocknet man Blüten und Blätter an einem schattigen Ort. Für eine Tasse Tee braucht man zwei Teelöffel des Krautes, das man mit kochendem Wasser übergießt. Tagesdosis: drei Tassen.

Anwendung: Öl äußerlich: *Verletzungen, Verbrennungen,* (brennt nicht), *Sonnenbrand, Blutergüsse, Beulen, Geschwülste.*

Öl oder *Tee* innerlich: *Nervöse Erschöpfung, Überanstrengung, Schlafstörungen, Menstruationsstörungen, Wechseljahrbeschwerden, Wetterfühligkeit, Depressionen, Konzentrationsstörungen, Wurmkur.*

Extrakt (in der Apotheke erhältlich): *Bettnässer* erhalten 20 Tropfen Extrakt vor dem Schlafengehen auf einem Stück Zukker. Ab 16.00 Uhr keine andere Flüssigkeit mehr!

Für die Schönheitspflege

Birken-Haarwasser, gegen Haarausfall
30 g Birkenblätter
250 g destilliertes Wasser
75 g Alkohol 90%
1 g Borsäure
Birkenblätter fein hacken, mit dem destillierten Wasser aufkochen. Abkühlen lassen und abseihen. Mit den restlichen Zutaten in eine Flasche geben, gut schütteln und verschlossen aufbewahren. Täglich gründlich den Haarboden damit massieren.

Eau de Cologne à la mode de Catherine

Je 25 g Kamille, Lavendel, Pfefferminze und Thymian in eine dunkle Flasche füllen. 1000 g Alkohol (90%) aufgießen. Flasche gut verschließen. Nach einer Woche absieben (Rückstände gut ausdrücken), mit 1000 g destilliertem Wasser vermischen, in hübsches Fläschchen abfüllen.

Experimentierfreudige können nun die Kräutermischung ändern (z. B. mehr Lavendel, keine Kamille) und so ein ureigenes Eau de Cologne erfinden.

Erdbeer-Gesichtspackung

1 EL zu Mus zerdrückte Erdbeeren
1 KL Joghurt
Beides gut miteinander vermengen. Auf das gut gereinigte Gesicht und den Hals auftragen. Eine feuchtwarme Kompresse darüber legen, etwas einwirken lassen. Kühl abwaschen.

Vorsicht: nicht geeignet bei Personen, die gegen Erdbeeren allergisch sind.

Holunderblüten-Fußbad

bei geschwollenen, überanstrengten Füßen
5 Dolden Holunderblüten
1 Handvoll Pfefferminzblätter
1 l Wasser
Alle Zutaten aufkochen, abkühlen lassen einem lauwarmen Fußbad beigeben.

Badezeit etwa 10 Minuten.

Noch eine weitere lobenswerte Eigenschaft des Holunderstrauches: wenn er blüht, schaut er aus wie ein einziger großer Blumenstrauß ...

Aus Großmutters Küche

Mit wilden Pflanzen kochen

Holunder *(Sambucus nigra)*
Von den Beeren sprechen wir später, dann wenn sie reif sind.
Holunderblütenküchlein – bei mir rufen sie Kindheitserinnerungen wach! Ich wünsche möglichst vielen heutigen Kindern denselben Genuß. Man macht sie wie folgt:

- 2 Eier
- 2 EL Bier oder stark kohlensäurehaltiges Mineralwasser
- 1 EL Zucker
- 3 EL Milch
- 4 EL Mehl
- ¼ Kaffeelöffel Backpulver
- 1 Prise Salz

... und hier die Blütendolden im Teig gebacken

50 g Butter
12 Holunderblütendolden mit langem Stiel
Öl zum Fritieren
Puderzucker

Die Teigzutaten der Reihe nach miteinander gut zu einem glatten Teig vermischen (Butter schmelzen, aber nicht heiß werden lassen). Der Teig muß sehr flüssig bleiben. Die gewaschenen, abgetropften Blütendolden am Stiel halten, in den Teig tauchen und dann sofort in 190° heißem Fritieröl ausbakken. Auf Gitter und Haushaltpapier abtropfen lassen. Mit Puderzucker bestreuen und warm servieren.

Holunderblütensirup
In unserem Keller stehen unzählige Flaschen davon: 7 Holunderblütendolden mit 1½ l Wasser ansetzen und zwei Tage lang stehenlassen. Absieben. Das Wasser mit 2 kg Zucker aufkochen, 50 g Zitronensäure (aus der Apotheke) beigeben. In Flaschen abfüllen, heiß verkorken. Im Winter mit heißem Wasser verdünnt, evtl. mit ein paar Tropfen Gin verfeinert, trinken und dabei an den Sommer denken!

Als alte Holunderblütensirup-Trinker haben wir herausgefunden, daß der Zusatz von Zitronensäure nur notwendig ist, wenn der Sirup bloß gelegentlich als Getränk verwendet wird. Wird die einmal geöffnete Flasche innerhalb einer Woche konsumiert und stets kühl aufbewahrt, kann man auf die Zitronensäure verzichten. Der Sirup schmeckt dann noch «holundriger».

Holunderblüten-Gelee
8 Holunderblütendolden mit 1½ l Wasser ansetzen und zwei Tage lang stehenlassen. Absieben. Den Saft einer Zitrone und 2 kg

... und Sirup, und Gelee aus Blüten

Gelierzucker beigeben, 4 Minuten sprudelnd kochen lassen. In heiß ausgespülte Gläser abfüllen. Sofort verschließen.

Holunderblüten-Sekt
20 Holunderblütendolden mit 5 Liter Wasser übergießen, langsam zum Kochen bringen. Abkühlen. Über Nacht stehenlassen. Absieben. Mit 750 g Zucker vermengen, langsam aufkochen, in heiß ausgespülte Bügelflaschen (Mineralwasserflaschen mit Schraubdeckel eignen sich nicht!) abfüllen. Kühl lagern. Erst am Silvester öffnen, aber Flasche vorher kühlstellen. Vorsicht beim Öffnen! Das Getränk moussiert wie Champagner und schmeckt für meinen Begriff mindestens so gut.

Hopfen (Humulus lupulus)

Hopfen *(Humulus lupulus)*
Meine Hopfengeschichte:

Auf dem Monte Valdo, wo ich meine Tessin-Anfängerzeit verbrachte, wuchs und wucherte der wilde Hopfen am Gemäuer, umschlang Büsche und Zäune – und ärgerte mich ganz gewaltig. Ich wurde ihm nicht Meister (oder besser gesagt Meisterin), bis mir Santina, Brunos Frau, zeigte, was man mit diesem «Unkraut» (ein Wort, das ich aus meinem Vokabular streichen sollte, denn die meisten Unkräuter sind entweder Heilkräuter oder sind mindestens eßbar) machen kann:

Zum Beispiel die Rankenspitzen vom Hopfen in Salzwasser weichkochen, mit in Butter geröstetem Semmelmehl bestreuen – oder die frischen Sprossen wie Spargel zubereiten (und genießen) – oder ausbacken im gleichen Teig wie Holunderblütenküchlein – oder die Sprossen in Salzwasser kochen und nachher mit einer Salatsauce vermischen. Ich mag jene Sauce dazu am liebsten, die mit Essig, Öl und zerdrücktem Gorgonzola zubereitet wird.

Andere Kochrezepte

Badisches Spargel-Gemüse

Hierzu kann man z. B. auch weniger schöne Spargeln (3. Wahl) verwenden, denn wir haben mit dem Spargel diesmal zweierlei vor:
1. ein apartes Gemüsegericht
2. Spargelcreme-Suppe ... wenn die Saison längst vorbei ist!

Gemüsegericht
2 kg Spargel
3 l kochendes Salzwasser
Saft einer halben Zitrone

Spargel vor dem Schälen sehr gründlich waschen. Soweit sich die Stangen gut zerschneiden lassen, in fingerlange Stücke teilen. Im Wasser, dem man (damit die Spargeln schön weiß bleiben) Zitronensaft beigegeben hat, etwa 15 Min. kochen. Sie sollten noch etwas «Biß» haben. Man gibt die Spargelstücke in die weiße Sauce (s. Rezept unten) und serviert Strübli (s. Rezept S. 133) dazu.

Nun zur künftigen Spargelcremesuppe: Die harten Endstücke zerkleinert man, so gut es geht. Mit den ebenfalls in kleine Stücke geschnittenen Schalen im Backofen dörren: bei 50° und etwas geöffneter Backofentür.

Für eine Suppe kocht man die gedörrten Spargelstücke etwa 20 Min. in Salzwasser vor. Die cremige Konsistenz erhält die Sup-

Badisches Spargelgemüse an weißer Sauce

pe, wenn man erst genau nach dem Rezept für die weiße Sauce vorgeht und dann mit einem ganzen Liter Spargel-Brühe ablöscht.

Grundrezept für weiße Sauce, z. B. für Spargeln, Krautstiele, Blumenkohl

Erst kürzlich habe ich begriffen, weshalb es weiße Sauce in Tüten und Tuben zu kaufen gibt: Mir ist das Kochbuch des königlich bayerischen Hofkochs «Anweisung in der feineren Kochkunst» von Johann Rottenhöfer (Lothar Borowsky-Verlag, Wien) in die Hände gefallen. Da ist «für eine einfache weiße Sauce» ein derart kompliziertes Verfahren mit zum Teil kaum zu beschaffenden Zutaten beschrieben, daß einem das Zubereiten einer weißen Sauce verleiden könnte, hätte man nicht – wie ich – eine Großmutter gehabt, die das viel, viel einfacher machte, fast so einfach, wie das Öffnen eines Saucenbeutels:

- 4 gestr. EL Butter
- 8 gestr. EL Weißmehl
- ½ l *kochender Gemüsesud oder kochende Fleischbrühe*
- *Salz, Pfeffer*
- *flüssige Würze*
- *Muskat*
- *Zitronensaft und geriebene Zitronenschale*
- *Paprika und Cayennepfeffer und*
- 2 EL *Parmesankäse, gerieben*

Die Butter flüssig werden lassen, Mehl beigeben, eine Minute lang andämpfen.

Pfanne von der Feuerstelle wegziehen. Kellenweise mit kochender Flüssigkeit ablöschen, die man am Pfannenrand hineingießt. Mit dem Schneebesen fleißig rühren. So gibt es garantiert keine Knöllchen. Salzen, pfeffern, mit den verschiedenen Gewürzen abschmecken. Durch Flüssigkeitszugabe kann die Sauce beliebig verdünnt werden.

Erdbeerköstlichkeiten

Die Ernte aus dem Erdbeerfaß erlaubt uns vielleicht sogar, eine kalte *Marmelade* herzustellen. Dafür eignen sich nur ganz frische, reife, saubere Früchte. Man duscht sie sorgfältig ab, trocknet sie auf einem Küchenpapier, entfernt den Stiel, wägt sie und püriert sie fein. Am besten geht das mit dem Mixer. Bei uns zu Hause tat man diese Arbeit mit einer gewöhnlichen Tischgabel, wobei zu sagen ist, daß wir damals Walderdbeeren verwendeten. – Nun fügt man dem Erdbeerpüree gleichviel Gelierzucker bei und rührt etwa eine Viertelstunde, bis sich der Zucker mit dem Brei gut vermengt hat. Kühl aufbewahren und bald konsumieren.

Heute haben wir eine Tiefkühltruhe. Wir gefrieren unsere Marmelade in kleinen Konfitürengläsern ein. Im Winter schmeckt das frische Erdbeeraroma besonders fein.

Man kann damit auch *Sorbet* machen: pro Person ein Eiweiß ganz steif schlagen, nach Belieben Marmelade darunterziehen. Je nach Geschmack mit abgeriebener Zitronenschale parfümieren. Die Schüssel ins Tiefkühlfach stellen. Alle fünfzehn Minuten gut umrühren. Nach etwa zweieinhalb Stunden ist das Sorbet servierbereit.

Ersetzt man das Eiweiß durch steif geschlagenen Rahm (½ dl pro Person) und geht im übrigen gleich vor, kann man auch ohne Glacemaschine Eiscreme herstellen.

Selbstgemachtes Erdbeersorbet. Sooo gut schmeckt keines, das man kauft

Gemüse in Öl konservieren

1. Zucchini

A. Zucchini (man kann auch große verwenden, die Kerne müssen noch weich sein) schälen, in 1 cm dicke Scheiben schneiden, auf ein Gitter legen, mit Salz bestreuen, ca. 20 Minuten abtropfen lassen.
B. In Essiglösung (⅔ weißen Weinessig, ⅓ Wasser) aufkochen, abtropfen lassen.
C. Folgendermaßen in ein Einmachglas schichten:

1 Lage Zucchini
1 Lage Würzmischung (Pfefferminze, Oregano und Basilikum fein hacken, gepreßten Knoblauch und ganze, weiße Pfefferkörner beigeben)
1 Lage Zucchini etc.

Variante: Anstelle von Pfefferminz, Oregano und Basilikum frische Rosmarinnadeln als Würze verwenden.

D. Soviel Olivenöl auffüllen, daß das Gemüse gut damit bedeckt ist. Nach einigen Tagen kontrollieren, ev. nachgießen.

2. *Auberginen*
Für den Vorgang A Salz und Zitronensaft benützen.

3. *Peperoncini* (kleine Paprikaschoten)
Für den Vorgang B reinen Essig verwenden, bei C Pfefferminze weglassen.

Mit diesen Rezepten lassen sich Gemüseüberschüsse im Garten verwerten. Und: nächste Weihnacht kommt bestimmt.

Kalbshaxen

4	*Kalbshaxen à 200 g*
	Streuwürze, Pfeffer
4 EL	*Mehl*
1 EL	*Olivenöl*
1	*große Zwiebel*
1	*Lauchstengel*
2	*Karotten*
5	*Rippen Bleichsellerie*
2	*Knoblauchzehen*
1	*Rosmarinzweig*
1 EL	*Tomatenpüree*
3 dl	*Weißwein*
½ l	*Fleischbrühe*
1	*Zitrone*

Die Kalbshaxen würzen und mit 3 Eßlöffel Mehl bestäuben, im heißen Öl hellbraun anbraten. Zwiebel und Lauch in Ringe, Karotten und Sellerie in Stäbchen schneiden, Knoblauch pressen. Alles beigeben und mitdämpfen. 1 Eßlöffel Mehl in etwas Weißwein auflösen, Tomatenpüree und restlichen Wein dazumischen. Damit ablöschen. Rosmarinzweig dazulegen. Fleischbrühe langsam dazugeben. Kochzeit (Backofen) ca. 1 Stunde. Sauce eventuell noch nachwürzen. Mit Zitronenschnitzen garnieren.

Die Freundin, die mir dieses Rezept gab, bereitete eine ganze Hinterhaxe zu. Dies ergibt ein Festessen für 8–10 Personen. Man braucht dann etwas mehr Flüssigkeit (im Verhältnis gerechnet). Die Kochdauer ist je nach Größe ½–1 Stunde länger.

Vitello tonnato

Ein Sommerschmaus, der sich vorbereiten läßt und der Komplimente bringt!

Fleisch

1 l	*Fleischbrühe*
1 dl	*Weißweinessig*
1	*Zitrone*
400 g	*mageres Kalbfleisch am Stück*
	(Huft, Schulter)

Sauce

1	*Eigelb*
½ KL	*Senf*
2½ dl	*Olivenöl*
½	*Zitrone*
1 Prise	*Salz*
200 g	*Thon*
5–6	*Sardellenfilets*
1 EL	*Kapern*
1 EL	*Weißweinessig*
1 dl	*der gesäuerten Fleischbrühe (= Sud)*

Fleischbrühe mit Essig und der in Scheiben geschnittenen Zitrone aufkochen. Kalbfleisch beigeben, etwa 1½ Stunden kochen (es darf nicht zu weich sein). Im Sud erkalten lassen. In möglichst feine Scheiben schneiden. Gestaffelt auf Platte legen. Aus Eigelb, Senf, Olivenöl, Zitronensaft und Salz eine Mayonnaise rühren. Thon (Öl abschütten), Sardellen und Kapern sehr fein hacken, am besten mixen, Essig und gesäuerte Fleischbrühe beigeben. Mit dieser Sauce das Fleisch überziehen, kalt stellen. Frisches Weißbrot (ev. erwärmt) und Salat dazu servieren.

Zitronenmelissen-Likör

1 kg Zucker
½ l Wasser
200 g Zitronenmelisseblätter
1 l Alkohol 70%

Zucker und Wasser aufkochen, abkühlen lassen, über die Blätter gießen. 2 Tage stehenlassen, Alkohol zugeben. Mit den Blättern in Flaschen abfüllen. Bis Weihnachten stehenlassen, dann absieben.

Der Likör schmeckt so gut, daß man ihn auch dem besten Freund schenken kann.

Naturfarben für Wolle und Seide

Holunder

Wie bei der Brennessel, verwenden wir auch beim Holunder solche Blätter, die für Medizinalzwecke nicht geeignet sind, z. B. weil der Busch an einer von Autos befahrenen Straße steht.

Zutaten

1 kg frische Holunderblätter
500 g Wolle
80 g Alaun
1 Handvoll Seifenflocken

Farbsud

Man schneidet die Holunderblätter ab, zerkleinert sie samt dem Stiel und weicht sie über Nacht ein. Man kocht den Farbsud 1 Stunde und läßt ihn abkühlen. Dann seiht man ihn durch ein Mulltuch, wobei man die Pflanzenreste gut ausdrückt.

Beizbad

Man löst 80 g Alaun in 1 Liter heißem Wasser auf, gibt die Lösung in den Färbkessel und füllt mit lauwarmem Wasser auf. Die in lauwarmem Wasser eingeweichte Wolle hineingeben. Beizbad langsam zum Köcheln bringen, 1 Stunde köcheln. Im Beizbad abkühlen lassen.

Farbbad

Die abgekühlte Wolle gut ausdrücken. In den Farbsud legen, langsam zum Köcheln bringen, 1 Stunde köcheln. Im Farbbad abkühlen lassen. Lauwarm mit Seifenflocken waschen, lauwarm spülen.
Allgemeine Angaben s. auch Seite 19–22.

Berberitze

Die jetzt beim Heckenschnitt anfallenden Zweige trocknen. Rezept siehe Seite 135.

Vom Juli und vom August

Denk' ich Juli, denk' ich August, denk' ich Nix-tun!

Ich seh' mich auf einer Bergmatte liegen, im Schatten eines Baumes, umgeben von duftenden Bergblumen und von Bienen und Hummeln, die herumbrummen, ein blauer Himmel, in dem weiße Wolkenschiffe schwimmen und eine richtig heiße Sonne.

Ein schönes Fläschlein roter Wein steht neben mir. Ein «flüssiger Rotwein» muß es sein, darum sag' ich auch gern, ein «weißer Rotwein». Darunter verstehe ich einen Wein, der nicht zu voll ist, nicht zu bitter-herb, sondern einen säuerlichen, frischen Merlot oder Gamay. Dann brauche ich noch ein Stück Käse dazu, sagen wir einen Münster, der so herrlich stinkt, oder Brie oder einen frischen Weißkäse.

Es wäre schon schön, wenn mir jemand Gesellschaft leisten würde, im kühlen Schatten der Bäume, bei Rotwein und Käse. Aber, er oder sie dürfte nicht schon nach einer Viertelstunde sagen: «Jetzt müssen wir wieder aufbrechen; das Wanderziel des Tages liegt noch ganz fern!»

Im Juli und August bin ich gern mein eigener Herr; ich möchte nicht müssen. Aber meistens gelingt mir das nicht. Und dann sind der Juli und der August heiß, schwül, dämpfig und gelb, und in den Nächten kann man nicht schlafen, weil die schweißnassen Leintücher an einem kleben. Man steht auf und macht kalte Armbäder (das Waschbecken voll kaltes Wasser – so weit die Wasserleitung kaltes Wasser liefert – und mit den Unterarmen dahinein). Oder man läßt das kalte Wasser über die Pulse am Handgelenk laufen, oder was dergleichen Großmutterratschläge mehr sind, kämpft wieder mit den Leintüchern und träumt irgendeinen unangenehmen Traum, der nicht enden will.

In diesen Monaten hab' ich aber auch herrliche Dinge gemacht. Auf den Gedanken des Wanderns bin ich allerdings spät in meinem Leben gekommen. Bis ich dreißig war, habe ich den Sommerurlaub meistens im Strandbad verbracht, lesend und rauchend, mit meinem Freund Anton diskutierend und natürlich zwischen den zahllosen schwadernden Menschen im Schwimmbecken. Früher, da waren die Bademeister noch hart; selbst im Hochsommer ließen sie das Wasser im Schwimmbecken nicht wärmer werden als allerhöchstens 20°, indem sie entsprechend kaltes Frischwasser hineinleiteten. Heutzutage, im Zeitalter der geheizten Schwimmbäder, ginge da ja kein Mensch ins Bad, geschweige denn ins Wasser.

Als ich dreißig wurde, kam ich auf die Idee, einmal auszuprobieren, wie das gewesen war, als man zu Fuß – vor hundert Jahren etwa – nach Italien reiste. Aus purer Neugierde. Ich habe zwei Kumpane gefunden, die bereit waren mitzugehen. Wahrscheinlich war es ihnen sowieso gleichgültig, wohin wir zogen, und ich kam zu meiner ersten, großen Wanderung. Sie sollte vom Vierwaldstätter See zum Lago Maggiore führen. Tatsächlich angefangen haben wir aber erst am Fuße des Gotthards, und den Lago Maggiore haben wir nicht mal gesehen. Es war natürlich völlig unsinnig, diese Tour ausgerechnet im Juli zu machen, denn in den Alpentälern brütet die Hitze ebenso erbarmungslos wie anderswo. Die Wanderung wurde zum Stationenweg von Wirtschaft zu Wirtschaft. Und dazwischen habe ich an jedem Brunnen kaltes Wasser getrunken. Obwohl meine Mutter mir eingetrichtert hatte: «Zuerst ein Stück Brot essen, dann den Mund ausspülen, hinterher sich ein bißchen abkühlen und ganz langsam mit kleinen Schlucken trinken.» Kaltes, frisches Bergwasser ist ein wunderbarer Genuß und keines schmeckt wie das andere. Notfalls – das habe ich damals gemacht – kann man ja gleich nach dem gewaltigen Schluck Magentropfen nehmen. Damals besaß ich noch den Ehrgeiz, am vorgesehenen Ort anzukommen. Den hab' ich in zwanzig Wanderjahren völlig verloren; vor allem bei meinen Wanderungen mit dem Roland und mit dem Anton. – Dazu muß ich jetzt was über meine Freunde sagen.

Roland ist ein hagerer Mann, ein Leistungsfanatiker, würde der Psychologe sagen, der jedes Ziel, das er sich setzt, unbedingt erreichen muß. Dafür wird er aber morgens nicht fertig: erstens mit dem Schlafen, zweitens mit dem Aufstehen, drittens mit der Toilette und viertens mit dem Frühstück. Auf eins bis drei hab' ich ja keinen Einfluß, aber bei vier kann ich drängen, mit dem Erfolg, daß er gar nichts ißt und den ganzen Tag grantig ist.

Für Anton hingegen ist das Aufstehen kein Problem. Er verzichtet ohnehin auf die Punkte drei und vier; Zähneputzen hält er für schädlich für sein Gebiß. Rasieren braucht er sich nicht, da er einen Bart trägt, was wiederum die Gesichtswäsche überflüssig macht. Im übrigen steht er auf dem Standpunkt, daß das Waschen den natürlichen Schutzfilm der Haut zerstöre. Frühstücken tut er nicht, weil ihm eine Tasse Kaffee genügt.

Im Gegensatz zu Roland muß Anton überhaupt nicht am Ziel ankommen. Er will eigentlich nicht wandern, das tut er nur uns zuliebe. Dafür schleppt er stets ein neues Buch mit sich herum, worin er liest, sobald wir stehenbleiben, ausschnaufen, vespern oder irgend etwas bewundern. In der Zwischenzeit erzählt er uns das, was er gerade gelesen hat.

Was aber das Wandern betrifft, so hab' ich zwei Probleme. Das eine ist, daß ich einen Haufen Pfunde mit mir herumschleppe, weil ich etwas runder bin als andere Menschen; und das zweite: ich habe kurze Beine. Wenn ein «Normalmensch» einen Schritt macht, muß ich zwei machen. Und wenn wir zu dritt gehen, bin ich halt immer der letzte. Der dürre Roland und der nicht weniger magere Anton ziehen los, ich watschle hinterher. Nach einiger Zeit haben sie einen gewaltigen Vorsprung und bleiben stehen. Der Anton liest sofort. Keuchend erreich' ich die beiden und freue mich über eine Verschnaufpause. Roland und Anton, die sich ja schon seit fünf Minuten erholt haben, marschieren weiter, ich hinter ihnen her. Nach wenigen Minuten bin ich wieder weit im Rückstand. Sie bleiben dann wieder stehen, warten auf mich – und so geht es munter vorwärts.

Kurz, was für mich eine durchgängige Schinderei ist, ist für sie ein gemächliches Schlendern mit vielen Ruhepausen. Auf einmal hatte ich genug; da hab' ich beschlossen, auch gemächlich zu schlendern. Und wenn die Sonne sich ans Untergehen machte, ehe wir den Gipfel erreicht hatten, kehrte ich um. Und weil ich beim So-vor-mich-hin-Wandern genügend Zeit zum Nachdenken hatte, ging mir ein Licht auf: Just so ist das Leben. Wir rennen unentwegt irgendwelchen Zielen nach, «Gipfeln» sozusagen, schinden und plagen uns. Wir tun das alles nur, weil irgendeiner gesagt hat, das Erreichen des Zieles sei etwas Besonderes. Und dabei ist das Leben selbst die schönste Wanderung, die man sich nicht mit Schinden verderben sollte.

Ich kam zum Rasten auf unsern Ausflügen, denn mit Roland und Anton hab' ich die Sache so gelöst: Der Roland – da kam ich eines Tages dahinter – hat Angst vor Schlangen. Wollte ich etwas rasten, erwähnte ich beiläufig: «Ich weiß nicht, aber ich hab' im Wanderführer gelesen, da oben sei eine berüchtigte Vipernecke». Und wenn dann gleichzeitig noch eine Eidechse durchs dürre Gras huschte, war Roland sofort bereit zu einer Pause auf der von mir als garantiert «schlangenfrei» bezeichneten kleinen Wiese. (Man braucht auf so einem Stück Boden nur herumzugehen und betont fest mit den Bergschuhen aufzutreten, dann sind diese Viecher wirklich fort, in ihrer panischen Angst vor den Menschen.)

Andererseits ist der Anton auf den Hinweis, daß ein Gewitter aufziehe, sofort bereit, bei mir, in einer kleinen Mulde, am Fuß des Gipfels zu warten, bis der Roland wiederkommt.

Dieser jedoch bleibt bei uns, weil er Angst hat, allein auf den Gipfel zu steigen. Dann zieht er aus seinem Rucksack ein kleines Fläschlein Wein und sagt verbittert, das habe er eigentlich auf dem Gipfel mit uns leeren wollen. Aber natürlich, wir kämen ja nie auf einen Gipfel und wär' der noch so bescheiden. Nun habe er einen Urlaubstag umsonst geopfert ... immer große Pläne machen und dann das Ziel nicht erreichen ... und so weiter ... Am Schluß sitzen wir zu dritt dann am Ausgangspunkt unserer Tour, in einer Beiz bei kühlem Wein, Speck und Brot, lachen uns gegenseitig über unsere sportlichen Leistungen aus, und dann kommt das Schönste, wenn man am Auto die Bergschuhe auszieht und in ein Paar ausgetretene Tennisschuhe schlüpft, ohne Strümpfe, das nasse Hemd aus- und einfach einen lockeren Kittel anzieht, da hat sich's dann gelohnt, wenigstens für mich. Was hab' ich schon davon, wenn ich sagen kann, ich hätte irgendeinen unbekannten Grasberg, namens Sowieso-Horn, bestiegen.

Haben Sie eigentlich schon mal erlebt, wenn Sie etwas sehr bedrückt, wenn die Melancholie Sie überkommt, oder wie sie heutzutage heißt: die Depression, und Sie gehen zwei bis drei Stunden in angestrengtem Tempo, wie die Traurigkeit verschwindet? Sie können auch eine halbe Stunde schwimmen, aber richtig, mit Anstrengung! Doch zurück zum Wandern.

Es heißt ja, man solle nicht allein wandern. Und das ist wahr. Die Risiken, die man bei einer größeren Bergtour als Einzelgänger eingeht, sind beachtlich. Und selbst, wenn man in der Hütte oder im Gasthaus oder den Freunden genau sagt, wohin man geht, kann eine bange Nacht verstreichen, ehe jemand auf die Idee kommt, es könnte etwas passiert sein.

Ich denke da an eine Wanderung, die ich vor einigen Jahren mit Freunden in der Haute-Provence unternommen habe. Es gibt dort verhältnismäßig wenig Wald und die sanften

Höhen sind nur mit niederem Gras bedeckt. Das verführt dazu, vom Weg abzugehen, da es ohnehin nicht viele gibt: Man steigt den Hang hinauf, um oben auf einem bescheidenen Gipfelchen zu sitzen und ins nächste Tal hinunterzuschauen. Wir saßen also auf so einem Grat, der Berg fiel verhältnismäßig steil ins Tal ab. Unten war ein Schäfer mit seiner Herde, und dem hab' ich gewinkt und aus Spaß «huhu» gerufen. Dabei hab' ich nicht daran gedacht, daß in dieser menschenleeren Gegend die Schäfer oft wochenlang allein unterwegs sind und vielleicht ein großes Bedürfnis haben könnten, sich mit jemandem zu unterhalten. Der Schäfer hat in dem winkenden, rufenden Menschen tatsächlich einen willkommenen Gesprächspartner zu finden gehofft. Und er begann flugs den steilen Hang heraufzuklettern. Nun bin ich schon von Natur aus eher menschenscheu, was ich aber in deutschsprachigen Gegenden unschwer überspiele. Hier drohte mir aber nun ein endloses Gespräch in Französisch. Dazu muß ich sagen, daß mein Französischlehrer und ich wenig Freude aneinander hatten.

Kurz, ich hatte damals ein stark gebrochenes Verhältnis zur französischen Sprache. Ich lief vor dem Schäfer und der drohenden Konversation davon, und das hätte ich nicht tun sollen. Denn ein rechter Schäfer läßt sich nicht narren. Da oben – zwischen Barcelonette und Colmar – wo auf den Matten die Edelweiße stehen, wie hierzulande die Gänseblümchen, da beherrschen die Schäfer noch ganz andere Künste. Ich machte insgesamt zwanzig Schritte vielleicht, da trat ich mit meinem rechten Fuß in ein Loch, das unter dem Gras versteckt war. Ich ließ mich sofort fallen, machte mit dem anderen Fuß einen Schritt, geriet ebenfalls in ein Loch, nun gab's nichts mehr aufzufangen, es drehte meinen Fuß herum und knackte, wie wenn ein Ast abbricht. Als ich wieder begann, mich vorsichtig zu bewegen, war es einfach unmöglich, auf den rechten Fuß aufzutreten. Bei jedem Schritt wurde es mir schwarz vor den Augen. Ich bin absolut sicher, der enttäuschte Schäfer hatte mir irgendeine bitterböse Verwünschung und einen Zauber nachgeschleudert – meinen beiden Begleitern übrigens auch. Denn, mein Freund Waldemar kam zwei Tage später durch Steinschlag zu einer Verletzung am Knie, und nochmals acht Tage später brach sich seine Frau, die auch dabei gewesen war, ein Bein. Aber ich wollte ja nicht erzählen, welch wirkungsvolle Verwünschungen provençalische Schäfer auszustoßen vermögen, sondern Sie bitten, sich auszumalen, was gewesen wäre, wenn ich an dem Tag meine Tour allein unternommen hätte.

Ich hab' mir trotzdem angewöhnt, oft allein zu wandern. Ich wähle Wege, bei denen ich sicher bin, daß irgendwer einmal vorbeikommt. Niemand drängt, man kann stehen bleiben, wenn es einem drum ist, einen Ameisenhaufen beobachten, eine Blume am Wegrand, man kann schnell gehen oder langsam, man muß nirgends ankommen. Wenn ich allein unterwegs bin, erlebe ich weit mehr, als wenn ich zu einer Gruppe gehöre. Wievielen Leuten bin ich schon begegnet, und wieviele interessante Gespräche haben sich dabei ergeben!

Entdeckten Sie einen Widerspruch zu dem, was ich vorher gesagt habe über meine Scheu, mit dem Schäfer zu reden? Ich glaube, das würde mir heute nicht mehr passieren. Längst weiß ich, daß man mit einem Minimum an Vokabeln sich mit den Einheimischen unterhalten kann. Daß man sich mit Gesten und ein paar wenigen Begriffen alles

Mögliche sagen kann, das weit über die einfachen Bedürfnisse «Essen», «Trinken» und «Schlafen» hinausgeht.

Die Kommunikation funktioniert, und das macht Wandern und Reisen erst interessant. Haben Sie auch schon entdeckt, wieviel Spaß es macht, im Urlaub einfach ins Auto zu sitzen, loszufahren und Straßen zu fahren, die man immer mal schon fahren wollte, Kirchen zu besuchen, die man immer mal schon sehen wollte, in einer Wirtschaft einzukehren, weil sie in einem alten Bauernhaus ist und weil so schöne Blumen vor den Fenstern stehen.

Der Juli und August. – Während ich dieses Kapitel schreibe, fällt mir auf, wie schön es ist, in diesen beiden Monaten nichts zu tun. Dabei war ich, seitdem meine Töchter nicht mehr in die Schule gehen, längst der Auffassung, daß man jetzt keinen Urlaub machen darf, weil man dann doppelten Urlaub hat: Im Juli und im August sind die meisten Kollegen fort, alles läuft ohnehin mit halber Kraft. Wenn Urlaub für die anderen nur noch eine verblaßte Erinnerung ist, hat man die vollen freien Wochen noch vor sich, und man kann sie genießen, wenn die Strände leer und die Wirte wieder freundlich sind. Aber es ist halt doch nicht mehr die ganz «echte» Urlaubszeit.

In Garten und Haus

Ferien in Sicht

Drei gute *Tips zur Blumen- und Rasenpflege* während der Urlaubszeit:

Sämtliche zu bewässernden *Zimmerpflanzen* in einem hellen Raum im Kreis auf den Boden stellen. Darauf achten, daß die lichthungrigen Pflanzen einen entsprechenden Platz bekommen. In der Mitte des Kreises einen mit Wasser gefüllten Eimer auf einem Hocker plazieren. Vom Eimer zu jeder Pflanze einen kräftigen Wollfaden straff spannen, den man im Topf um den Pflanzenstengel legt. Darauf achten, daß der Faden nicht durchhängt.

Blumenkistchen versieht man mit auf den Kopf gestellten, mit Wasser gefüllten, enghalsigen Flaschen (z. B. Bierflaschen). Das Wasser läuft nur aus, wenn die Erde darunter trocken ist. –

Petunien, vor dem Urlaub kräftig zurückgeschnitten, bilden mehr Blüten und brauchen weniger Wasser.

Falls Sie keinen lieben Nachbarn haben, der Ihren *Rasen* während Ihrer Abwesenheit pflegt, sollten Sie ihn vor der Abreise nicht kurz schneiden. Die Gefahr, daß er vertrocknet, ist kleiner, wenn längere Halme den Boden beschatten. Und wenn Sie dann voll gärtnerischem Tatendrang zurückkehren: bitte den Rasen nicht sofort kurz schneiden. Beim ersten Schnitt kürzt man um die Hälfte, beim zweiten kann man dann auf die gewohnte Schnitthöhe zurückgehen.

Und noch ein Tip für Urlaubsfreudige: Schneiden Sie vor Ihrer Abreise jene Knospen von den Sommerblühern weg, die sich bald öffnen würden. Es soll Sie nicht reuen, denn bei Ihrer Rückkehr erwartet Sie ein um so üppigerer Blumenflor.

Blumenkisten-Bewässerung

Die Arbeit, die mir zu dieser Zeit am besten behagt, ist die Stauden-Vermehrung aus Stecklingen: Holunder, Forsythia und Feuerdorn – dann natürlich Geranien und Fuchsien. Sie alle ziehen in unser im Moment zur Verfügung stehendes Treibbeet. Wichtig: Stecklinge bewurzeln sich am besten in einem Torf-Sandgemisch (Verhältnis 1:1).

Wir wohnen in einem relativ rauhen Klima. Ich achte deshalb sehr darauf, ab August Stauden nicht mehr zu düngen. Sie verholzen dann und überstehen den Winter besser. Bei den Rosen schneide ich wohl die verblühten Blüten ab, mit dem Rückschnitt warte ich bis zum Frühjahr.

Die Triebspitzen darf der Frost dann «a knabbern». Falls wir im Winter versehen lich die Gartentüre offen lassen, ist für ei neugierige Ziege oder ein Schaf etwas da ohne daß die Rose unter diesen Interesse ten leiden müßte.

Meine Großmutter hatte eine Vorlieb für verschiedenartige *Kakteen,* die währen Jahrzehnten immer wieder blühten. I kann mich gut daran erinnern, daß sie v allem darauf achtete, das Gießen im La des Herbstes langsam, aber stetig zu vermi dern.

Um mich zu trösten, weil das Gartenja seinen Höhepunkt überschritten hat, über ge ich, wo es noch Platz für Frühlingsblüh

Diese Nistkästchen werden von Meisen bevorzugt, von Katzen jedoch verabscheut!

bt, wo noch eine Hecke, oder ein Nistkästen angebracht werden könnte. Übrins: in Deutschland gibt es hübsche Niststen, die man katzensicher an Baumästen fhängen kann.

Kästen mit einem Einschlupfloch von 28 Millimetern werden von Meisen bevorzugt. Nistkästen sollte man schon im Herbst aufhängen, damit sich die Vögel daran gewöhnen.

eilkräuter

auenmantel *(Alchemilla vulgaris)*
er Name – sowohl der deutsche wie auch r lateinische – charakterisiert diese Pflan- : Alchemilla = Zauberkraut. Es ist ganz sonders wirksam bei *Frauenkrankheiten* e: *Schmerzhafte Periode, Weißfluß,* oder *Wechseljahrbeschwerden.* Es ist ein *Stärkungsmittel während der Schwangerschaft* und *nach der Entbindung.* – Frauenmanteltee ist nach Johann Künzle auch ein *Stärkungsmittel für schwächliche Kinder,* dann bei *Fieber,* bei *Entzündungen der Luftwege, der Augen und des Zahnfleisches.*

Ringelblume (Calendula officinalis) *Schafgarbe (Achillea millefolium)*

Ringelblume *(Calendula officinalis)*
Die Ringelblume haben wir im Frühjahr im Garten ausgesät. Sie braucht einen sonnigen Platz, gedeiht auf jedem Boden (auch im Blumenkistchen) und ist so anspruchslos, daß sie nicht gedüngt zu werden braucht. Letzteres zu wissen, ist für Kräuter-Lehrlinge besonders wichtig, denn wenn wir die Ringelblume zu Heilzwecken verwenden wollen, darf sie nicht mit irgendeinem Blumendünger behandelt werden. Wer seine Ringelblumen besonders üppig gedeihen lassen will, kann ihnen monatlich einmal eine Gabe von verdünnter Brennesseljauche (s. Seite 33) geben.

Ringelblumensalbe
stellt man her, indem man 250 g Schweineschmalz schmilzt, zwei Handvoll frisch gepflückte Ringelblumenblüten und -blätter beigibt und diese im Schmalz wie Zwiebeln dämpft. Dann seiht man durch ein Mulltüchlein ab, drückt das Tuch schließlich gut aus, rührt um und bewahrt die Salbe in einem verschlossenen Glas im Kühlschrank auf. Mit Ringelblumensalbe, die während längerer Zeit jeden Abend aufgetragen wird, kann man ganz erstaunliche Erfolge bei *schlecht verheilten Narben oder Krampfadern* sowie auf Hautstellen mit geplatzten Äderchen erzielen.

Ringelblumentee
(1 Teelöffel getrocknete Blüten und Kraut auf eine Tasse kochendes Wasser) wirkt *krampflösend* (Monatsschmerzen), *schweißtreibend und sekretionsfördernd* und hilft bei *Magen- und Darmerkrankungen.*

Schafgarbe *(Achillea millefolium)*

Wenn wir die Zeilenanzahl für die Beschreibung der Heilwirkungen einzelner Heilkräuter in Kräuterbüchern vergleichen, fällt uns auf, daß der Schafgarbe überall ein besonders großer Platz eingeräumt wird. *Schafgarbentee* (1 Teelöffel getrocknetes Kraut und Blüten auf eine Tasse kochendes Wasser) hilft bei den verschiedensten Erkrankungen des *Magen-Darmtraktes*, behebt *Appetitlosigkeit*, beseitigt *Blähungen*, unterstützt die Heilung von *Dickdarm-Entzündung und Magen-Entzündung*, ist wirksam bei *Stuhlverstopfung, Leberstörungen, Gallenkrämpfen*. Außerdem regt er die Nierentätigkeit an und fördert den *Kreislauf*. Schafgarbe «verbessert das Blut», hilft bei *Hämorrhoidal- und Nasenbluten*, reguliert zu *starke oder zu geringe Monatsblutungen* (Schafgarb' im Leib, tut gut jedem Weib!)

Silbermantel *(Alchemilla alpina)*

Weshalb soll man zur Abwechslung auf einer Bergwanderung nicht einmal Heilkräuter pflücken? Der Silbermantel hat in verstärktem Maße dieselben Wirkstoffe wie der Frauenmantel. Pfarrer Künzle spricht dem Silbermantel aber noch eine andere Wirkung zu: «Silbermanteltee stärkt *Muskeln* und *Herz* und treibt *verhocktes Wasser* fort. Leute, die zu *Fettsucht* neigen, verlieren ohne Schaden ihr *Übergewicht* bei täglichem Genuß von ein bis zwei Tassen Silbermanteltee, besonders, wenn demselben noch Melisse und Minze beigemischt wird.»

So laßt uns Rundliche den Silbermanteltee trinken. Aber nur aus selbst gepflückten Pflanzen, denn schon die Bergwanderung wird zur Beseitigung dieser weitverbreiteten «Krankheit» das ihre beisteuern.

Wichtig: Silber- und Frauenmantelblätter werden morgens gepflückt, nachdem der

Wegerich (Plantago)

Tautropfen in der Blattmitte gut getrocknet ist. Man dörrt die Blätter an der Sonne.

Wegerich *(Plantago)*

Wegerich ist sozusagen der Zwillingsbruder der Schafgarbe. Der Kräuterpfarrer Johann Künzle beschreibt ihn in der ihm eigenen, liebenswürdigen Sprache: «Den Wegerich hat der liebe Gott an alle Wege gestreut, in alle Wiesen und Raine gesetzt, damit wir ihn stets bei der Hand haben, denn er ist unstreitig das erste, beste und häufigste aller Heilkräuter.» Frische Wegerichblätter, gequetscht und aufgelegt, stillen *blutende Wunden*, heilen *Brandwunden*, lindern den *Schmerz von Insektenstichen, Verstauchungen, Tierbissen* und dämpfen *Kopfschmerzen*. Um nochmals einen Kräuterpfarrer zu zitieren, diesmal Sebastian Kneipp: «Wie am Gold sich nie Rost ansetzt, so flieht den Wegerich jede Fäulnis und faules Fleisch.»

Ein Rezept, das wir bisher in keinem einzigen Buch fanden, an das ich mich aber aus meiner Jugendzeit erinnere: Es geht um Ohrenschmerzen: Aus den Wegerichblättern zieht man die Fäden, die im Blatt der Läng[e] nach eingebettet sind und wickelt sie z[u] einem Pfropfen. Man schiebt diesen i[ns] Ohr, um ihn über Nacht dort zu belasse[n]. Ich wurde damals nach einigen Stunden vo[n] meinen Schmerzen befreit, und sie kehrte[n] nie wieder zurück.

Für die Schönheitspflege

Auberginen/Tomaten-Gesichtspackung, zur Pflege alternder Haut

Die angegebenen Mengen erlauben mehrere Anwendungen. Die Packung ist aber nicht lange haltbar. Deshalb an zwei, drei aufeinanderfolgenden Tagen benutzen. Im Kühlschrank aufbewahren.

½ *reife Aubergine (Eierfrucht)*
1 *reife Tomate*
1 *Eiweiß*
15 *Tropfen Benzol-Tinktur (Apotheke)*

Früchte waschen, schälen (Tomate einen Moment in kochendes Wasser tauchen!), fein hacken, mit einer Gabel oder im Mörser zu Mus zerdrücken. Eiweiß zu Schn[ee] schlagen und mit der Benzol-Tinktur ver[mi]schen, Fruchtmus darunterziehen. Packu[ng] auf die mit lauwarmem Wasser gut gerein[ig]te Haut (z. B. auch Dekolleté und Händ[e]) auftragen. 20 Minuten einwirken lasse[n,] lauwarm abwaschen.

Gurken-Gesichtspackung, erfrisch[end]

Etwa 15 feingeschnittene, frische Gurke[n]scheiben auf die mit lauwarmem Wass[er] gewaschene Gesichtshaut – dicht bei dich[t] auflegen. Warme, feuchte Kompresse d[ar]überlegen. 20 Minuten einwirken lassen.

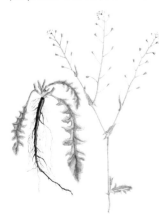

Hirtentäschel
(Capsella bursa pastoris)

Aus Großmutters Küche

Mit wilden Pflanzen kochen

Eselsdistel *(Onopordon acanthium)*
Man soll Esel nicht dumme Esel nennen, weil sie gerne Disteln fressen. Distelknospen schmecken genau wie Artischocken, die ja auch nur eine große Distelart sind. Man schneidet die Knospen ab, zupft die Blütenblätter weg und kocht den verbliebenen Blütenboden in Salzwasser weich. Mit Mayonnaise übergießen.

Hirtentäschel *(Capsella bursa pastoris)*
Ließe man das Hirtentäschel wuchern, w[ie] es wollte, könnte es wirklich im Garten a[lles] überwuchern. Wir jäten zwar – aber nicht sehr, denn die sich während des ganz[en] Sommers versamende Pflanze bildet imm[er] wieder Blattrosetten, die als Gemüse o[der] Salat gut schmecken. Der Blütensten[gel] wird nicht mitverwendet, er ist zu hart.

Ohne Worte

Huflattich *(Tussilago farfara)*
Vielleicht finden sie jetzt bei einem Waldspaziergang Huflattichblätter. Sie sind handtellergroß und mit einer zarten, filzigen Schicht überzogen. Diese Blätter, vom Belag befreit, haben einen kohlartigen Geschmack und können zum Beispiel für Krautwickel verwendet werden.

Kornelkirsche *(Cornus mas)*
So wie man aus unreifen Holunderbeeren «falsche Kapern» machen kann, so lassen sich die unreifen Früchte der Kornelkirsche zu einem Olivenersatz verarbeiten: Man wäscht sie, trocknet sie mit einem Küchentuch ab und übergießt sie mit gutem, ko-

chendem Weißweinessig, den man mit einem Lorbeerblatt gewürzt hat.

Roter Holunder *(Sambucus racemosa)*

Roter Holunder findet sich viel seltener als sein schwarzer Bruder. Man kann davon einen appetitlich aussehenden und feinschmeckenden Gelee kochen: Beeren entstielen, waschen und knapp mit Wasser bedeckt kochen, bis sie platzen. Saft durch ein Tuch seihen, dieses zuletzt gut ausdrücken. Pro Liter Saft 1 kg Gelierzucker dazugeben. 4 bis 6 Minuten lang sprudelnd kochen. Heiß in die Gläser einfüllen und verschließen. Wer nicht Gelierzucker verwenden mag, nimmt die gleiche Menge (1:1) gewöhnlichen Zucker und mischt nachher eine Marmelade mit Apfelgelee, möglichst aus unreifem Fallobst (ebenfalls 1:1).

Taubenkropf *(Silene vulgaris)*

In meiner Kindheit lernte ich, daß diese Pflanze «Chlöpfer» heißt.

«Chlöpfe» ist das schweizerdeutsche Wort für knallen. Wenn man die Blüte pflückt, die Kelchblätter zusammendrückt und den kugeligen Kelch (Taubenkropf) auf den Handrücken drückt, gibt es einen Knall – wie wenn man einen winzigen, aufgeblasenen Papiersack «verchlöpfe» würde. Taubenkropfblätter, vor der Blüte gepflückt, kann man wie alle andern hier beschriebenen Frühjahrskräuter in der Küche verwenden.

Weidenröschen
(Epilobium angustifolium)

Gleich noch eine Pflanze, deren Stocksprossen zu dieser Jahreszeit wie Spargel zubereitet werden können.

Man kann zur Abwechslung auch ein Weidenröschengemüse auf folgende Art kochen: Die gut gewaschenen Sprossen in 3 cm lange Stücke schneiden, in Butter dämpfen, mit etwas Fleischbrühe ablöschen und mit etwas Kümmel würzen.

Andere Kochrezepte

Auberginenpüree
(eine Vorspeise aus Rumänien)

Gewaschene Auberginen (Eierfrüchte) auf dem Holzfeuer oder der Gasflamme rösten, bis die Haut verkohlt und das Fleisch weich ist (dauert je nach Größe ¼–½ Stunde). Haut abziehen. Das Fruchtfleisch mit einer Gabel oder im Mixer ganz fein pürieren (in Rumänien nimmt man dazu ein hölzernes Messer), mit Salz und Zitronensaft würzen, etwas Olivenöl beigeben. Auf einem Suppenteller anrichten. Diesen in die Tischmitte stellen. Frische Weißbrotscheiben dazu servieren. Jeder Gast tunkt Brotstückchen in das Püree und – ja, wenn ich nun wüßte, wie man «Guten Appetit» auf rumänisch sagt!

Heringsalat *(für 6 Personen)*

  250 g *gekochtes Rindfleisch*
  250 g *gekochtes Kalbfleisch*
  250 g *gekochte Schinkenwurst*
     3 *hartgekochte, geschälte Eier*
     2 *Essiggurken, in Scheibchen*
       geschnitten
     2 *Karotten, in Scheibchen geschnitten*
     1 *Sellerieknolle, geschält und in sehr*
       feine Würfel geschnitten
     3 *Heringe, enthäutet*
       etwas Heringsmilch

Mayonnaise nach Belieben (siehe Rezept Seite 79).

Indischer Reissalat

125 g *indischer Reis*
    Salz
    Wasser
1 *Becher Joghurt*
    Saft einer Zitrone
2 EL *Sojasauce*
10 *Kerne von Baumnüssen, gehackt*
1 *Banane, in Scheibchen geschnitten*
½ *Dose ganz feine Erbsen*

Reis ins Salzwasser geben. 18 Minuten kochen und dann abkühlen lassen. Aus Joghurt, Zitronensaft und Sojasauce eine Art Salatsauce machen. Über den Reis gießen. Die übrigen Zutaten sanft miteinander vermengen, in den Reis gleichmäßig verteilen, kühl stellen.

Kirschpfannkuchen

Wieso dies ein «Pfannkuchen» sein soll? In Basel nennt man dieses herrliche Dessert so. Das Rezept habe ich von meiner Freundin Helen bekommen.

6 *altbackene Brötchen*
ca. 3 dl *Milch*
6 *Eier*
80 g *Butter*
200 g *Zucker*
300 g *Haselnüsse*
1 kg *Kirschen*

Brötchen würfeln, in der heißen Milch einweichen. Zu feinem Brei zerstoßen. Eigelb, flüssige Butter, Zucker und Haselnüsse beigeben. Ganz gut vermengen. Die gewaschenen, entstielten, aber nicht entsteinten Kirschen und schließlich das ganz steif geschlagene Eiweiß unter den Teig ziehen. Auf 180° etwa 1 Stunde backen.

Helen schreibt: «Ich backe ihn immer in zwei Formen: meine 25-cm-Spring- und die Cakesform. Das Quantum ist etwas groß.

Aber Helen, ich schwöre es Dir, noch nie ist ein Krümel übrig geblieben!

Mayonnaise

1 *Ei (teilen)*
1 TL *Senf*
2 dl *Sonnenblumenöl*
    Speisewürze
    Salz, Pfeffer, evtl. Cayennepfeffer
    einige Tropfen Zitronensaft

Eigelb und Senf miteinander verrühren. Oel zuerst tropfen- dann kaffeelöffelweise beigeben, mit einem Kaffeelöffel (nicht mit dem Schneebesen) ständig rühren. Wenn das Oel aufgebraucht ist, würzen. Das Eiweiß steif schlagen und sorgfältig darunterziehen.

Nudelsalat oder Italienischer Salat

200 g *Hörnli oder breite Nudeln in Salzwasser «al dente» weichkochen. Abtropfen und auskühlen lassen.*
1 *kleine Dose feine Erbsen, abgetropft*
100 g *gekochter Schinken, in feine Streifen geschnitten*
2 *Essiggurken, in Scheibchen geschnitten*
1 *Apfel, geschält, in Scheibchen geschnitten*
2 *hartgekochte, geschälte Eier*
1 *grüne Paprikaschote, fein geschnitten*
2 EL *Essig*
2 EL *Mayonnaise (siehe oben)*

Alles miteinander vermengen. 1 Stunde kühl stellen.

Schlemmer behaupten, dies sei der beste Brotaufstrich, den je eine Großmutter (oder war es ein Großvater??) erfunden hat

Paprika-Brotaufstrich
(sehr kalorienreich)

- 100 g Doppelrahmkäse (Philadelphia-, Gervais- oder Galakäse)
- 100 g weiche Butter
- 1 EL Tomatenmark
- 1 feingehackte Zwiebel
- Salz, Pfeffer
- 1 EL Rosenpaprika

Alle Zutaten miteinander vermischen und kalt stellen.

Pesto Genovese

- 10 Zweige frisches Basilikum
- 10 Zweige frische Petersilie
- 50 g frischer Schafskäse (wird man wohl meist weglassen müssen), aber auch der harte «Pecorino» ist geeignet. (gerieben)
- 50 g Parmesan oder Sbrinz, gerieben
- 3 Knoblauchzehen
- 2 EL Pinienkerne
- 1 dl Olivenöl
- Pfeffer, eventuell Salz

Kräuter, Knoblauch, Pinienkerne fei[n] zerschneiden und im Mixer oder Mörser m[it] den übrigen Zutaten zu einer ganz feine[n] Paste verarbeiten. Oder man kann die Krä[u]ter mit den Pinienkernen zusammen m[it] dem Wiegemesser sehr fein wiegen un[d] dann mit dem ausgepreßten Knoblauch m[it] den übrigen Zutaten vermischen. Zu i[n] Salzwasser gekochten Teigwaren serviere[n]

Pesto Genovese mit Spaghetti. Wenn man Tomaten provençale wie hier dazu servieren will, läßt man bei den Tomaten den Knoblauch weg

Selbstgemachte Sülze. Betätigungsfeld für künstlerisch veranlagte Köchinnen

Pikant gefüllte Sülze (Aspik)

⅜ l *nicht zu kräftige Instant-Bouillon (Pulver)*
1 EL *weißer Weinessig*
1 *Prise Salz*
1 *Messerspitze Zucker*
1 *Lorbeerblatt*
1 KL *Madeirawein oder trockener Sherry*
6 *Blatt Gelatine*
3 *hartgekochte, geschälte Eier*
3 *Cornichons, halbiert, fächerförmig aufgeschnitten*
10 *grüne, 10 schwarze Oliven*
1 *Karotte, in feine Scheibchen geschnitten*
5 *Maiskölbchen aus dem Essig*
100 g *Schinken oder beliebige Fleischwurst, in Würfel geschnitten*

Bouillon erhitzen, Essig, Salz, Zucker, Lorbeerblatt beigeben, 2 Minuten köcheln, vom Feuer nehmen, Madeira zufügen. Gelatine in kaltem Wasser etwa 5 Minuten einweichen, gut ausdrücken, in der heißen, nicht mehr kochenden Brühe so lange verrühren, bis sich alles gelöst hat.

In eine kalt ausgespülte, auf Eis gestellte Glasschüssel 1 cm Sülze gießen, fest werden lassen. Die Eier vierteln, im Kranz auf die Sülze legen, Eigelb nach unten. Zwischenräume mit Cornichonfächern, Oliven und Karottenscheibchen ausfüllen. Soviel flüssige Sülze sorgfältig aufgießen, bis die Eier knapp bedeckt sind. Schüssel in kaltes Wasser stellen, bis die Sülze fest ist, Fleischstreifen und übriggebliebene Essiggemüse beigeben, mit der restlichen Sülze auffüllen. Alles ganz kalt werden lassen. Beim Anrichten Schüssel kurz ins heiße Wasser tauchen und stürzen.

Um eine schöne Sülze zu erhalten, muß man sich zwei Dinge merken: erstens muß jede Schicht fest sein, bevor man weiterarbeitet, und zweitens muß die unverarbeitete Sülze lauwarm bleiben, damit man sie schön gießen kann.

Tomaten provençale

4 *Tomaten*
Salz, Pfeffer
4 EL *Paniermehl*
3 EL *Butter*
2 *Knoblauchzehen, ausgepreßt*

Tomaten halbieren, mit der Schnittfläche nach oben auf ein geöltes, passendes Backblech legen, salzen, pfeffern. Paniermehl mit der Butter und dem ausgepreßten Knoblauch vermengen. Diese Masse auf die Tomatenhälften verteilen. Im Ofen 15 Minuten backen.

Vom Mond – oder das Geheimnis der Nacht

Denk' ich an den Mond, denk' ich an so viele schöne, verschmuste Stunden auf einem Bänklein und ... aber halt, das hab' ich doch schon im Wonnemonat erzählt.

Wenn ich an die schönste Mondnacht denke, ersteht vor mir das Tal der Ardèche, dem Fluß, der von den Cevennen herab in die Rhone fließt, dorthin, wo der Ort Pont St. Esprit – die Brücke des Heiligen Geistes –, liegt und eben diese Brücke über die Rhône führt und am Brückenkopf eine Kirche steht, die auf merkwürdige Weise wie eine Moschee ausschaut, vielleicht, weil die Araber von Spanien her bis dahin kamen.

Man könnte die Stelle fatal bestimmen; vielleicht acht Kilometer unterhalb der Stelle, wo vier Atomreaktoren bei Pierrelatte Frankreichs Energiebilanz so erheblich verbessern. Die letzten 35 Kilometer fließt die Ardèche durch eine fast unzugängliche Schlucht. Wer hinein will, kann's nur an ein paar wenigen Stellen tun, oder er muß mit dem Kanu von oben in die Schlucht hineinfahren. Aber der Fluß hat zahlreiche Schnellen, was die Fahrt mit dem Kanu abenteuerlich und sportlich macht. Ich bin dreimal durch die Schlucht gefahren, man ist fast einen Tag unterwegs. Es ist eines der letzten Abenteuer, die man erleben kann in diesem alten Europa. Aber ich bin viel öfter nur ein Stück weit hineingefahren, bis zum ersten Umlaufberg. Ein Umlaufberg ist wie eine Halbinsel, um die der Fluß in einer großen Schlaufe herumläuft.

Am Pas de Mousses, also dort, wo der Fluß die Schlucht hinunterzufließen beginnt, an der Seite, wo er von der Straße und von dem kleinen Dorf Châmes abgewandt ist, ist eine kleine Höhle. Sie ist zur Hälfte zugemauert und hat einen Kamin. Dort brennt unser Feuer bei Tag und Nacht. Die Nahrungsmittel, auch die Milch und der Käse, das Brot und das Fleisch liegen im Hintergrund der Höhle und bleiben tagelang frisch. Einen primitiven Tisch gibt es vor der Höhle und eine ebensolche Bank. Und unter der riesigen Akazie, die ihre Wurzeln in das grüne Wasser des Flusses steckt, stehen gelb unsere Zelte. Wenn man morgens in den Fluß geht, um sich zu waschen und zu rasieren und die Zähne zu putzen, tut man gut daran, im hohen Gras auf die Schlangen zu achten. Aber, was hat das mit dem Mond zu tun?

Wenn ich an die schönste Mondnacht denke, die ich je erlebt habe, dann fällt mir eben diese Ardèche ein und der Heiner und sein Sohn der Mike. Wir sitzen vor einer Höhle am Pas de Mousses. Es ist Nacht, und das Feuer brennt, während wir den «Blanc des Blancs» trinken, der im Sand der Provence gezogen wurde – am Meer – und deshalb ein klein bißchen nach Salz und Wind schmeckt.

Der Vollmond, der genau über der Schlucht steht, verwandelt den Fluß in flüssiges

Silber. Das Wasser rauscht in seinem engen Bett, und unzählige Nachtigallen schlagen im Gebüsch. Wenn man ins Zelt kriecht, kann man nicht schlafen, die Nachtigallen sind zu laut – hier in dieser Einsamkeit – und der Mond scheint zu hell.

Worin liegt eigentlich der Reiz dieses seltsamen Nachtgestirns, das, wenn es abnimmt, wie ein Boot über den Himmel schwimmt, das verschwindet und wiederkommt, das einen in den Vollmondnächten nicht schlafen läßt, und schon gar nicht in den Nächten der Tag- und Nachtgleiche, das das Wasser des Meeres als Ebbe und Flut bewegt?

Meine Mutter hat an die Macht des Mondes geglaubt. Alle wichtigeren Dinge hat sie nur gemacht, wenn der Mond günstig stand. Was aber heißt das?

Für das Schneiden der Fingernägel und Haare ist der abnehmende Mond günstig, damit sie nicht so schnell wieder nachwachsen; den Garten sollte man bei abnehmendem Mond düngen, damit der Boden den Dung aufnimmt; beim Ernten der Äpfel sorgt der abnehmende Mond, daß sich die Früchte länger halten. Wäscht man die Wäsche bei abnehmenden Mond, geht der Schmutz leichter heraus. Alles, was unter der Erde wächst, muß bei abnehmendem Mond in die Erde; alles, was über der Erde wächst, soll bei zunehmendem Mond gepflanzt oder gesät werden. Doch es gibt auch Ausnahmen. Bohnen und Erbsen, die über der Erde Frucht tragen, müssen gleichwohl bei abnehmendem Mond in die Erde, desgleichen das Kraut, welches bei zunehmendem Mond keine Köpfe bildet. Salat, bei zunehmendem Mond gesät, schießt auf.

Astrologisch betrachtet, gehört der Mond ins Sternbild des Krebses. Ich habe ein sehr starkes Verhältnis zum Mond: Mein Geburtsjahr war ein Mondjahr, mein Sternbild – Krebs – ist das «Heim» des Mondes. Ich bin an einem Montag geboren, dem der Mond heilig ist, und zur Stunde, als der Mond gerade aufging. Nun können Sie sich vorstellen, unter welchen Launen meine Mitmenschen leiden müssen, und welche Veränderungen es in meinem Leben gab! Man sagt, der Mond sei ein glücksbringender Planet. Nun sollte man meinen, bei «so viel» Mond müßte ich im Glück schwimmen. Das ist aber nicht der Fall, denn in meinem Horoskop beobachtet der Saturn äußerst mißgünstig mein Schicksal. Man sagt, die unter dem Sternbild des Mondes Geborenen seien arbeitsam und unbeständig. Letzteres hab' ich schon bestätigt, das erstere bringt die Annette dazu, heftig mit dem Kopf zu nicken; für sie arbeite ich viel zu viel. Seeleute werden unter dem Sternbild des Mondes geboren, sowie Fischer, Wirte und Postboten. Als Fernsehmensch möchte ich ganz gerne daran glauben, daß der Postbote, der in früheren Jahrhunderten die Nachrichten brachte, nichts anderes war als der Rundfunk- und Fernsehmensch heute.

Das Meer und die Flüsse stehen unter der Herrschaft des Mondes, drum schwimme ich so gerne, und ich liebe die Quellen mit ihrem erfrischenden Wasser. Daß ich's mit dem Feuchten hab', gebe ich offen zu – nicht nur beim Schwimmen, sondern auch, wenn es sich um Wein handelt!

Der Magen und der Bauch stehen unter der Herrschaft des Mondes. Und hier zeigt sich wiedermal sehr, wie stark ich unter dem Einfluß des Mondes stehe, denn mein Bauch nimmt durchaus zu und ab, ganz nach dem Vorbild meines Beschützers. Auch die Blase gehört unter die Herrschaft des Mondes und jene Sachen, die den Mann zum Mann und die Frau zur Frau machen. Denken Sie daran, der Mondmonat dauert ebenfalls 28 Tage.

So, und jetzt bedenken Sie noch, daß manches Zauberhafte nur bei Vollmond gelingt. Etwas vom Größten, was ich bisher erlebt habe, war der Augenblick, als der erste Mensch den Mond betrat: «Ein kleiner Schritt für mich, ein großer für die Menschheit.» Man möchte meinen nun sei alles aufgeklärt und der Aberglaube, der sich mit dem Mond verbindet, gehöre der Vergangenheit an. Aber seien wir ehrlich, der seltsame Einfluß, den der Mond auf den Menschen und die Natur ausübt, hat sich seit uralter Zeit erwiesen, und schließlich bringt er zweimal täglich das Wasser der Weltmeere in Bewegung.

Naturfarben für Wolle und Seide

Krapp *(Rubia tinctoria)*

Krapp ist eine uralte südländische Färbepflanze. Sie läßt sich auch in gemäßigtem Klima anbauen. Die Wurzel wird im dritten Vegetationsjahr geerntet, getrocknet, geschnitten, kann aber erst nach einem weiteren Jahr zu Färbzwecken verwendet werden. Im Handel sind Wurzelstückchen oder pulverisierter Krapp erhältlich. Der relativ hohe Preis wird wettgemacht durch die Möglichkeit, dasselbe Farbbad mehrere Male zu verwenden.

Wichtig: Krapp wird bräunlich, wenn er gekocht wird.

Zutaten
5 mal je 500 g Wolle
500 g Krapp
200 g Zwiebelschalen
15 g Kaliumbichromat
4 mal je 100 g Alaun
1 mal 30 g Weinsteinsäure
5 mal je 1 Handvoll Seifenflocken

Farbsud
Krapp in kaltem Wasser über Nacht einweichen. Gut umrühren und langsam auf 70° erwärmen. 1 Stunde auf dieser Temperatur halten. Abkühlen lassen.

1. Beizbad
15 g Kaliumbichromat (lichtempfindlich, siehe Beizbad Blauholz, Seite 31) in 1 Liter lauwarmem Wasser auflösen. Lösung in den mit lauwarmem Wasser aufgefüllten Färbekessel geben, umrühren. 500 g in lauwarmem Wasser eingeweichte Wolle beigeben. Zugedeckt 1 Stunde köcheln und im zugedeckten Kessel abkühlen lassen.

1. Farbbad
Die abgekühlte, gebeizte Wolle in den abgekühlten Farbsud legen, langsam auf 70° erwärmen, 1 Stunde auf dieser Temperatur halten. Wolle öfters bewegen. Im Farbbad auskühlen lassen. Wurzelstücke aus den Strangen schütteln. Wolle waschen, spülen. Die beim Spülen noch herausfallenden Wurzelstücke zurück ins 2. Farbbad geben.

2. Beizbad
100 g Alaun und 30 g Weinsteinsäure in 1 Liter heißem Wasser auflösen. Im Beizkessel erst in 3 Liter Wasser aufkochen, dann den Kessel mit kaltem bis lauwarmem Wasser auffüllen, damit das für die Wolle bereite Beizbad lauwarm ist. 500 g in lauwarmem Wasser eingeweichte Wolle beigeben, langsam zum Köcheln bringen. 1 Stunde köcheln. Im Beizbad abkühlen lassen.

Dies ist kein Großmutterrezept. Wir haben diese Zweifarben-Färbung selbst erfunden und sind stolz darauf

2. Farbbad
Die gebeizte Wolle ins lauwarme Bad legen. Das Bad auf 70° erwärmen, 1 Stunde auf dieser Temperatur halten. Wolle öfters bewegen. Im Farbbad abkühlen lassen. Wolle waschen, spülen.

3. Beizbad
200 g Zwiebelschalen und 500 g in lauwarmem Wasser eingeweichte Wolle lagenweise in den Färbkessel schichten, mit lauwarmem Wasser bedecken, 100 g Alaun darüberstreuen. Bad langsam zum Köcheln bringen. 1 Stunde köcheln, im Beizbad, das die Wolle gleichzeitig gelb färbte, auskühlen lassen.

3. Farbbad
Wir haben die Wolle im 3. Beizbad absichtlich gelb gefärbt, denn Gelb plus Rot ergibt Orange. Wenn wir unifarbene orange Wolle haben wollen, wird die gelbe Wolle jetzt ins lauwarme 3. Farbbad gelegt. Wir können aber einen interessanten Zweifarbeneffekt erzielen, wenn wir bloß einen Teil der Wolle ins Farbbad hängen (an einem quer über den Topf gelegten Holzstab). Eine Stunde auf 70° halten, dann im Farbbad auskühlen lassen. Resultat: gelb/orangefarbene Wolle die beim Stricken unregelmäßige Farbmuster ergibt.

4. und 5. Beizbad
Im gleichen gelben Beizbad jeweils wieder um 500 g in lauwarmem Wasser eingeweichte Wolle und 100 g Alaun – wie für das 3. Beizbad angegeben – beizen.

4. und 5. Farbbad
Die nun heller gelb gewordene Wolle in immer heller rot werdenden Bad färben. Entweder für ein Uni-Orange oder, am Stab aufgehängt, für ein Orange/Gelb. Im Farbbad auskühlen lassen, waschen, spülen.

Krauser Ampfer *(Rumex crispus)*
Ampfer wächst gerne in der Nähe von Miststöcken. Man trocknet die Blätter an der Sonne. Sie sind sonst zu voluminös für unsern Topf.

Zutaten
  2 kg Ampferblätter
500 g Wolle
  60 g Alaun
  50 g Eisensulfat
    1 Handvoll Seifenflocken

Farbsud
Die getrockneten Blätter zerbröseln, über Nacht in kaltem Wasser einweichen. Dan

2–3 Stunden kochen, im Farbsud auskühlen lassen. Sud abseihen.

Beizbad

50 g Alaun in 1 Liter heißem Wasser auflösen, in den Färbkessel schütten und diesen mit lauwarmem Wasser auffüllen. 500 g in lauwarmem Wasser eingeweichte Wolle dazugeben. Langsam zum Köcheln bringen, 1 Stunde köcheln. Im Beizbad abkühlen lassen.

Farbbad

Die gebeizte Wolle gut ausdrücken. Ins lauwarme Farbbad geben, langsam zum Köcheln bringen, 1 Stunde köcheln. Die Wolle aus dem Farbbad nehmen. Dem Farbbad 50 g in 1 Liter heißem Wasser aufgelöstes Eisensulfat beigeben, gut umrühren. Wolle wieder beifügen und ½ Stunde sanft kochend weiterfärben. Wolle heiß dem Farbbad entnehmen, in heißes Spülwasser legen, abkühlen lassen. Lauwarm waschen, lauwarm spülen.

Vom September und vom Oktober

Das Schönste am September und am Oktober ist das Licht. Auf den Bergen des Schwarzwaldes und der Vogesen schaut man weit nach Süden auf die Kette der Alpen, die den Horizont wie ein Rand von Spitzen abschließen, mit dem Mont Blanc ganz im Westen als Höhepunkt. Dabei ist es ein doppeltes Licht. Es ist nicht nur die Klarheit eines Föhntages, der die Berge wie aus violettem Karton ausgeschnitten gegen einen grünblauen Himmel dastehen und die Schatten hart und schwarz erscheinen läßt. Es ist auch der Dunst, der in der Ebene und im Tal liegt, der die Farben ganz weich macht, fast samtig; und die Farben sind braun, beige, ocker, gelb und grün. Die Sonne schneidet Streifen in den Dunst. Droben auf den Bergen, und die fallen mir ein, wenn ich September und Oktober denke, im Wallis, in Saas Fee etwa, malt der Herbst Farben von unvorstellbarer Pracht. Da sind die Matten, die noch grün sind, die dunklen Arven und zwischen und über ihnen, das Gelb der herbstlichen Lärchen, und über den Lärchen das Grauviolett der Felsen und darüber das Weiß der Firne und schließlich in samtenem Dunkelblau der Himmel, so dunkel, daß man meint, man müßte die Sterne sehen.

Im September und im Oktober erfaßt mich ein unglaubliches Fernweh. Da muß ich nach Süden fahren, muß am Wochenende hinauf und die immer wieder gleichen Wege gehen, deren Schönheit man eigentlich nicht beschreiben kann. Zum Beispiel: von Rosenlauibad über die Schwarzwaldalp zur Großen Scheidegg, oder von der Schynigen Platte über das Faulhorn und den Blausee zum First. Oder über den Gemmipaß von Kandersteg nach Leukerbad. Und droben, über der tausend Meter hohen senkrechten Wand sitzen und hinunter schauen auf die winzigen Häuschen des uralten Rheumaheilbades, wo die Tour dann, nach dem unglaublichen Abstieg durch die senkrechte Felswand, im warmen Thermalwasser endet.

Oder die Strada Alta von Airolo hoch am Hang durch die kleinen Dörfer in drei Tagen nach Biasca, oder zu den Gipfeln über dem Lago Maggiore, von denen man weit hinaus schaut in die Po-Ebene und wo man den halbkreisförmigen Schwung der Alpen bis hinunter ans Meer mehr ahnt als sieht.

Der September und der Oktober sind Monate voll Fernweh. Am liebsten möchte man mit den Schwalben, die bekanntlich an Mariä Geburt, am 8. September, fortfliegen, sich auf den Weg machen nach Süden. Merkwürdigerweise habe ich in Finnland und in Schweden, mitten im Sommer, also in einer Zeit, wo dort die Sonne zwischen Mitternacht und 1 Uhr nur für ein paar Minuten untergeht, dasselbe Licht erlebt, mit derselben unwahrscheinlichen Klarheit, die die Menschen trunken macht, sie daran hindert, ins Bett zu gehen.

Die Geschichte einer Wanderung muß ich Ihnen erzählen, weil sie typisch ist für den September und den Oktober. Ich habe einen lieben Bekannten, der übrigens auch Roland heißt, wie der bereits erwähnte Wanderfreund.

Er ist Schweizer, lebt aber in Deutschland und wird gelegentlich, wahrscheinlich wie ich, vom Fernweh erfaßt, das in seinem Fall auch noch identisch ist mit dem Heimweh nach den Schweizer Bergen. Er lud mich eines Tages zu einer Wochenendwanderung durch das Rhonetal ein. Vom Thunersee führt die Eisenbahn in kunstvollen Schlaufen hinauf nach Kandersteg, um durch den Lötschbergtunnel den nördlichen der beiden Alpenkämme zu durchqueren. Hoch über dem Rhonetal verläßt die Eisenbahn den Tunnel und erreicht über eine 15 Kilometer lange «Rampe» entlang dem Rhonetal die Talsohle bei Brig. Als die Eisenbahnbauer diese Strecke bauten, haben sie parallel zur Eisenbahn einen Wanderweg geschaffen. Es ist, wie wenn man auf einem riesigen Balkon immer vis-à-vis der Dreitausender der Walliser Alpen ginge. Wir waren zu viert. Vier heitere Männer, die da einen Samstag lang genüßlich bergab wanderten. In Brig stand ein Wagen. Mit dem fuhren wir durch den Abend nach Martigny. Ich weiß nicht, ob sie das Rhonetal kennen. Meistens kennt man es hierzulande nicht, weil es quer zu den traditionellen Nordsüdwegen der Mitteleuropäer liegt. Nur wenn man einen Umweg fährt, einen zeitraubenden Umweg, kommt man da hin. Für mich ist das Rhonetal eine der faszinierendsten Gegenden, die ich kenne. Der obere Teil, das sogenannte Goms, ist deutschsprachig, nördlich, grün, Arven und Tannen dominieren, und der Dialekt der Leute vom Goms ist in manchem gar nicht so arg weit weg von dem des Hochschwarzwaldes. Fährt man nach Westen, dann kommt man kurz vor Sierre durch einen Wald, der auf einem riesigen Schuttkegel steht. Dieser wird von dem über ihm liegenden Berg ständig aufgeschüttet. Dieser ist vermutlich zu weich, so daß das Wasser ständig Teile davon löst. Nach diesem Wald ist man plötzlich im französischsprachigen Gebiet. Hier ist auch die Landschaft mit einem Schlag südlich, Pappeln stehen der Straße entlang, wie in Frankreich, an den Hängen und auf der Talsohle wachsen Reben, Pfirsichbäume, Tomaten und Aprikosen; die Luft ist anders, und es ist wie am Mittelmeer. Und doch – rechts und links über dem Tal stehen steile Felsen, und darüber leuchten die Schneeberge. Hier wächst ein Wein, ein roter Wein, der Dôle heißt. Er wird hergestellt aus Trauben von Pinot noir (Blauburgunder) und Gamay, wobei der Blauburgunder-Anteil im allgemeinen stark überwiegt. Ein Dôle kann sogar nur aus Pinot noir-Trauben hergestellt sein, niemals jedoch nur aus Gamay-Trauben. Aus diesen Trauben entsteht ein roter Wein, der flüssig ist wie weißer Wein und sich genauso leicht trinken läßt, der aber, wenn er gut ist, für mich den Geschmack von schwarzem Samt hat; und der für mich ist wie dieses Land, in dem er wächst. Deutsch und Französisch, nördlich und südlich, Alpen und Mittelmeer, schwer und leicht zugleich. Aber es wächst nicht nur der Dôle zwischen Sierre und dem Genfer See.

Am Abend kehrten wir ein in einem Gasthaus in Martigny. Ein Raclette haben wir gegessen. Ein halbierter Käselaib wird ans Feuer gestellt und das, was dann durch die Hitze abschmilzt, wird mit einem Käsemesser auf einen Teller gestrichen. Dazu gibt es Kartoffeln, saure Gurken, Perlzwiebeln und anderes in Essig eingelegtes Gemüse – und natürlich Wein. Während man zum Käsefondue oft auch Tee trinkt, damit der Käse im

Magen nicht zu einem Klumpen gerinnt, trinkt man zum Raclette weißen Wein, meistens «Fendant». «Fendant» ist eine für das Wallis reservierte Bezeichnung für die hier gekelterten Weine der Chasselas-Traube (Gutedel). Wir haben ziemlich gebechert nach dem Raclette, denn der Käse macht durstig. Wir haben Geschichten erzählt, die Zeit verging im Fluge. Um Mitternacht kam der Wirt mit Kerzen und Weingläsern und einer Flasche. Er sagte, er müsse uns nun etwas zeigen. Wir stiegen hinunter in den Keller, der ein Weinkeller aus römischer Zeit war. Der Wirt schenkte uns aus der mitgebrachten Flasche etwas sehr Seltenes ein, was selbst in der Schweiz nicht viele kennen: «Arvin». Ich habe zwei Tage später die Trauben gesehen, aus denen «Arvin» gemacht wird. Sie sind klein, fast wie Johannisbeertrauben. Ein Wein, der offenbar unverändert in älteste Zeiten zurückweist. Die Kerzen flackerten, und wir tranken den «Arvin». Der Wirt erzählte, daß hier über diesem Gewölbe seit bald zweitausend Jahren immer eine Wirtschaft gestanden habe. Und dann passierte das, was ich das «Umkippen der Zeit» nenne und was ich manchmal erlebe: das Gefühl, daß die Zeit gar nicht wirklich ist, das Gefühl, der neben mir könnte ein römischer Legionär sein oder ein syrischer Salzhändler oder ein Kölner Kaufmann oder ein Seidenhändler aus Lyon oder ein Student aus Padua oder ein Landsknecht aus Uri. Geschichten fallen einem da ein und Geschichte.

Am anderen Morgen haben uns die zwei anderen verlassen. Roland und ich fuhren mit unserem Wagen ein Stück, stellten ihn ab und wanderten durch die Rebberge, wo die reifen Trauben schwer an den Stöcken hingen und wo die meisten Wege gesperrt waren, und durch die Dörfer, in denen die Wagen standen, mit den Zubern voll roten und weißen Trauben. Blumen blühten in den Gärten, die etwas traurigen Blumen des Herbstes: Astern und Dahlien. Als die Sonne am Mittag stand, kehrten wir ein, aßen und tranken den roten Dôle. – Wein. In der Bibel steht, er erfreue des Menschen Herz. Er ist so kostbar, daß er zusammen mit dem Brot Gott geopfert wird, und ist zugleich doch etwas, was unsere Sinne verwirrt. Er ist tröstlich, und er schafft Probleme. Ein Glas weißer Wein täglich reguliert den Blutdruck, ordnet den Kreislauf und beruhigt das Herz.

Der September und der Oktober sind die Monate, wo der Wein eingebracht wird, aber nicht nur der Wein, auch die Kartoffeln und die Äpfel und die späten Zwetschgen. Das Getreide ist schon eingefahren. Erntedank. Das Jahr wird müd, die Blätter werden gelb und rot und bunt, die Natur legt zum Ende des Jahres ihr allerschönstes Kleid an. Ich liebe den Herbst genauso wie den Frühling. Beide gehören zusammen. Der Tod und das Leben, die Vergänglichkeit und die ewige Wiederkehr. Die Natur geht schlafen, doch im nächsten Jahr wird wieder Blüte sein und Frucht und Ernte.

Vom Kürbis – oder alles Vollkommene ist rund

Solange ich denken kann, hatte meine Mutter einen Kleingarten. Er war 8 Ar groß. Ich weiß das noch, weil mich das Wort «Ar» so beeindruckt hat. Selbst heute, wenn jemand von Hektar oder Ar spricht, messe ich das vor meinem geistigen Auge sofort mit dem Kleingarten meiner Mutter. Ein kleines, windschiefes Gartenhäuschen stand drauf, für die Gartengeräte und – wenn es regnete – zum Unterstehen. Drei Pfirsichbäume schenkten uns kleine, schrumpfelige und fleckige Pfirsiche. Zehn Johannisbeersträucher gab's, eine Hecke mit Brombeeren und eine Zeile Himbeeren. Zwischen dem Zaun am Weg, der vom Mai bis zum Oktober mit Feuerbohnen überwachsen war und dem hinteren Zaun bei den Erdbeeren wuchsen unzählige Gemüseherrlichkeiten dieser Erde, die ich in solcher Qualität nie wieder bekomme: Sonnenwarme Tomaten vom Stock, frisch ausgepellte Erbsen, eben herausgezogene gelbe Rüben! Und auf dem Komposthaufen, ganz am hinteren Ende des Gartens, unter den Bäumen, wuchsen die Kürbisse: riesige, gelbe Kugeln.

Nun hatte meine Mutter, weil's von daheim zum Garten so weit war, einen kleinen Leiterwagen. So etwas muß man heutzutage schon beschreiben, weil kein Mensch mehr einen Leiterwagen besitzt.

Also stellen Sie sich vor: ein Fahrgestell mit vier richtigen Speichenrädern aus Holz, die hinteren etwas größer als die vorderen, rechts und links eine «Leiter», vorn und hinten jeweils ein herausnehmbares Querholz, die Deichsel mit einem kreuzartigen Handgriff. Wenn es bergab ging, konnte man sich als Bub in den Leiterwagen setzten und die waagrecht nach vorn stehende Deichsel zwischen die Beine nehmen und so den Wagen lenken. Bremsen war äußerstenfalls mit den Schuhsohlen möglich, dann mußte man allerdings aufs Lenken verzichten. Dies führte oft dazu, daß entweder der Bub lädiert war oder das Wägele – oder beides. Autos gab's ja noch nicht so viele, so daß man beim Fahren auf einer geteerten Straße, wo's viel besser lief, nicht gleich Verkehrsprobleme bekam. Und der «Schutzmann an der Ecke» – in blauer Uniform, und Tschako – hat höchstens geschimpft.

Jedenfalls, meine Mutter ging jeden Nachmittag mit dem Leiterwägelchen, welches ich gezogen habe, in den Garten, wobei ich jeden Nachmittag vor Zorn mit den Zähnen knirschte, weil ich in den Garten mußte. Wenn man elf ist und zum ersten Mal ein Mädchen hübsch findet, hebt so ein Leiterwagen nicht unbedingt das Sozialprestige, vor allem nicht, wenn er zum Beispiel mit Pferdemist (von der Straße mit Handfeger und Schaufel zusammengesammelt) oder im Herbst mit faulenden Blättern beladen ist. Außerdem hätte ich mir durchaus eine schönere Nachmittagsbeschäftigung vorstellen können als jene, mit dem Spaten im Garten oder mit der Gießkanne zu hantieren, oder ganz schlicht Gras auf dem Weg zu rupfen. Wenn es dann am Abend dämmerte, stellte meine Mutter das Gemüse für den nächsten Tag auf den Wagen, und im Herbst waren es die großen Körbe mit Gemüse zum Einmachen. An einem Tag im Oktober, da legte sie dann auf all die herrlichen Sachen, um die uns auf der Heimfahrt die Leute beneideten, einen Kürbis, zugleich ankündigend, der werde morgen oder übermorgen, wenn's regnet, geschlachtet. Es gibt glatte Kürbisse und warzige Kürbisse; sind sie aber glatt, so macht es einen unnachahmlichen Effekt, die Hand drübergleiten zu lassen. Als Elfjähriger hat man da ja noch keinen Vergleich, heute wüßte ich viele oder mindestens einige Rundungen, deren kühle Glätte sich mit der eines Kürbisses vergleichen läßt. Also sagen wir zum Beispiel den Hüftschwung eines schönen Mädchens.

Am nächsten Tag hat meine Mutter dann den Kürbis angeschnitten, und wie jedes Jahr, obwohl ich es längst besser wußte, kam die große Enttäuschung darüber, daß man einen Kürbis nicht roh essen kann. Was für ein Glück, als ich die erste Melone in die Hände bekam!

Also kurz, der Versuch, den Kürbis gleich zu kosten, endete nach spätestens zwei Bissen mit Spucken. Meine Mutter hat mir ein Brettchen und ein Messer gegeben, mit der Aufforderung, ihr zu helfen, den ganzen großen Kürbis in einen Berg von zentimeterdikken Stäbchen zu verwandeln.

So wurde der Kürbis zum Sterilisieren vorbereitet:

3 Kilo Kürbisstengelchen aufs Mal kamen für vier Minuten in eine kochende Mischung von ½ Liter Wasser, ¾ Liter Essig, 1,5 Kilo Zucker, der Zimtstangen und Nelken beigegeben waren. Dann hat meine Mutter alles in Sterilisiergläser eingefüllt und sofort 35 Minuten bei 80° sterilisiert.

Während meine Mutter mit offensichtlicher Abscheu die klebrig gewordene Küche reinigte, dachte ich wehmütig daran, wie lange es doch dauern würde, bis die Köstlichkeit auf den Tisch kam.

Da waren die Samstage, an denen meine Mutter mit schöner Regelmäßigkeit das kochte, was bei uns daheim immer noch «Samstagsfleisch» heißt. Im Schwarzwald gehört zu einem rechten Sonntag eine Nudelsuppe; ja, mir sind Männer bekannt, die ohne Nudelsuppe am Sonntag den Haussegen sofort auf 45° umhängen. Die Suppe auszulassen, das wagten die Frauen, wenn's hoch kommt, zweimal, selbst wenn ihre Absichten im Grunde lauter sind («Suppe macht dick»!). Das heikle Thema gehört in das Kapitel neuerungssüchtiger, frischverheirateter Ehefrauen, die alles anders und besser machen wollen, aber an den Leistungen der Schwiegermütter, die ihre Söhne an etwas anderes gewöhnt haben, scheitern. Ordnung muß schließlich sein, und die beginnt im Schwarzwald am Sonntag, punkt zwölf Uhr mit Nudelsuppe. Ob ein Sauerbraten folgt, ein Schäufele mit Kartoffelsalat oder ein schönes «Schwinis», das ist ganz egal.

Item, um diese Nudelsuppe zu bereiten, bedarf es einer Fleischbrühe, die aus viel Markknochen und Rindfleisch («Leiter»), schönem Suppengrün (Zwiebeln, Karotten, Sellerie), außerdem Lorbeerblatt und Nelken gemacht wird.

Also, was eine rechte Schwarzwälder Hausfrau ist, die kocht am Samstag schon die Fleischbrühe für den Sonntag. Und wenn es eine ganz gute Schwarzwälder Hausfrau ist, dann macht sie am Samstag auch gleich die Nudeln. Die liegen dann in hauchdünne Fladen ausgewallt im Schlafzimmer auf den «Plumeaux», den dicken Federbetten. Am Abend werden die Fladen zusammengerollt und in schmalste Nudeln geschnitten. Sie werden mit den Händen locker aufgeschüttelt und trocknen bis zum Sonntagmorgen auf

*Tessiner Kürbissuppe,
nach Großmutter Jeannette*

   500 g Kürbisfleisch
           (ohne Kerne)
     1 l Fleischbrühe
   1 dl Milch
           Salz, Pfeffer
  1 EL Schnittlauch

Kürbisfleisch, in große Stücke geschnitten, in der Fleischbrühe 5 Minuten kochen, durch ein Sieb streichen, in die Brühe zurückgeben. Die Suppe mit der Milch verfeinern, eventuell noch würzen, mit Schnittlauch überstreut servieren.

dem Nudelbrett. – Zunächst muß ich noch etwas über das Fleischkochen sagen. Es gibt j[a] zwei Möglichkeiten: Entweder bekommt man eine hervorragende Nudelsuppe und ei[n] ausgelaugtes Fleisch – das passiert, wenn man das Fleisch in kaltem Wasser aufsetz[t] oder man hat eine relativ magere Fleischbrühe und ein gutes Fleisch, wenn man da[s] Fleisch in kochendes Wasser gegeben hat. Die sparsame Schwarzwälder Hausfrau spa[rt] nicht an der Brühe, sondern am Fleisch, mit anderen Worten: sie setzt das Fleisch ka[lt] auf.

Zum Samstagsfleisch gibt's Rahmkartoffeln. Man nimmt am besten die «Mäusle[»] genannten Kartoffeln, die man sonst zu Kartoffelsalat verwendet, kocht sie, schält sie un[d] schneidet sie in Scheiben. Eine Béchamelsauce, mit viel süßem Rahm verbessert, ist di[e] Grundlage zu diesem Gericht.

Dazu gibt es nun: grünen Salat oder Endiviensalat oder Sunnewirbelisalat, je nac[h] Jahreszeit, auf alle Fälle aber Rahnensalat. Sie wissen nicht, was Rahnen sind?

Sie heißen auf Hochdeutsch «rote Beete», auf Schweizerdeutsch «Randen», aber fü[r] mich können sie nur richtig gut schmecken, wenn sie Rahnen heißen. Die Krönung is[t die] Meerrettichsoße (helle Einbrenne, ca. 1–2 Eßl. frisch geriebenen Meerrettich, Zucke[r] nach Belieben, aufkochen lassen, eventuell mit Sahne verbessern!). Ja und selbstve[r]ständlich gehören noch Preiselbeeren dazu und – nun kommt's – die süßsauren Kürbisse[,] um die sich hier eigentlich alles dreht.

In Garten und Haus

Nostalgisch oder fortschrittlich?
(Schädlingsbekämpfung)

Mir fällt oft auf, wie viel das Gärtnern nach Großmutters Art mit der modernen Art des biologischen Gärtnerns gemeinsam hat. Schädlinge wurden – und werden – mit natürlichen Mitteln bekämpft: die Düngemittel waren – und sind – natürlich. Aber an einem Punkt gibt es einen wichtigen Unterschied: Wer früher einen Garten besaß, der grub ihn im Herbst spatentief um und überließ es dem Frost, die Erde krümelig zu machen. Die heutige Methode kennt diese Umgrabe-Arbeit nicht, und wir folgen ihr, obschon sich irgend etwas in mir dagegen sträubt.

Im Herbst einen schönaufgeräumten, frisch umgegrabenen Garten zu haben, gäbe – mir wenigstens – ein schönes Gefühl geleisteter Ordnung. Aber gerade diesem Hausfrauen-Ordnungsgefühl fallen dann vielleicht Schlupfwinkel, für Igel zum Beispiel, zum Opfer. Aber auch für Mäuse. Um die Mäuse in Schach zu halten, sind unsere Katzen da. Und wenn es genug Mäuse zu jagen gibt, lassen Katzen die Vögel in Ruhe.

Zu dieser Jahreszeit bange ich um meine Katzen. Mancher Gärtner legt jetzt Giftkörner aus, um Mäuse zu vernichten. Meines Wissens fehlt auf den Verpackungen dieser Mittel überall der Hinweis, daß Katzen, die auf diese Weise vergiftete Mäuse fressen, eingehen. Zwei meiner Tiere habe ich so verloren. Wäre es da nicht viel vernünftiger, die Mäuse so zu bekämpfen, wie man das früher tat? Kreuzblättrige Wolfsmilch (Euphorbia lathyris) sät man rings um den Garten herum aus. Diese Pflanze mögen die Mäuse nicht. Oder man gräbt an Stellen, die viele Wühlmaushaufen zeigen, enghalsige Flaschen schräg in den Boden, und zwar so, daß ein Stück des Halses noch herausschaut. Wenn der Wind in die Flasche fährt, erzeugt er einen für Mäuseohren unausstehlichen Ton.

Futterhäuschen

Geschickte Bastler machen sich jetzt an die Arbeit. Ob das Häuschen mit Holz oder Stroh gedeckt ist, ob seine Konstruktion rund oder eckig ist – wichtig ist nur eines: die Körner müssen trocken bleiben.

Meisenglocke

Für Meisen gibt es noch eine spezielle Fütterungsart. Man bietet ihnen das Futter in einer Meisenglocke an. Dazu braucht es einen tönernen Blumentopf, der oben etwa einen Durchmesser von 10 Zentimetern hat. Und man wählt einen Stab, der durchs Abzugsloch paßt und 12–15 Zentimeter länger ist als der Topf hoch.

Die Füllung besteht aus allerlei Samen und Fett. Kürbissamen, die wir zuerst bei 50° im Backofen (Türe etwas offen lassen) getrocknet haben, dann Sonnenblumenkerne (ohne Schale), Leinsamen – im ganzen etwa 200 Gramm. Nun schmilzt man etwa 100 Gramm Rinderfett (ungesalzenes) und mischt, sobald es sich verflüssigt hat, die Samen darunter. Bevor die Masse wieder beginnt festzuwerden, in den Topf streichen und den Stab durchstoßen. Der Stab sollte in der Topföffnung wie ein Glockenschwengel 5–6 Zentimeter aus der Masse ragen. Die «Glocke» wird jetzt kopfunter aufgehängt, indem man am andern Ende des Sta-

Dieses Futterhäuschen hat auf der Rückseite eine Türe. Die Kerne werden in den Mittelteil geschüttet und rutschen in den Futtertrog. Die Vögel können sich im Trockenen verpflegen

bes eine Schnur festbindet. Die Meisen werden sich am «Schwengel» festklammern, während sie fressen. Schön ist es, die Glocke in der Nähe des Fensters, aber doch katzensicher befestigt, beobachten zu können. Topf nachfüllen, bevor er ganz leer ist, sonst fällt er auf den Boden.

Meisenglocke – auch eine Idee für ein Weihnachtsgeschenk

Heilkräuter

*Holunder
(Sambucus nigra)*

*Wacholder
(Juniperus communis)*

Holunder *(Sambucus nigra)*
«Hut herunter vorm Holunder!» Der ganze Strauch ist eine große Apotheke: Wurzeln, Rinde, Blätter, Blüten, Beeren.

Offenbar hat die Natur den Herbst für die gegen *Fettsucht* wirksamen Pflanzen vorgesehen. Was für Johann Künzle der Silbermantelteeist, ist für Sebastian Kneipp der Tee aus Holunderwurzeln: «Unschätzbar für *Wassersüchtige* oder solche, die sich über *Korpulenz* zu beklagen haben.» Holunderwurzeltee hat auch *abführende Wirkung*. Man soll einen schwachen Teelöffel der getrockneten Wurzel mit kochendem Wasser übergießen, eine Viertelstunde ziehen lassen, dann abseihen. Nicht mehr als eine Tasse täglich, schluckweise und in Abständen trinken.

Wacholder *(Juniperus communis)*
Funde in Ausgrabungen schweizerischer Pfahlbauten zeigen, daß Wacholder seit Urzeiten als vielseitige Pflanze geschätzt wurde. In jeden Garten gehört mindestens ein Wacholderstrauch oder -baum, denn die wilde Pflanze ist geschützt. Hieronymus Bock schreibt in seinem 1577 erschienenen Kräuterbuch, daß es «nit wol» möglich sei, alle «Würckung und tugent» des Wacholders zu beschreiben.

Wir beschränken uns hier auf die Wirkung der Wacholderbeere: Da gibt es die Kur nach Kneipp, die er bei *Magen-Darmerkrankungen* empfiehlt. Man zerkaut am e sten Tag fünf Beeren, nimmt jeden Tag ei Beere mehr, bis man am zehnten Tag bei Beeren angelangt ist, dann reduziert m die Dosis wiederum auf 5 Beeren. Man ka die Kur nach einigen Monaten wiederhole nicht geeignet ist sie für Menschen mit em findlichen Nieren.

Das Kauen einiger Wacholderbeeren s das beste Mittel gegen irgendwelche *Anste kung* sein. Seltsam: Im November sind c Wacholderbeeren reif. Im November b ginnt die Zeit ansteckender Krankheiten

Das Kauen von Wacholderbeeren v treibt aber auch *Sodbrennen*.

Gegen *Erkältungen* setzt man Wachold beeren in Kornschnaps an. In der Apothe bezieht man das Wacholderöl, das als G gelmittel den schlechten Mundgeruch bes tigt, und als Dampf inhaliert, *krampfartig Husten* löst.

3 Jahre lang brauchen Wacholderbeer bis sie reif sind, und vielleicht kommt daher, daß sie derart aromatisch sind. M kann aus den frischen, reifen Beeren ein honigartigen *Brotaufstrich* herstellen: B ren quetschen, in einem Topf mit koch dem Wasser bedeckt eine Stunde lang chen und nachher den Saft durch ein T filtern. Ein Liter Saft und 250 g Zuc werden bis zu Honigdicke eingekocht, d vom Feuer genommen und gerührt, bis Masse erkaltet ist. Als Hustensirup eignet.

Für die Schönheitspflege

Salbei-Mundwasser heilt und kräftigt blutendes Zahnfleisch

6 *Salbeiblätter*
1 *Prise Meersalz*
½ *l kochendes Wasser*

Man hackt die gewaschenen Blätter fein, gibt das Salz ins kochende Wasser, übergießt damit die Blättermischung, läßt sie abkühlen. Abseihen. Unverdünnt als Gurgelmittel verwenden.

Johannisöl-«Allerweltcreme»

Unser im Juni angesetztes Johannisöl kann auch weiterverarbeitet werden zu einer Nacht-, Schutz- und Handcreme. Wir besorgen uns aus der Apotheke:

75 *g weiße Vaseline*
75 *g Wollwachs*
5 *g Vaselinöl*
5 *g Avocadoöl*
5 *g Johannisöl (da haben wir eigenes!)*
5 *g destilliertes Wasser*
3 *Tropfen Bergamottöl*
2 *Tropfen Orangenöl*

Vaseline und Wollwachs schmelzen, mit dem auf 70° erhitzten destillierten Wasser mischen, die Öle dazugeben. Gut umrühren. In Töpfchen abfüllen.

Aus Großmutters Küche

Mit wilden Pflanzen kochen

Heckenrose *(Rosa canina)*

Bevor wir uns ans Pflücken der *Hagebutten* machen, vergewissern wir uns, ob wir nachher genügend Zeit haben, die Ernte zu verwerten. Alles, was man mit Hagebutten machen kann, ist gesund, schmeckt fein, gibt aber unendlich viel Arbeit. Man muß die gewaschenen Früchte von Stiel und Fliege befreien, aufschneiden, die Kerne herauskratzen – eine stundenlange Beschäftigung, für zwei, drei Gläser *Marmelade*. Aber sie schmeckt dafür so fein, daß sich der Aufwand eben doch lohnt.

Die vorbereiteten Hagebutten werden in den Topf gegeben und mit Wasser bedeckt weichgekocht. Durchs Passevite drehen. Pro Liter Hagebuttenmus nimmt man ein Kilogramm Zucker und kocht die Marmelade, bis sie die gewünschte Konsistenz aufweist. *Achtung*: Möglichst kurze Kochzeit, damit die Vitamine in der Frucht erhalten bleiben. Im Dampftopf vorgekocht: ca. 10 Minuten.

Hagebuttengelee

läßt sich herstellen, indem man die Früchte putzt (Stiel und Fliege entfernt) und entzweischneidet. Im Dampfsafter entsaften (ca. eine halbe Stunde im Dampf belassen) und dann mit Gelierzucker (1 Kilogramm auf einen Liter Saft) etwa 10 Minuten lang sprudelnd kochen.

Hagebuttenlikör

macht man mit Kirschwasser. 500 g von Stiel und Fliege befreite, ganz reife Hagebutten samt Kernen mit Kirschwasser bedeckt in den Mixer geben. Gut mixen. In Flaschen mit Schraubverschluß abfüllen. Eine Woche lang an der Wärme stehenlassen, dann filtrieren. 500 g Zucker in einem Liter Wasser aufkochen und wieder abgekühlt mit dem

Aus den Rosen wird Marmelade werden

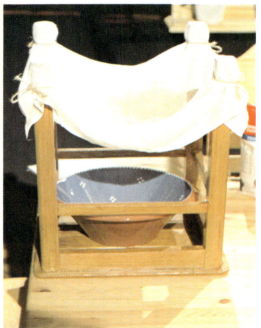

Großmutters Saftgewinnungs-Anlage – auch heute noch aktuell

alkoholischen Auszug vermischen. In Fl[aschen] abfüllen, gut verschließen und mind[e]stens ein halbes Jahr lang lagern.

Holundersaft

also Saft aus Holunderbeeren, gewinnt m[an] am einfachsten mit Hilfe eines Dampfe[nt]safters (in Haushaltsgeschäften erhältlich[).] Man kann aber auch die reifen, vom St[iel] befreiten Beeren mit Wasser bedeckt k[o]chen, bis die Haut platzt. Den Saft durch e[in] Tuch tropfen lassen, dieses gut ausdrück[en] und dann mit 400 g Zucker pro Liter Saft [zu] einem Sirup einkochen. Heißer Holund[er]sirup an einem kalten Winterabend getru[n]ken, ersetzt nicht nur den Glühwein, er [ist] auch ein gutes Mittel gegen *Schlaflosigk*[eit] und fördert die *Verdauung*. Wichtig: Hol[un]derbeeren sollten nicht roh genossen werd[en.] Weiteres über Holunder s. Seite 102.

Thymiantee, mit Holundersirup gemisc[ht] löst den Schleim aus den Atemwegen.

Holunder als Kapern-Ersatz

Mögen Sie gerne Kapern? «Minikapern» kann man selber herstellen: Ende August unreife Holunderbeeren entstielen, ein paar Stunden lang in Salzwasser legen, abtropfen lassen. Im mit Gewürzkräutern, z. B. Estragon, versehenen Salzwasser einige Minuten lang kochen, dann Wasser abschütten. «Kapern» in eine weithalsige Flasche geben und mit einem guten weißen Weinessig übergießen. Verschlossen aufbewahren.

Nachtkerzen-Gemüse
(Oenothera biennis)

War der Frühling die Zeit der Salate und Blattgemüse, so ist jetzt die Zeit der Wurzelgemüse. Ende September können wir beginnen, die Nachtkerzenwurzeln zu stechen. Ich habe vor etlichen Jahren an einem Bahnbord Samen gesammelt und lasse seither die Nachtkerze sich im Garten versamen. Sie ergibt ein Gemüse, das entfernt an Schwarzwurzeln erinnert.

Während der Blütezeit im Juli/August versammeln sich oft alle Mitbewohner unseres Hauses gegen acht Uhr abends, um zuzuschauen, wie die Blüten sich öffnen. Die Knospen platzen förmlich – und die frisch geöffneten Blüten duften würzig und süß zugleich.

Aber ich wollte von der Wurzel berichten: Sie soll nur gestochen werden, wenn die Blattrosette noch am Boden aufliegt. Die Blätter sind nicht genießbar. Man schabt die gut gewaschene Wurzel und kocht sie wie Schwarzwurzel.

Vogelbeeren-Marmelade
(Sorbus aucuparia)

Vogelbeeren, roh genossen, schmecken gräßlich. Das hält viele davon ab, davon Marmelade zu kochen, obschon diese

schmackhaft ist und – zum Beispiel wie Preiselbeeren – zu Wildbret paßt, aber auch als Brotaufstrich mundet. Man muß bloß den Trick kennen, wie man die Beeren vor dem Einkochen entbittert: Man schüttet sie in kochendes Wasser, läßt sie eine Minute lang brodeln, gießt dann das Wasser weg und gibt frisches kaltes Wasser dazu. Kochen wie für roten Holunder auf Seite 104 angegeben. Keinen Gelierzucker verwenden.

Andere Kochrezepte

Fisch mit Senfsauce

4 Tranchen Kabeljau oder Dorsch
2 Zitronen (1 als Saft, 1 als Garnitur)
Salz, Pfeffer
200 g Champignons
1 Zwiebel
4 EL Mehl
60 g Butter
4 EL Senf
1 Bund Petersilie
2 dl herber Weißwein (z. B. Frascati)

Fischtranchen mit dem Saft einer halben Zitrone beträufeln, mit Salz und Pfeffer würzen und 1 Stunde marinieren. Champignons putzen und mit einem feuchten Tuch sauberreiben, je nach Größe halbieren oder in Scheiben schneiden. Zwiebel schälen und in feine Ringe schneiden. Fischtranchen trockentupfen, mit Mehl bestäuben und bei mittlerer Hitze in 40 g Butter auf beiden Seiten bräunen. Restliche Butter in eine Pfanne geben und die Zwiebel und die Champignons 10 Minuten darin dünsten. Fonds in der Pfanne lassen. Fisch und Zwiebel-Champignons auf einer Platte anrichten und warm halten. Fischpfanne wieder auf den Herd setzen, Weißwein und Champignonsfonds zugeben und alles bei großer

Hitze rasch einkochen lassen. Senf in die Sauce rühren. Zitronensaft dazugeben, mit Pfeffer und Salz abschmecken. Petersilie fein hacken und untermischen. Sauce über den Fisch und die Champignons gießen. Platte mit Zitronenschnitzen garnieren.

Geschnetzeltes Hühnerfleisch

2 EL Öl
2 kleine Zwiebeln, fein gehackt
600 g Hühnerfleisch, in Streifen geschnitten
Salz, Pfeffer
2 dl Hühnerbrühe
Rosenpaprika
2–4 Lorbeerblätter
viel Petersilie
Saft und Schale einer Zitrone
1 dl Joghurt

Die Zwiebeln werden in Öl angedämpft. Fleisch beigeben. 3 Minuten dämpfen und mit der Bouillon ablöschen. Salz, Pfeffer, Rosenpaprika, Lorbeerblätter, Petersilie und Zitrone dazugeben, alles gut weichdünsten. Zuletzt Joghurt beigeben und diesen zwar heiß werden lassen, aber nicht mehr kochen. Lorbeerblätter vor dem Servieren entfernen.

Lammkotelett mit Olivenpüree

4 doppelte Lammkoteletts ohne Fettrand (je 125 g)
Salz
Pfeffer
1 EL Olivenöl
100 g paprikagefüllte, spanische Oliven
viel Petersilie, feingehackt

Die Ränder der Koteletts einschneiden.

Das Fleisch salzen und pfeffern. Oel in einer Pfanne erhitzen und die Lammkoteletts darin auf jeder Seite 3 Minuten braten, herausnehmen und warm stellen. Die Oliven abtropfen und im Bratfonds 5 Minuten schmoren lassen, dann fein hacken; 4 Stück als Garnitur aufheben. Olivenpüree mit der Petersilie vermengen, 5 Minuten dünsten, auf die Lammkoteletts verteilen. Mit je einer ganzen Olive garnieren.

Leber in Sojasauce

600 g Schweins- oder Rindsleber
3 dl Milch
1 Zwiebel
2 EL Sonnenblumenöl
Salz
1 Knoblauchzehe
1 EL Sesamsamen
1 EL Mehl
2½ dl Hühnerbouillon
2 EL Sojasauce
weißer Pfeffer
1 KL Zucker
1 Messerspitze «Sambal oelek»

Die Leber in Streifen schneiden, über Nacht in Milch einlegen. Vor dem Braten trockentupfen. Gehackte Zwiebel in einer Pfanne in Öl hellbraun werden lassen. Die ausgepreßte und mit Salz vermischte Knoblauchzehe und den Sesamsamen dazugeben. Weitere 5 Minuten braten. Mehl darüberstäuben und es durchschwitzen lassen. Leber beigeben und mit Bouillon ablöschen. Mit Sojasauce, in der man das scharfe Gewürz «Sambal oelek» gut verrührt hat, würzen. Salz, Pfeffer und Zucker nach Belieben. In eine vorgewärmte Schüssel anrichten.

Lammkotelett mit Olivenpüree auf Risotto a[n]gerichtet. Wir bitten zu Tisch ...

Quarkkuchen

Backofen auf 190° vorheizen

 18 zerbröselte Butterkekse (für die Leserinnen aus der Schweiz: Petit beurre). Kekse zwischen 2 Lagen Haushaltpapier legen und mit dem Wallholz rasch einige Male darübe[r] fahren. Das gibt die gleichmäßigsten Brösel.

 150 g Butter oder Margarine

Brösel und Butter miteinander verm[en]gen, die Masse in eine 24-cm-Springfo[rm] drücken.

Füllung

 500 g Quark
  4 Eier
 3 EL Zucker
   Saft und abgeriebene Schale einer Zitrone
 100 g Pinien- oder geschälte Mandelker[ne]
 100 g Rosinen
  1 Päckchen Vanillezucker

Alle Zutaten miteinander mischen, den Kuchenboden geben, und eine ha[lbe] Stunde lang backen. Im Ofen abküh[len] lassen.

... und vielleicht gibt's Quarkkuchen z[um] Dessert

Vom Sauerkraut – oder wie der Mensch sich ändert

Ich hab's ja eine Jugend lang von Grund auf gehaßt, das Sauerkraut, das meine Mutter jede Woche am Dienstag gekocht hat. Immer am Dienstag, weil's da frische Blut- und Leberwürste beim Metzger gab. Die wurden im Sauerkraut gewärmt und geschwellte «Herdäpfel» gab's dazu. Manchmal war ein Stück Bauchspeck dabei, und oft waren es eine Blut- und Leberwürste, die meine Cousine Marie aus Bolschweil, der Heimat meiner Mutter, in einem Korb mitbrachte. Marie kam jede Woche einmal mit dem geräumigen Korb und brachte alle die Herrlichkeiten, die es auf einem Bauernhof damals noch gab. Da waren frische Eier drin – wenn die Hühner legten, was ja nicht selbstverständlich war – und infolgedessen die Eier billig waren, hat meine Mutter Eier in Wasserglas (ein in der Drogerie erhältliches Konservierungsmittel) eingelegt. War das ein Genuß, wenn's Bäsle Marie die ersten zwei oder drei frischen Eier brachte!

Das kann man sich heute nicht mehr vorstellen, in einer Zeit, wo dank Hühnerfarmen ungeachtet der Jahreszeit und des Wetters jeden Tag frische Eier auf den Markt kommen.

Aber zurück zum Korb. Da war frische Butter drin, die Tante Rosa und das Bäsle Marie selber gebuttert hatten, aus dem Rahm, der die Woche über angefallen war. Sie hatten mit den Händen einen Laib geformt und mit der Messerspitze ein Schuppenmuster eingedrückt. Die Butter lag dann eine Weile im eiskalten Wasser des Brunnentrogs auf dem Hof, wurde in Mangoldblätter eingeschlagen und schmeckte unvergeßlich; genauso unvergeßlich wie das Brot, das Marie auch mitbrachte und das auf dem Hof gebacken worden war. Da war auch in einem Krüglein frischer Rahm, von dem mir meine Mutter einen Unterteller voll zum Austunken mit Brot gab: Unvergeßliche Kinderfreude.

Im Herbst waren jeweils Proben von der «Metzgete» in dem Korb: Blut- und Leberwürste und ein Stück Speck und in einer Milchkanne «d'Metzelsupp». Um diese Blut- und Leberwürste und den Speck zu essen, war natürlich Sauerkraut notwendig.

Aber ich muß noch einmal kurz abschweifen und einen Augenblick von etwas sprechen, was ich nirgends mehr finde und das so gut war: Die Blutwurst vom Onkel Karl war mit dem Dickdarm des Schweines gemacht, und wenn man sie anschnitt, war kein einziges Stücklein Speck drin, und die Scheibe, in der kleine Zwiebelstückchen glänzten, war fest wie eine Pastete.

Und sie war herrlich gewürzt mit Majoran und Pfeffer.

Ja, die Blutwurst und die dazugehörige Leberwurst, die mochte ich schon, aber leider bekam ich nie ein großes Stück davon. Wovon ich genug bekommen konnte, das war dieses langweilige Sauerkraut. Jeder behauptet, es werde durch Aufwärmen besser, aber es hat mir auch aufgewärmt nie geschmeckt.

Im Krieg wurden dann die Würste rarer, und Speck und Schäufele gab's gar keine mehr, aber das Sauerkraut, das blieb. Dann gab es halt «Herdepfelpflutte» dazu und Bratkartoffeln oder Spätzle. Ich hab's gegessen, lange Zeit als notwendiges Übel. Und wenn ich ganz ehrlich bin, schmeckt mir auch heute noch nur das Sauerkraut, das ich selber koche, und Sie erlauben mir bestimmt, daß ich jetzt von diesem Sauerkraut schwärme.

Wie ich es mache? – Ich nehme Margarine. Sie werden jetzt sagen: «Was für ei[n] Banause, er kocht mit Margarine!» Unter bestimmten Umständen koche ich mit Marga[r]rine, und zwar immer dann, wenn andere Leute Schweineschmalz nehmen. Das schmec[kt] mir nicht und ist ja wohl auch ungesund. Butter ist für mich keine Alternative z[u] Schweineschmalz. Butter hat einen sehr feinen, von der Sahne bestimmten Geschmac[k]. Die reinen Pflanzenfette sind mir fürs Sauerkraut geschmacklich zu neutral, Margarin[e] hat meiner Meinung nach einen geringen Eigengeschmack, und von der Konsistenz he[r] ist sie genauso «fettend» wie Schweineschmalz.

Ich gebe Margarine in die Pfanne, nicht zu knapp, lass' ein paar kleingehackte Sch[a]lotten darin glasig werden, und gebe das Sauerkraut hinein. Ich lösche mit 1 bis 2 Gläser[n] recht herbem Weißwein ab, dämpfe das Ganze, bis es gar ist, jedoch noch «Biß» hat. Dan[n] reibe ich zwei rohe Kartoffeln hinein, die die Sache wunderbar binden. (Ich hab's auc[h] schon mal mit Béchamelsoße probiert.) Wichtig ist, daß die spitze Schärfe durch Karto[f]feln oder Béchamel gedämpft ist. Der Wein gibt der Sache einen angenehme[n] Geschmack. Und dieses Sauerkraut, das ess' ich gern.

Übrigens kann man auch mit dem Saft aus einer Dose Ananas ablöschen und Anana[s]stückchen unter das Kraut mischen. Das schmeckt fein mit Kartoffelbrei dazu und eine[m] schönen Schweinebraten.

So stampft man Sauerkraut ...   ... und so soll es zugedeckt werden

Hier wird ganz sauber gespülte Wolle noch sauberer gespült!

Wo aber kommt das Sauerkraut her? Aus der Dose? Vom Metzger? Vom Reformhaus? Vom Markt?

Mein Sauerkraut kommt aus dem Keller. Aus der grauen Steingutstande, die mir meine Mutter hinterlassen hat.

Irgendwann im Oktober hat meine Mutter sich einen Krauthobel geliehen und hat die Krautköpfe, die sie in ihrem Garten großgezogen hatte, geschnitten. Manchmal hat auch der Besitzer des Hobels die Arbeit übernommen, gegen eine Flasche Wein vom Onkel Karl. Irgendwann wurde diese Hobelei, bei der man sich so leicht in den Finger schneidet, mir aufgebürdet. War das Kraut gehobelt, dann wurde zunächst das Salz gemischt (auf einen Zentner Kraut 3/4 Pfund Salz und 1/4 Pfund Zucker). Dann kam in die Stande zuunterst eine Schicht ganze Krautblätter, die großen, von außenrum. Da drauf kam nun eine Schicht geschnittenes Kraut und etwas von der Salzmischung, dann wurde das Ganze von mir so lange mit der Faust gestampft, bis Saft entstand, und die ganze Krautschicht durch und durch feucht war. Dann kam die nächste dreifingerbreite Schicht Kraut darauf und die Salzmischung. Am Rand entlang stampfen, bis alles durchsaftet ist und so weiter, bis die Stande voll oder alles Kraut verarbeitet ist. Die Stande ist voll, wenn die letzte Krautschicht etwa eine Handbreit unter dem Rand des Steinguttopfes liegt. Dann kommen noch einmal Blätter darauf. Zum Schluß folgt ein rundes Holzbrett, das in die Stande paßt, aber in der Mitte halbiert ist, damit man besser damit hantieren kann. Ein dicker Wackenstein aus dem Hölderle-Bach – der floß nämlich an unserem Garten vorbei – beschwerte den Deckel. Etwa sechs bis acht Wochen mußte das Kraut gären, dann wurden die Deckblätter entfernt, die Bretter und der Stein gewaschen. Dann kam ein Leinentüchlein auf das Kraut, darüber wieder das Brett und der Stein, und von da ab war das Sauerkraut eßbar.

Jedesmal, wenn ich von meinem Sauerkraut zum Kochen hole, wird das Tuch, das Brett und der Stein gewaschen, ich gebe etwas Salz darauf, und wenn die Flüssigkeit zu stark eingekocht ist, gieße ich etwas warmes Salzwasser auf.

Meine Mutter hat auch Rüben eingemacht, – weiße Rüben, in dünne Stengelchen geschnitten – und in der Kriegszeit auch Bohnen. Früher habe ich das alles nicht gemocht, genauso wenig wie das Sauerkraut, heut' sind saure Rüben, wann immer ich sie bekomme, meine ganze Wonne. So ändern sich halt die Zeiten!

Nachbemerkung: Kaum hatte ich dieses Kapitel geschrieben, da hat mich die Stanja zum Essen eingeladen. Die Stanja kommt aus Böhmen. Es gab Weckknödel mit Schweinebraten und Sauerkraut. Und dieses Sauerkraut, das hat mir noch besser geschmeckt als mein eigenes. Und dabei hat es Stanja auf folgende einfache Art gemacht: Butter in der Pfanne schmelzen lassen, das Sauerkraut dazugeben, eine Handvoll Kümmel darüber, das Ganze dämpfen. Zum Schluß mit Zucker abschmecken und gegebenenfalls etwas Wasser zugeben.

Naturfarben für Wolle und Seide

Besenginster *(Cytisus scoparius)*

Am intensivsten färben die frischen, neuen Triebe des Besenginsters, im Spätsommer geerntet. Sie können aber auch in der Sonne getrocknet und später zum Färben verwendet werden.

Zutaten

      1 kg frische Ginstertriebe
  500 g Wolle
    50 g Kupfersulfat
      1 Handvoll Seifenflocken

Farbsud

Die Triebe in fingerlange Stücke schneiden, über Nacht einweichen. Dann 3–5 Stunden kochen und im Farbsud auskühlen lassen. Abseihen.

Farbbad

50 g Kupfersulfat in 1 Liter heißem Wasser auflösen, dem Farbsud beigeben, gut umrühren. 500 g ungebeizte, in lauwarmem Wasser eingeweichte Wolle ins Bad legen. Langsam zum Köcheln bringen, 1 Stunde köcheln. Wolle aus dem heißen Farbbad nehmen, in heißes Spülwasser legen, auskühlen lassen. Lauwarm waschen, lauwarm spülen.

Lärchen-Nadeln *(Larix decidua)*

Wer starke Farben liebt, läßt es besser, mit Lärchennadeln zu färben. In diesem Fall ist der Aufwand zu groß, gemessen am Resultat: ein zartes Beige.

Aber gerade diese feinere Nuance vermag es, zwei starke Farbtöne harmonisch miteinander zu verbinden.

Zutaten

    2,5 kg Lärchennadeln
  2 mal je 500 g Wolle
  2 mal je 100 g Alaun
        30 g Kupfersulfat
  2 mal je 1 Handvoll Seifenflocken

Farbsud

Die Nadeln im Färbkessel in kaltem Wasser über Nacht einweichen. 4 Stunden auskochen, im Sud abkühlen lassen. Abseihen.

1. Beizbad

100 g Alaun in 1 Liter heißem Wasser auflösen und die Lösung in den mit lauwarmem Wasser aufgefüllten Färbkessel geben. 500 g in lauwarmem Wasser eingeweichte Wolle beifügen. Bad langsam zum Köcheln bringen. Eine Stunde köcheln lassen. Im Beizbad abkühlen lassen.

1. Farbbad

Die alaungebeizte Wolle ins Farbbad legen und dieses langsam zum Köcheln bringen. Eine Stunde köcheln. Im Farbbad abkühlen lassen. Wolle gut ausdrücken. Waschen, spülen.

2. Beizbad (wie das erste vorbereiten)

Das Farbbad kann für beide Wollquanten benutzt werden.

2. Farbbad

Die alaungebeizte Wolle ins Farbbad legen. Langsam zum Köcheln bringen, eine Stunde köcheln. Wolle dem heißen Farbbad entnehmen. 30 g Kupfersulfat in 1 Liter heißem Wasser auflösen, dem Farbbad beigeben, gut umrühren. Die Wolle wieder beifügen, eine Stunde sanft kochend weiterfärben. In heißes Spülwasser legen, abkühlen lassen. Waschen, spülen.

Besen-Ginster – und wie damit gefärbte Wolle aussieht

Dasselbe mit grünen (hier tiefgefrorenen) Walnüssen

Walnuß (Juglans nigra)

Mit Walnußschalen zu färben ist reinste Färbewonne. Besonders zweckmäßig geht man vor, indem man die vorzeitig abgefallenen grünen Walnüsse sammelt und, in Paketen zu 1 kg abgepackt, tiefkühlt. Das ist Färbevorrat für den Winter; dann werden die Nüsse unaufgetaut mit einem Hammer zerklopft und die Schalen sofort verwendet.

Im Oktober sammeln wir für die Färbküche nur die grünen Schalen allein, die wir, wenn immer möglich, sofort verwenden.

Notfalls im Backofen bei 50° trocknen. müssen grün bleiben. Braungeworde Schalen ergeben zwar viel weniger schö aber doch auch brauchbare Farben.

Zutaten
    5 kg Walnußschalen
3–4 mal je 500 g Wolle
    3–4 Handvoll Seifenflocken

1. Farbbad
Die Schalen in den Färbkessel geben,

altem Wasser bedecken und 24 Stunden stehenlassen. Die trockene Wolle einlegen. Darauf achten, daß sie ganz vom Wasser bedeckt ist. Hie und da bewegen. 48 Stunden im kalten Bad belassen. Gut ausdrücken, erst trocknen, dann lauwarm waschen und spülen.

Farbbad
Das vorherige Bad eventuell mit kaltem Wasser ergänzen. 500 g trockene Wolle einlegen, langsam auf 40° erwärmen und wieder abkühlen lassen. Wolle gut ausdrücken, erst trocknen, dann lauwarm waschen und spülen.

3. (und evtl. 4.) Farbbad
Diesmal das Farbbad zum Köcheln bringen, 1 Stunde sanft köcheln, Rest wie 2. Farbbad.

Filzen

In unserem Haus wird gesponnen, mit Pflanzen gefärbt, gestrickt, gewoben. Die Menge der hierzu gebrauchten Wolle ist in der Zwischenzeit so angewachsen, daß wir nicht nur die Wolle der Schafe unseres Dorfes, sondern auch diejenige des oberen und des unteren Dorfes verarbeiten können.

Eine Art der Wollverarbeitung kannten wir aber noch nicht: das Filzen. Gelernt haben wir, d. h. Werners Tochter Bubu und ich, diese spaßige Arbeit dank dem Fernsehen. Eine unserer Zuschauerinnen – eine Großmutter übrigens – schrieb ans Studio, bei ihr werde gelegentlich gefilzt. Interessentinnen täten sich jeweils zusammen, um die Technik zu erlernen, die sie aus dem Norden mitgebracht habe.

Da mich alles, was mit Wolle zu tun hat, fasziniert, fuhren wir mit einem Koffer voll Wollvlies und mit vielen bunten Wollmustern auf die Schwäbische Alb. Da lernte ich nun nicht nur eine Wolltechnik, sondern gleich auch eine wunderschöne Gegend kennen, die so ganz anders ist als diejenige, wo ich meine Wurzeln habe. Sanft gewellt und riesengroß, mit Wiesen und Wäldern, die mir unendlich scheinen.

Hier ist das Tal, der Fluß, die Felsen, die steilen Hänge. Dort ist Weite. Immer geht es *noch* um eine Ecke, immer gibt es *noch*

◀ Schablone für einen Hut, Zuschneiden des Vlieses

Erste Vlieslage um die Schablone herumgelegt. Die nächste Vlieslage wird nun aufgelegt, angefeuchtet, der vorstehende Rand auf die andere Seite umgebogen

einen Weiler. Nimmermehr würde ich den Linsenhof finden, wäre ich ohne Führer unterwegs.

«Wollefrauen» sind alle artverwandt. Daher fällt es nicht schwer, da Kontakt zu finden. Eigentlich ist es eher, wie jemanden wieder anzutreffen, den man schon seit seiner Kindheit gekannt hat. Junge waren da und Ältere, alle voller Eifer, in die Kunst des Filzens eingeweiht zu werden.

Beim Filzen ist's gleich wie beim Wollefärben. Wenn man weiß wie, kann man es auch in einer Einzimmerwohnung tun.

Viel lustiger ist es natürlich, wenn sich ein paar zusammenfinden, wie wir es durften: inmitten eines großen, schönen Bauerngartens, unterm Dach eines Fachwerkhauses, dessen ausgetretene Stufen Geschichten erzählen.

Was es zum Filzen braucht:
- einen Küchentisch; je höher, desto besser
- ein Stück starke Plastikfolie, etwa in der Größe des Tisches. Der Rand des Plastiks wird etwa zehn Zentimeter hoch umgebogen und an den Ecken mit Wäscheklammern fixiert. So entsteht eine Art Wanne, dank der es möglich ist, einigermaßen trocken zu arbeiten.
- einen alten Kochtopf, der ein bis zwei Liter Wasser faßt
- eine Kochstelle, möglichst in der Nähe des Arbeitstisches
- ein ganz gewöhnliches Waschbrett. Ich weiß, daß solche in der Schweiz in Haushaltgeschäften immer noch erhältlich sind. (Mein erstes Waschbrett zum Filzen stammte von einem Flohmarkt und ging nach den ersten fünf Minuten meiner Walkarbeit in Brüche. Der Holzwurm hatte darin gewütet.)

- eine Dose Schmierseife und viel, viel Wasser
- eine Schöpfkelle
- für Schnittmuster benötigt man Papier und ganz festen Stoff (Jeansstoff)
- ein Bandmeter und eine gute Schere.

Das wären die notwendigen Werkzeuge und Hilfsmittel.

Das Arbeitsmaterial ist gewaschene und gekämmte (kardierte) Wolle.

Anfänger stellen vorerst am besten ein glattes Stück Filz her und merken sich gleich, daß das Ausgangsmaterial mindestens um ein Drittel größer sein muß als der fertige Filz.

Ich versuche nun, den ganzen Arbeitsgang Schritt für Schritt zu beschreiben. Bubu wird sozusagen als beratende und kontrollierende Fachfrau mitwirken.

Wir machen also ein Stück Filz, Endgröße 40 × 60 cm. Dazu benötigen wir je nach der gewünschten Dicke des Filzes vier bis acht Lagen Vlieswolle, ca. 53 × 80 cm groß (40 + $\frac{1}{3}$ für die Breite, 60 + $\frac{1}{3}$ für die Länge), und so dick, daß die Unterlage nicht mehr durchschimmert. Die Hälfte der Lagen muß längs verlaufende, die andere Hälfte quer verlaufende Fasern haben.

Nun nimmt man die erste Woll-Lage, legt sie in die Plastikwanne. Im Kochtopf haben wir Wasser, so heiß, daß man es gerade noch ertragen kann, mit Schmierseife vermengt (2 Eßlöffel Schmierseife auf 1 Liter Wasser). Wir geben zwei, drei Schöpflöffel Schmierseifenwasser in die Mitte der Vlieslage und verteilen das Wasser mit der flachen Hand mit patschenden Bewegungen.

Wenn das Wasser von der Wolle aufgesogen ist, bringt man am Rand der feuchten Wolle weiteres Wasser mit dem Schöpflöffel dazu, verteilt es wieder und fährt so fort, bis die ganze Lage gleichmäßig benetzt ist.

Das Vlies darf im Schmierseifenwasser nie schwimmen. Deshalb entfernt man von Zeit zu Zeit eine der Wäscheklammern, formt die Plastikfolie zu einer Rinne und läßt das Wasser in den darunter gehaltenen Kochtopf ablaufen. Es wird erneut erwärmt und kann wieder verwendet werden.

Nun legt man eine weitere Woll-Lage auf die erste und achtet darauf, daß die Fasern diesmal quer zu denjenigen der untern Lage verlaufen.

Wieder wird befeuchtet. Diesmal braucht es weniger Wasser, weil die Feuchtigkeit auch vom untern Wollteil in den neu aufgelegten gelangt. Frisch zugegebenes Wasser muß wiederum sehr warm sein!

So verfährt man, bis die gewünschte Anzahl Lagen aufgebraucht ist, achtet aber darauf, daß bei jeder Lage der Faserverlauf quer zu der untern Lage ist.

Nun beginnt der Filzvorgang. Vorher haben wir gepatscht, nun reiben wir, von der Mitte des Stückes ausgehend, mit dem Handballen erst mit ganz sanftem, später mit verstärktem Druck in kreisenden Bewegungen. Man spürt es, wenn die Wollfasern sich ineinander zu verhaken beginnen. Der Filzvorgang ist beendet, wenn sich die aufeinandergelegten Lagen nicht mehr voneinander trennen lassen.

Das Filzstück wird zusammengerollt und einen Moment in beinahe kochendes Wasser getaucht und ausgedrückt. Dann rollt man es in ein altes Frottee-Tuch ein und drückt es gut zusammen, damit es einigermaßen trocken wird.

Und nun wird unser Filz gewalkt. Wir formen ihn zu einer Rolle und rubbeln diese auf dem Waschbrett. Zuerst quergerollt, damit die ganze Oberfläche schließlich mit den Waschbrettrillen in Kontakt gekommen ist. Dann dasselbe mit längsgerolltem Filz.

Wichtig: Das Filzstück wird kleiner in jener Richtung, in der es gewalkt wird. Wenn wir uns nun zum Beispiel entschließen, das fertige Filzstück soll nicht mehr vierzig, sondern fünfunddreißig Zentimeter breit sein, so rollen wir unsere Arbeit der Länge nach und walken so lange, bis die gewünschte Größe erreicht ist.

Schließlich tauchen wir den fertigen Filz nochmals in ganz heißes Wasser. Mit einem Frottee-Tuch trocknet man ihn an und legt ihn dann flach zum Fertigtrocknen. Zum Schluß dämpft man ihn.

Was man daraus machen kann? Zum Beispiel eine Buchhülle. Der Rand wird sauber geschnitten und zum Beispiel mit einem kontrastfarbenen Faden mit Festonstich umfahren. Besticken ist selbstverständlich auch möglich. Bei dickem Filz sogar so, daß die rückseitigen Stiche im Filz verlaufen.

Unser zweites Werk ist nochmals ein flaches Stück. Wir schneiden wiederum quer- und längsverlaufende Lagen in der errechneten Größe zu. Diesmal filzen wir aber andersfarbige Fasern ein. Dazu legt man diese unter die erste Vlieslage auf die dem Tisch zugekehrte Seite, bevor es zum erstenmal genetzt wird. Ziegenhaare, gekämmte oder ungekämmte Wollfasern eignen sich auch dazu. Zum Faden gesponnene Wolle aber ist ungeeignet. Auf diese Art kann man zum Beispiel die untere Kante einer Weste oder die Westenvorderteile verzieren. Der ganze übrige Arbeitsvorgang bleibt sich gleich.

Nun wagen wir uns an einen Hut. Das Schnittmuster soll glockenförmig sein, wiederum einen Drittel größer als das fertige Stück. Wir machen uns eine

Erste Stufe des Filzvorganges. Mit kreisenden Bewegungen das heiße Schmierseifenwasser einmassieren

Die einzelnen Vlieslagen haben sich miteinander verbunden. Der Schablonenstoff läßt sich leicht herauslösen. Der Filzvorgang ist abgeschlossen

Auf dem Waschbrett wird gewalkt (bis das Brett kracht!)

Was Frau Papendiek und ihre Helferinnen mit Filz gemacht haben: Hüte (links mit eingefilzten andersfarbigen Vliesstückchen), Handschuhe, Eierwärmer, Teewärmer, Pantoffeln, Westen. Wichtig: Jacken sollten gestrickte Ärmel haben!

119

Papierschablone und legen diese auf unsern Jeansstoff. Die Krempe läßt sich dann beim Walken nach Wunsch herausarbeiten.

Der Zuschnitt des Vlieses erfolgt so, daß man an den Seiten, die die Kopfform ergeben, vier bis fünf Zentimeter Vlies vorstehen läßt. Nur dem Krempenrand entlang schneidet man mit dem Schnittmuster bündig. Wiederum beachten, daß man quer- und längslaufende Vliesstücke zuschneidet.

Das Vlies wird, Schnittmuster gegen den Tisch gekehrt, angefeuchtet. Den über das Muster hinausragenden Teil noch trocken lassen.

Arbeitsstück umdrehen, nun die vorstehende Wolle über das Schnittmuster ziehen und befeuchten. Bei den Rundungen dürfen keine Wülste entstehen.

Die nächsten Vliesstücke werden gegengleich aufgebracht. Nun filzt man so lange, bis sich die Wolle leicht vom Schnittmuster löst.

Es folgt das Eintauchen ins heiße Wasser, das Walken und das Trocknen. Als Rohform zum Trocknen genügt ein Blumentopf. Einfache Bauernhüte formt man beim Walken. Der Krempenrand wird sauber abgeschnitten, und zwar, bevor man mit Walken fertig ist. Für Garnituren sind der Phantasie keine Grenzen gesetzt.

Eine Baskenmütze stellt man sich ebenfalls mit einem Schnittmuster her. Man filzt über das kreisrunde Stoffmuster, schneidet zum Entfernen desselben auf der einen Seite kreuzweise ein (lieber zu knapp, ausgleichen kann man später immer noch).

Für rundgefilzte Pantoffeln verwendet man als Grundform einen Socken. Natürlich muß Pantoffelfilz dicker sein als solcher für andere Kleidungsstücke. In Rußland soll man früher die Filzstiefel so dick gemacht haben, daß eine Ledersohle gar nicht mehr notwendig war.

Susi, Gabi und Bubu führten die Filztechniken bei einer Sendung vor. Sie sangen dazu ein «altes» Handwerkslied. Das heißt, die Melodie ist wirklich alt, den Text haben sie selbst erfunden – gedichtet sozusagen:

Wie maches de die Filzerslüt?
Und eso mache sys:
Si filze und walke bi Tag und Nacht
So lang bis am Schluß de no ds
Wöschbrätt chracht.

Und gleich fügten sie noch einen weiteren Vers extra für Werner bei:

Wie maches de die Färnsehlüt?
Und eso mache sys:
Si schnappe mit der Chlappe
und der Schtar lächled frisch
und am Schluß merkeds erscht
daß kei Film drin gsi isch.

Wie Großmutter Hefegebäck machte

Ich kenne viele Hausfrauen, die sich scheuen, Hefegebäck zu machen. Die einen jammern, der Teig gehe nicht auf, die anderen beklagen sich, daß er wohl aufgehe, beim Backen aber zerfließe. Hier gilt wieder das «Gewußt wie».

1. Der Hefepilz ist ein Lebewesen. Eines, das schon bei 45° stirbt. Folglich darf beim Zubereiten des Teiges nichts mit der Hefe in Verbindung kommen, das wärmer als 40° ist.
2. Alle Zutaten sollten Zimmertemperatur haben.
3. Der Gärungs- (also Vermehrungs-)prozeß der Hefe wird durch Kälte unterbrochen. Folglich soll ein fertig geformtes, aufgegangenes Hefebackwerk *vor* dem Backen für eine Viertelstunde an einen kühlen Ort gestellt werden. (Anstrich mit Eigelb vor dem Einschieben in den Backofen.)
4. Dampf im Backofen verzögert die Krustenbildung. Der Teig kann sich in der ersten Backphase noch ausdehnen (da er sich innen ja langsam erwärmt). Deshalb vor allem bei mangelhaft aufgegangenem Backwerk eine feuerfeste, mit heißem Wasser gefüllte flache Schüssel auf den Backofenboden stellen.

Rezept für einen Hefeteig, aus dem man an Ostern Osterhasen, am St. Niklaustag den Grättimaa, an Weihnachten einen Stern und zu jedem Feiertagsfrühstück einen Zopf backen kann:

1 Würfel (42 g) Frischhefe
1 kg Weißmehl
½ Liter Milch
120–150 g Butter
2 gestr. Esslöffel Salz
nach Lust und Laune: 100–150 g Zucker, Weinbeeren
1 Eigelb zum Bestreichen
nochmals: alle Zutaten müssen Zimmertemperatur haben!

Hefe in etwas Milch auflösen. Mehl in eine angewärmte Schüssel sieben, Salz beigeben, nach und nach die Milch, dann die Butter in den Teig einarbeiten (anfänglich mit der Kelle, später mit den Händen). Nicht verzweifeln, wenn der Teig zu Beginn an den Händen und an der Schüssel klebt. Kneten, indem man den Teig flachdrückt, die Seiten gegen innen biegt, zusammendrückt. Durch das Kneten soll möglichst viel Sauerstoff in den Teig eingebracht werden. Wenn er sich von der Schüssel gelöst hat, nimmt man ihn zum Kneten auf ein Brett.

Probe, ob der Teig genügend geknetet ist: Er soll sich auseinanderziehen lassen, ohne durchlöchert zu werden.

Nun wird er in die gewünschte Form gebracht (z.B. geflochten, Fladen mit kreuzweisen Einschnitten usw.), auf das gefettete Backblech gelegt, mit einem lauwarmen, angefeuchteten Tuch bedeckt und an einem zugfreien Ort stehen gelassen, bis er um das Doppelte aufgegangen ist.

Man wärmt den Backofen auf 220° vor. Das Backwerk wird mit dem Eigelb bestrichen, eingeschoben, 20 Minuten auf 220° gebakken. Dann senkt man die Temperatur auf 180°. Totale Backdauer für ein Kilogramm Mehl in einem Stück gebacken: 50 bis 60 Minuten.

Umgekehrt auf dem Gitter auskühlen lassen.

Vom November und vom Dezember

November! Es riecht nach nassen, faulen Blättern.

Als ich ein Bub war, mußte ich sie zusammenkehren, mit dem Leiterwagen in den Garten fahren und beim Umstechen in die Erde bringen, damit der Boden im nächsten Jahr leicht würde, wie meine Mutter sagte.

November – der Monat der Trauer und der Trostlosigkeit. Die Tage sind schon wieder kurz, die Nacht senkt sich früh über den nebligen Tag.

Der erste Tag des Monats, Allerheiligen, ist ein Fest, an dem die Kirche all der Heiligen gedenkt, die keinen eigenen Tag haben, und das sind viele. Aber dieses Fest ist längst das Fest aller Toten geworden, und nur in katholischen Dörfern unterscheidet man noch zwischen Allerheiligen und Allerseelen, das am 2. November gefeiert wird.

Am Morgen des 1. November nahm mich mein Vater mit auf den Friedhof. Vor dem Tor standen, wie auch heute noch, die Verkaufsstände der Gärtner: gelbe und weiße Chrysanthemen, Erika und Moospolster, Kränze und Gebinde. Mein Vater kaufte zwei Blumenstöcke für das Grab meiner Großeltern, wo er erst welke Blumen entfernte, und dann die neuen eingrub. Ich stand vor den paar Quadratmetern Erde mit der Buchseinfassung ringsum und verstand nicht, daß die Großmutter und der Großvater hier ruhen sollten. Ich mußte mit dem Vater ein Vaterunser beten, und ihn dann zu anderen Gräbern begleiten, wo seine Freunde lagen und Verwandte, die ich nie gekannt hatte.

Die Wege auf dem Friedhof waren aufgeweicht. Es war naßkalt und trostlos. Man roch förmlich Sterben und Tod. Faule Blätter, gelbe Chrysanthemen, Nebel, Nässe und Kälte. So prägte sich mir Allerheiligen ein.

Daß der Tod auch ein anderes Gesicht zeigen kann, hab' ich vor drei Jahren auf dem Heiligen Berg Athos in Griechenland erlebt. Einer der Väter war gestorben, 86 Jahre alt. Sein Körper lag auf einer Bahre im Schiff der Kirche, bedeckt mit einem Tuch. Auf seiner Brust lag eine Ikone der Mutter Gottes. Nach dem Gottesdienst nahmen die übrigen Väter von ihm Abschied. Sie küßten seine Stirn, seine Brust und seine Füße, einer nach dem anderen, und sie trugen ihn an die Tür der Kirche. Dort hielten sie an, und er nahm Abschied von der Kirche, in der sich ein Drittel seines Lebens abgespielt hatte; sie trugen ihn auf den Hof des Klosters, wo er Abschied vom Alltag nahm; und an der Tür des Klosters nahm er Abschied von dem heiligen Haus, das für so viele Jahre seine Heimstatt gewesen war. Dann trugen sie ihn auf den winzigen Friedhof, auf dem es nur drei Gräber gibt, und sie entfernten das Tuch und die Ikone. Zwei Väter stiegen hinab in das Grab und betteten den Toten ohne Sarg in die Erde. Nur ein Tüchlein bedeckte das Gesicht. Sie schaufelten das Grab zu, stellten ein Kreuz auf und gingen zurück ins Kloster.

In diesem Jahr, wenn ich – so Gott will – wieder in dieses Kloster komme, dann wird das, was von diesem Mönch noch übrig ist, ausgegraben sein. Nur drei Jahre darf der Körper in der Erde liegen. Sie werden die Knochen gereinigt und den Schädel mit Wein gewaschen haben. Die Überreste kommen ins Beinhaus. Die Väter werden neugierig prüfen, welche Farbe der Schädel hat. Ist er weiß oder gelb, dann glauben die Väter, daß der Verstorbene im Himmel ist, ist er aber dunkel, dann werden sie noch viel für ihn beten müssen, damit Gott ihn in sein Reich aufnimmt.

Unterhalb des Klosters steht ein kleines Haus. Da sind die Knochen und Schädel aller Mönche aufgestapelt, die in diesem Kloster gelebt haben. Die Väter gehen hinunter in das Beinhaus, um zu beten. Es ist hell und freundlich in diesem Beinhaus, kein bißchen unheimlich, und es riecht nach den Blumen, die hier im Süden draußen blühen. Der Tod hat hier keinen Schrecken. Welch eine Geborgenheit, unter Brüdern zu sterben und mit dem, was von einem übrig bleibt, im Diesseits bei den Brüdern zu sein.

An den letzten Sonntagen im November werden in den Kirchen die Evangelien vom Ende aller Zeiten verlesen, denn mit dem ersten Adventssonntag beginnt ein neues Kirchenjahr.

Zwar ist der Dezember auch ein grauer Monat, aber das Grau verbirgt in sich ja schon die Erwartung der Wende. Am ersten Adventssonntag wird das erste Licht am Advents-kranz angezündet, und der grüne Kranz verkündet das Versprechen, daß nach der Dunkelheit das Licht wiederkommt, und daß die Hoffnung ist, daß sich der Ring des Lebens immer wieder schließt.

Am 6. Dezember kommt – sozusagen als Vorbote des Weihnachtsfestes – der Heilige Nikolaus. Er ermahnt die Kinder – und natürlich auch die Erwachsenen, den Advent, die Zeit der Erwartung, zu nutzen, sich vorzubereiten auf die Geburt des Herrn.

Für mich ist die Adventszeit keine Adventszeit, wenn ich nicht irgend etwas für Weihnachten basteln kann. Zum Beispiel eine Krippe mit Figuren, die richtige Kleider zum Anziehen bekommen und deren Köpfe und Hände aus Wachs modelliert werden. Oder einen Stern mit 32 Zacken aus Goldfolie, den man nirgendwo kaufen kann, weil er sofort aufgehängt werden muß, da seine Strahlen sonst abknicken.

Man könnte batiken oder eine Weste filzen oder Springerle backen, Dosen für die Springerle bunt bemalen oder Strohsterne basteln für den Christbaum. Kurz: ich möchte die Abende der Adventszeit mit einem lieben Menschen bei einer gemeinsamen Aufgabe verbringen, einen Glühwein trinken und vielleicht ein Lied singen. Was für mich ganz speziell noch zur Adventszeit gehört, ist das Erfinden einer Weihnachtsgeschichte, damit ich sie am Weihnachtsabend vorlesen kann.

Am 24. – und ich finde, das ist das Allerschönste an Weihnachten – stell' ich am Nachmittag den Christbaum auf und schmücke ihn mit Kerzen, und es müssen für mich echte Bienenwachskerzen sein, gelb und duftend. Rote Äpfel fehlen nie, kleine rote Äpfel, die meine Mutter «Mathiskracher» nannte. Vermutlich heißen sie «Mathiasäpfel» und gehören zu jenen Apfelsorten, die heutzutage nur noch in verwilderten Bauerngärten wachsen. Ich reib' sie – wie meine Mutter es tat – mit einer Speckschwarte ein, damit sie glänzen. Dann kommen «Weihnachtsgutsele» und Strohsterne an den Baum.

Der 24. Dezember, das ist der «Adam-und-Eva-Tag», das Fest der ersten Menschen vor dem Fest des Gottes, der Mensch geworden ist. Und natürlich ist Weihnachten auch das Fest der Sonnenwende. Am Adventskranz brennen vier Kerzen. Der Kreis hat sich geschlossen, das Licht kommt wieder, das Heil der Menschen kommt in die Welt.

Neben den Christbaum stelle ich die Krippe. Ich habe eine provençalische Terrakotta-Krippe. Die pack' ich aus der Schachtel, in der die Figuren das Jahr über, in Seidenpapier eingewickelt, schlafen: die Hirten und die Schafe, der Räuber, der Herr Pfarrer mit dem roten Schnupftuch, die Frauen mit den Wassereimern auf dem Kopf, der Scherenschleifer, der Korbflechter und die Frau, die Knoblauch verkauft, und jene mit den Fischen. Auch die vornehme Dame mit dem Blumenstrauß fehlt nicht und auch nicht der Zigeuner mit dem Bär. Maria und Josef und das Christkind und natürlich der Ochs und der Esel kommen ganz zuletzt, weil ich sie seinerzeit, an Lichtmeß, zuallererst eingepackt hatte. Zur Krippe kommt nun auch die Figur hinzu, die ich für dieses Jahr überhaupt nicht eingepackt habe, es ist ein Hirte.

Und dann kommt die Stunde zwischen Tag und Dunkelheit. Während die Familie mit Kochen und tausend anderen Vorbereitungen auf das Fest beschäftigt ist, schreib' ich meine Weihnachtsgeschichte auf, die ich längst fertig im Kopf habe. Dann hole ich die Geschenke aus dem Keller und lege sie für jeden an ihren traditionellen Platz.

Dann zieht sich die Familie um, legt Feiertagskleider an. Ich gehe erst allein ins Wohnzimmer und zünde die Kerzen am Christbaum und an der Krippe an und genieße das, was für mich das Allerschönste an Weihnachten ist: Ich bin für ein, zwei Minuten allein mit dem strahlenden Christbaum und der Krippe. Dann läute ich ein kleines Glöcklein, und geh' ins Eßzimmer, wo die Familie um den Adventskranz herum wartet. «Habt ihr gehört, das Christkind hat geläutet!» Dann gehen wir gemeinsam ins Wohnzimmer hinein. Wir singen ein Adventslied, ich lese das Weihnachtsevangelium. Nach weiteren Weihnachtsliedern lese ich meine Weihnachtsgeschichte vor. Dann beten wir ein Vaterunser für die verstorbenen Freunde und Verwandten. Nach einem allerletzten Weihnachtslied beginnen unsere Kinder die Geschenke auszupacken, und zwar eines nach dem anderen, damit alle die schönen Dinge in Ruhe bewundern können.

Danach gibt's Schäufele und Kartoffelsalat. Um Mitternacht gehen wir in die Christmette.

Fast genauso war es bei uns daheim gewesen, nur daß der Christbaum kleiner war, aber dafür die Krippe um so größer.

Die Heilige Nacht vom 24. auf den 25. Dezember ist eine Nacht voller Wunder. Die Tiere könnten da sprechen, sagt man, und die Mädchen könnten den Mann sehen, den sie im darauffolgenden Jahr heiraten werden. Am Kaiserstuhl holen die Leute Wasser von den Brunnen, heiliges Wasser für Mensch, Tier und Pflanzen. Meine Mutter hat, bevor wir in die Christmette gingen, zwölf halbe Nußschalen mit Salz gefüllt und aufgestellt. Nach der Rückkehr hat sie geprüft, in welchen der zwölf Nußschalen das Salz feucht war und in welchen nicht. Die zwölf Nußschalen bedeuteten die zwölf Monate, und die nassen Nußschalen erbrachten die zuverlässige Prognose für die nassen Monate des kommenden Jahres.

Werners provençalische Krippenfiguren

    Aber auch die zwölf Tage zwischen Weihnachten und dem Dreikönigsfest sagte meiner Mutter das Wetter der zwölf Monate des nächsten Jahres voraus. «Paß auf, was d träumst», sagte sie zu mir, «denn was man in den zwölf Nächten zwischen Weihnachte und Dreikönig träumt, das geht im Laufe des Jahres in Erfüllung». Meine Mutter hätt während diesen zwölf Tagen unter gar keinen Umständen einen großen Waschta abgehalten, denn sie glaubte fest daran, daß sie sonst noch im gleichen Jahr Leichenw sche waschen müßte. Und in diesen heiligen Nächten ziehen draußen der wilde Jäger un seine Schar durchs Land; da bleibt man besser in der warmen Stube, bis am 5. Januar, w Frau Perchta dem wilden Heer nachfolgt.

    Die Weihnachtszeit aber beschließt der Dreikönigstag, das Fest der Erscheinung de Herrn. Die Dreikönigssänger sind unterwegs mit dem Pfarrer, singen Weihnachtsliede und über die Haustür schreiben sie K+M+B, was im Volksglauben Kaspar, Melchior un Balthasar heißt. Zwischen die Buchstaben werden die Zahlen des Jahres geschriebe zum Beispiel «K19 M 85 B» – mit geweihter Kreide. Das soll im neuen Jahr Glück bringe und vor dem Bösen schützen.

In Garten und Haus

Wintergarten

Nun ist es Zeit geworden, unsern Garten vom Freien ins Haus zu verlegen.

Wenn ich an meine Kindheit zurückdenke: Unzählige Kaktuspflanzen, ein ganzer Wald blühender Clivia, die obligate Zimmerlinde, Palmen. All das gab's im Salon, und ich wurde dazu erzogen, den «Wintergarten» sorgfältig zu gießen. Sorgfältig hieß in diesem Fall: jeweils nur, wenn sich die Erde vom Topfrand zu lösen begann. Dann aber so viel, bis das Wasser im Untersetzer sichtbar wurde. Diesen Untersetzer mußte ich nach einer Stunde leeren. Und selbstverständlich durfte ich nur Wasser nehmen, das Zimmertemperatur hatte. Mit einer alten Gabel hatte ich die Erde aufzulockern. Wenn sich Moos zeigte, mußte ich dies meiner Großmutter melden. Wahrscheinlich war dann das Abzugsloch des Topfes verstopft und die Gefahr groß, daß die Pflanze faulen könnte.

Eine Arbeit, die ich ungemein haßte, war das Reinhalten der Blätter mittels eines in lauwarmes Wasser getauchten Schwammes. Eine meiner Tanten erbarmte sich meiner und schenkte mir zu Weihnachten einen Pflanzenbestäuber Marke «Nebelwolke», den man auf eine Flasche aufstecken konnte und mit dem ich trotz des bedenklichen Gesichts meiner Großmutter die Pflanzen besprühte. Anscheinend war sie aber doch mit der neumodischen Methode zufrieden, denn fortan durfte ich es anwenden.

Dafür hatte meine Großmutter zwei altmodische Methoden, um den Weihnachtsbaum lange frisch zu halten:

Vom Kauf bis zum Fest: Wenn möglich die Schnittstelle schräg schneiden lassen, gleich wie bei Schnittblumen, damit der Baum möglichst viel Wasser aufnehmen kann. Den Baum in einen großen Kessel stellen. Mit 10 Liter Wasser, dem man 100 ccm Glyzerin beigegeben hat, auffüllen. An einen kühlen Platz stellen (Keller oder Balkon).

Für das Fest: Hat man keinen Christbaumständer, den man wiederum mit Glyzerin-Wasser füllen kann, den Stamm gerade schneiden und die Schnittfläche mit Kerzenwachs versiegeln.

Ein Duft von Gewürzen ...

Wenn der Weihnachtsbaum abgeräumt ist, vermisse ich sogleich seinen Duft – wie mir im Winter überhaupt die vielen Düfte fehlen, die von Pflanzen ausgehen oder sich im Garten ausbreiten. Ich bastle mir sozusa-

Die Duftkugel. Noch ein Weihnachtsgeschenk. Aber Achtung: Es gibt mehr Arbeit als man glaubt!

gen einen Garten-Trost, eine Duftkugel. Die erste Duftkugel erhielt ich als Neujahrsgeschenk von meinem Götti – meinem Paten –, weil ich ihm verraten hatte, daß ich Dinge, die nach Pflanzen und Gewürzen riechen, so sehr mag.

Hier die Anleitung zur Herstellung einer Duftkugel: Eine große Orange wird mit einem schönen Band kreuzweise umbunden. Das Band soll so lang sein, daß man erst eine Schleife binden kann und dann noch genug Band übrig bleibt, um die Duftkugel daran aufzuhängen. Die freigebliebenen Flächen der Schale besteckt man dicht mit Gewürznelken. Zur bessern Konservierung kann man die Frucht noch mit Gilgenwurzel-Pulver überstreuen. Es ist die feinzerstoßene Wurzel der gelben Schwertlilie und ist in der Drogerie erhältlich. Eine so behandelte Duftkugel bleibt mindestens bis zur Fasnacht, respektive bis zum Karneval frisch.

Heilkräuter

Mistel *(Viscum album)*
Die Mistel können wir eigentlich vom Oktober bis in den April hinein ernten. Bei dieser geheimnisvollen Pflanze von «Ernten» zu sprechen, kommt mir respektlos vor. Bei den keltischen Druiden durfte nur ein Priester die Mistel vom Baum schneiden, und die Pflanze durfte die Erde nicht berühren.

Die Heilwirkung der Mistel hängt zudem davon ab, auf welcher Wirtspflanze sie gewachsen ist: Eichen-Mistel soll speziell wirksam sein bei *Verdauungs- und Urogenitalerkrankungen* des Mannes, während bei der Frau die Apfelbaum-Mistel dieselben Erkrankungen heilend beeinflußt. Ulmen-Mistel ist am besten gegen die *Erkrankung der Lunge,* und zwar für beide Geschlechter.

Wo immer wir auch die Mistel finden, es lohnt sich, Zweigspitzen mit Blättern zu ernten und zu trocknen. Man bereitet damit einen *kalten Auszug zu,* da die Wirkstoffe der Pflanze durch die Hitzeeinwirkung zerstört werden. 6 Teelöffel Mistelblätter mit 3 Tassen kaltem Wasser am Abend übergießen; am nächsten Tag abseihen. Schluckweise und ungezuckert trinken. Hilft bei *Arterienverkalkung, reguliert den Blutdruck, ist blutreinigend und ist blutstillend.*

Für die Schönheitspflege

Milchbad
Zu dieser Jahreszeit stellen viele fest, daß ihre Haut trocken und spröde geworden ist. Daran sind einerseits die großen Innen- und Außen-Temperaturunterschiede, dann aber auch die zu trockene Luft in zentralgeheizten Räumen schuld.

Hier wirkt ein Milchbad Wunder:

Man gibt zwei Liter Milch oder Buttermilch in lauwarmes Wasser, fügt noch drei Eßlöffel voll Bienenhonig bei. Honig gut verteilen oder in der Milch auflösen. Diesem genußvollen Bad entsteigt man mit einer Haut wie Milch und Honig!

Sauerkraut-Gesichtspackung
gegen fette, grobporige Haut
1 Handvoll rohes Sauerkraut
1 Glas Sauerkrautwasser

Das Sauerkrautwasser über ein warmes, feuchtes Mulltuch leeren, das Sauerkraut selbst auf dem Gesicht verteilen. Das Mulltuch darüberlegen. Packung 20 Minuten einwirken lassen. Lauwarm abwaschen.

Aus Großmutters Küche

Mit wilden Pflanzen kochen

Franzosenkraut (*Galinsoga parviflora*)
In unserem abgeerntetem Treibbeet wuchert zu dieser Jahreszeit das Franzosenkraut. Davon verwendet man die jungen Blätter für Spinat. Eventuell vermischt mit einem weiteren Kraut, das an der gleichen Stelle wächst und wächst, die ...

Vogelmiere (*Stellaria media*)
Hier läßt sich das ganze Kraut ohne Wurzeln für Blattgemüse oder Suppen verwenden. Vielleicht beschließt man dann, über diese beiden allgegenwärtigen Unkräuter nächstes Jahr nicht mehr so sehr zu wettern.

Andere Kochrezepte

Kartoffelsalat
1 kg Kartoffeln
1 große Zwiebel, fein gehackt
5 EL Sonnenblumenöl
3 EL roter Weinessig oder sehr milder
Salatwein
Salz, Pfeffer
1 dl heiße Bouillon
Die gewaschenen Kartoffeln in der Schale kochen und etwas abkühlen lassen. Dann schälen und scheibeln. Aus den übrigen Zu-

taten (ohne Bouillon) eine Sauce anrühren, über die Kartoffeln gießen. Salat etwa ¼ Stunde ziehen lassen. Bouillon vor dem Servieren zugeben.

Gefüllter Karpfen im Gemüsebett
Zutaten
1 Karpfen, ca. 1,5 kg schwer.
Geschuppt, ausgenommen, gewaschen. Nähnadel und starker Faden.
1 EL eingesottene Butter
2 Zwiebeln, fein gehackt
6 Stangen Bleichsellerie, in Stücken
3 EL Petersilie, gehackt
1 KL Majoran
Salz
Speisewürze
Saft einer Zitrone
1 dl trockener Weißwein
100 g frische Champignons
2 Tomaten
Frische Butter

Füllung
100 g Weißbrot ohne Rinde
½ dl heiße Milch
2 Knoblauchzehen, gequetscht
1 KL Estragon
1 Ei, zerklopft
Salz und weißer Pfeffer
Stiele der Champignons

Der Karpfen im Gemüsebett (oder -beet)

Einladung zum Sauerbratenschmaus

Die Zwiebeln in Butter andünsten. Sellerie, Persilie, Majoran dazugeben, mit Sa(lz) und Speisewürze abschmecken. Alles 30 M(i)nuten dämpfen, dann in einer reichlich m(it) Butter ausgestrichenen Gratinform ve(r)teilen.

Für die Füllung des Karpfens Weißbr(ot) würfeln und mit der heißen Milch übergi(e)ßen, weich werden lassen und dann mit d(er) Gabel fein zerdrücken. Champignonsstie(le) klein schneiden, beigeben. Knoblauc(h,) Estragon, Salz und Ei untermischen. Pfe(f)fern. Alles zu einer kompakten Masse vera(r)beiten und den Fisch damit füllen. Fisch (mit) großen Kreuzstichen zusammennähen u(nd) auf beiden Seiten ein paarmal bis auf d(ie) Gräten schräg einschneiden.

Fisch auf das Gemüse legen. Mit Wein u(nd) Zitronensaft beträufeln. Tomaten halbiere(n,) Champignonsköpfe blätterig schneiden. B(ei)de Gemüse rings um den Fisch verteilen.

Mit Butterflocken belegen. Die Grati(n)form mit einem Deckel oder mit Alufo(lie) schließen. Im auf 200° vorgeheizten Bac(k)ofen gut 30 Minuten garen. Der Fisch ist g(ar,) wenn sich die Flossen leicht auszupf(en) lassen.

Die Karpfenschuppe dient als «Zaube(r)spruch». Legt man an Silvester eine solc(he) Schuppe in den Geldbeutel, so wird sie da(für) sorgen, daß das Geld im nächsten Jahr (nie) ausgeht!

Sauerbraten

Nach diesem Rezept muß das Fleisch nic(ht) gebeizt werden. Es lohnt sich, eine gro(ße) Quantität zu kochen. Hier sind die Zutat(en) für 8 Personen berechnet. Größere Fleis(ch)stücke bleiben saftiger, und Resten schme(c)ken aufgewärmt noch besser. Sauerbrat(en) kann auch tiefgekühlt werden.

Zutaten

2 kg	Rindsschmorbraten
15	Streifen Schinkenspeck (nicht Spick-speck), ca. 5 mm dick und 10 cm lang geschnitten
2 TL	ausgepreßter Knoblauch
2 TL	getrockneter Oregano, fein zerrieben
2	Messerspitzen schwarzer Pfeffer, fein gemahlen
2	Prisen Salz
1 EL	Sonnenblumenöl
3 EL	eingesottene Butter
1	große Zwiebel, grob gehackt
1	große Karotte, in dicke Scheiben geschnitten
2	Rippen Stangensellerie, klein geschnitten
1	kleine Dose geschälte Tomaten (abgetropft) oder 3 frische Tomaten, geschält
1	Lorbeerblatt
1–2 dl	Rindfleischbrühe
2 dl	trockener Rotwein (z. B. Barbera oder Chianti)

Knoblauch, Oregano, Pfeffer und Salz miteinander vermischen und die Speckstreifen darin wenden. Das Bratenstück in regelmäßigen Abständen mit einem scharfen Rüstmesser einschneiden und den gewürzten Speck einschieben. Öl und 1 Eßlöffel Butter heiß werden lassen und das Fleisch ringsum anbraten. Fleisch aus der Bratpfanne nehmen. Backofen auf 180° vorheizen.

2 EL Butter in den Bratfonds geben und Zwiebeln, Karotten, Stangensellerie, Tomaten, Lorbeerblatt auf kleiner Hitze ca. 10 Minuten dämpfen. 1 dl Fleischbrühe dazugießen. Alles auf den Boden eines Schmortopfes mit Deckel geben. Das Fleisch auf das Gemüse betten. Den Wein in der Bratpfanne schnell aufkochen und über den Braten gießen, der jetzt zur Hälfte in der Flüssigkeit

liegen sollte. Ev. noch Fleischbrühe zugeben. Den Topf decken und das Gericht einmal aufkochen lassen, bevor man es in den vorgeheizten Backofen stellt.

Den Braten nun 2½–3 Stunden schmoren lassen. Das Fleischstück nach der ersten Stunde einmal wenden, sonst den Topf verschlossen lassen. Zum Servieren den Braten in knapp zentimeterdicke Scheiben schneiden und schuppenartig auf eine vorgewärmte Platte anrichten. Die Sauce vielleicht noch etwas nachwürzen und über die Bratentranchen gießen.

Dazu gibt es Servietten-Knödel (Siehe Seite 133).

Saumagen *(für ca. 12 Personen)*

Zutaten

1	Saumagen (beim Metzger vorbestellen)
750 g	magerer Schweinebauch ohne Schwarte
750 g	magerer Vorderschinken ohne Knochen
750 g	Kartoffeln, geschält und gewürfelt
1 kg	Bratwurstbrät (Kalbsbrät)
2–3	eingeweichte Brötchen
4–6	Eier
	Salz
	Pfeffer
	Muskat
	Majoran

Der Saumagen wird nochmals gut gewässert und dann umgestülpt. Schweinebauch und Vorderschinken in 2 cm große Würfel schneiden. Die Kartoffelstücke in Wasser einmal aufkochen lassen, abgießen. Schweinebauch, Schinken, Kartoffeln, Bratwurstbrät, die eingeweichten Brötchen (mit der Gabel zerdrückt) und die leicht zerklopften

Eier in einem großen Becken gut mischen und mit den Gewürzen abschmecken. Die drei Magenöffnungen abbinden. Die Masse in den Saumagen einfüllen, jedoch nicht zu prall, da er sonst leicht aufplatzt. Nun muß der Magen gut 3 Stunden im heißen Wasser – etwa bei 80° – ziehen. *Er darf keinesfalls kochen!* Er muß frei schwimmen und sollte immer wieder gedreht werden. Danach läßt man ihn gut abtropfen. Wer will, kann ihn noch knusprig nachbraten, aber das ist nicht unbedingt nötig. Der Badische Saumagen wird zusammen mit Weinkraut und Bauernbrot serviert. Am besten schneidet man ihn erst bei Tisch in Scheiben.

Strübli

Werner Feißt, der Baden-Badener, sagt: Strübli seien eine typisch badische Spezialität: die Berner halten sie für eine typische Berner-Spezialität. Es ist also eher anzunehmen, daß sich vor Urzeiten ein Berner-Meitschi in einen Badener verliebte und das Rezept im Hochzeitsgepäck über den Rhein mitnahm. Oder war es umgekehrt – zog ein Badener-Mädle mit dem Strübli-Geheimnis ins Emmental, als es den Housi ehelichte? Jede dieser Vermutungen könnte stimmen. Strübli eignen sich als Beilage zu Gemüse mit weißer Sauce oder sind, mit Zucker und Zimt bestreut, eine Leckerei für alle Küchlein-Liebhaber.

Zutaten

    300 g Mehl
    ¼ l   Milch
    2 Eier
    1 Prise Salz
    60 g geschmolzene Butter
    ½ l   Fritieröl

Aus Mehl, Milch, Eiern, Salz und Butter rührt man einen Pfannkuchenteig, den man eine halbe Stunde ruhen läßt. Man erhitzt das Fritieröl. Sobald ein Wassertropfen darin aufzischt, kann man mit dem Backen beginnen.

Man läßt den Teig durch einen normalen Trichter ins Öl fließen. Wichtig: beim Gießen gleichmäßig arbeiten, damit das Strübli stabil wird. Zuerst einen Ring von ca. 12 cm Durchmesser formen, dann den Teigfluß schneckenförmig zur Mitte hin führen. Das Strübli einmal wenden, damit die Teigschnecke ringsum goldbraun gebacken wird. Herausnehmen und auf Küchenkrepp abtropfen lassen.

Werden die Strübli zu einem warmen Gericht serviert, sind sie besser, wenn sie im geheizten, aber ausgeschalteten Backofen bei geöffneter Tür warm gehalten werden.

Serviettenknödel

eine alte, österreichische Spezialität

Zutaten

    3 Brötchen oder 150 g Weißbrot
    250 g Quark
    2 Eier
    40 g Grieß
         Salz
         Pfeffer

Brötchen oder Weißbrot klein schneiden und in heißem Wasser kurz aufweichen. Mit der Gabel zerdrücken. Quark und Eier etwas verquirlen, Grieß und Brot beifügen, würzen und alles sehr gut vermengen. Einen länglichen Kloß formen und diesen in eine Serviette einschlagen. In köchelndem, gesalzenem Wasser ca. 25 Minuten ziehen lassen. Die Enden der Serviette auf dem Topfdeckel übereinanderlegen.

So sieht ein Serviettenknödel aus

Alle Zutaten zum Zabaione – und das Endresultat

Weinschaumcreme

Auf italienisch heißt diese Creme «Zabaine». Die Küchen-Gelehrten streiten sich daüber, ob man nicht doch besser «Zabagline» schreiben sollte! Was immer dabei heauskommt, die Hauptsache ist doch, daß dNachspeise schmeckt und fast keine Arbegibt.

Zutaten
4 Eigelb
4 Eischalenhälften voll Marsala
4 Eischalenhälften voll herber Weißwein
  (z. B. Frascati)
3 gestrichene KL Zucker

Die Creme gelingt nur, wenn man sie «Wasserbad» zubereitet. Man nimmt ein Kochtopf, in den ein kleineres Pfännch bequem hineinpaßt. Den großen Topf fü man mit heißem Wasser und stellt ihn auf d Herd. Alle Zutaten kommen nun ins Pfär chen, und man vermischt sie gründlich, b vor man das Pfännchen in den Topf stell

Im Wasserbad wird die Creme erhitzt

iemals gekocht! – während man unermüdlich leicht weiterschlägt. In ein paar Minuten werden sich die Zutaten in einen Schaum verwandelt haben. Die Zabaione ist fertig und wird rasch in die Gläser abgefüllt, die man bereitgestellt hat.

Sie haben keinen Weißwein zu Hause – oder keinen Marsala? Versuchen Sie es mit Cognac und/oder Orangensaft – oder mit anderen Schnäpschen und Säften, die Ihnen zur Verfügung stehen. Oder mit Kaffee.

Eine Kugel Vanilleeis, mit dieser warmen Creme übergossen, schmeckt überraschend. Normalerweise wird Zabaione warm serviert, zusammen mit kleinem, trockenem Gebäck.

Naturfarben für Wolle und Seide

Berberitze *(Berberis vulgaris)*
Die im Juli getrockneten Berberitzezweige verwenden Sie jetzt.

Zutaten
500 g getrocknete Berberitzenzweige
500 g Wolle
 50 g Eisensulfat
  1 Handvoll Seifenflocken

Farbsud
Die getrockneten Triebe im kalten Wasser 3 Tage lang einweichen. 2–3 Stunden auskochen, dann den Farbsud abkühlen lassen. Abseihen.

Farbbad
500 g in lauwarmem Wasser eingeweichte Wolle in den Farbsud geben. Langsam zum Köcheln bringen, 1 Stunde köcheln. Wolle aus dem Bad nehmen. 50 g Eisensulfat in 1 Liter heißem Wasser auflösen, dem Bad beifügen, gut umrühren. Die Wolle wieder hineinlegen und ½ Stunde weiterfärben. Die heiße Wolle in heißes Spülwasser geben, abkühlen lassen. Waschen und spülen.

Mit Berberitzenspitzen gefärbte Wolle

Henna *(Lawsonia inermis)*

«Henna – damit färbt man doch Haare!»

Diese Bemerkung fällt, sobald ich erwähne, dass man Henna zum Wollfärben verwenden kann. Mich begeistern vor allem die ohne Beizbad zu erzielenden warmen Brauntöne, die gerade richtig sind, um die Farbpalette der bisher gefärbten Wolle abzurunden.

Zutaten

500 g *Hennapulver (Drogerie)*
2 mal je 500 g *Wolle*
2 mal je 1 *Handvoll Seifenflocken*

Farbsud

Das Pulver mit 3 Liter kaltem Wasser anrühren, über Nacht stehen lassen, restliches kaltes Wasser beifügen. 1 Stunde kochen, dann abkühlen lassen.

1. Farbbad

500 g ungebeizte, in lauwarmem Wasser eingeweichte Wolle beifügen. Bad zum Köcheln bringen, 1 Stunde sanft köcheln lassen. Wolle im Farbbad abkühlen lassen. Gut abtropfen und trocknen lassen. Lauwarm waschen, spülen.

2. Farbbad

Genau gleich wie erstes Farbbad.

Für das Januar-Rezept haben wir Zwiebelschalen verwendet. Das letzte Rezept schließt nun sozusagen den Kreis, indem wir auch hier wieder Farbstoffe verwenden, die in jedem Haushalt anfallen.
Diesmal sammeln wir die gebrauchten Schwarzteeblätter.

Erste Variante

Mindestens 1 kg gebrauchte Schwarzteeblätter
500 g *Wolle*
75 g *Alaun (Apotheke)*
25 g *Eisensulfat (Apotheke)*
1 *Handvoll Seifenflocken*
1 *Knäuel Kupferdraht, in Stoff eingebunden*

Farbsud

Kupferdrahtknäuel in den Kochtopf legen. Die Teeblätter kalt aufsetzen, zum Kochen bringen, einige Minuten kochen, über Nacht stehen lassen, absieben.

Beizbad

Man löst 75 g Alaun in 1 l heißem Wasser auf, gibt die Lösung in den Färbkessel und füllt mit lauwarmem Wasser auf. 500 g in lauwarmem Wasser eingeweichte Wolle hineingeben. Beizbad langsam zum Köcheln bringen. 1 Stunde köcheln. Im Beizbad abkühlen lassen.

Farbbad

Ins lauwarme Bad wiederum zuerst das Kupferdrahtknäuel legen, das Eisensulfat in etwas heißem Wasser auflösen, beigeben, gut umrühren, die gebeizte Wolle einlegen, 1 Stunde köcheln, im Farbbad abkühlen lassen. Waschen und spülen.

Zweite Variante

Mindestens 1 kg gebrauchte Schwarzteeblätter
500 g *Wolle*
15 g *Kaliumbichromat (Apotheke)*
1 *Handvoll Seifenflocken*

Farbsud
Siehe erste Variante.

Beizbad
Kaliumbichromat ist lichtempfindlich. Deshalb wird in möglichst dunklem Raum gearbeitet, und das Beizen und Färben der Wolle erfolgt bei geschlossenem Topf-Deckel. Wird die gebeizte Wolle nicht sofort verarbeitet: in dunkles Tuch einwickeln, dunkel aufbewahren.

Beize
15 g Kaliumbichromat in 1 Liter lauwarmem Wasser auflösen. Diese Lösung in den mit lauwarmem Wasser aufgefüllten Färbkessel geben, umrühren. 500 g in lauwarmem Wasser eingeweichte Wolle beigeben. Zugedeckt 1 Stunde köcheln und dann – im zugedeckten Kessel – abkühlen lassen.

Die Küche

Was unsere Gäste meist nicht sahen, war die Küche. Diese Küche war, wenn
heute so zurückdenke, für mich der Kern des Hauses, das Nest, in dem ich m
wohl fühlte. Ein großer heller Raum war es, der Boden mit sechseckigen ro
Fliesen bedeckt. Das Prunkstück war ein riesiger Kochherd. Ein Holzkochhe
versteht sich, dessen ganze Oberfläche die Kochfläche bildete. Darauf stan
immer verschiedene Töpfe, teils aus Gußeisen und emailliert, teils aus Kupfer.
der Mitte der Vorderfront war die Feueröffnung, rechts und links hatte er je ei
Backofen, am einen äußeren Ende einen Wärmeschrank für Platten und Tel
Um das ganze Ungetüm herum verlief eine Messingstange mit Eckknäufen, die
Christbaumkugeln glänzten. Über dem Kochherd hing ein weiteres Ungetüm,
Warmwasserspeicher, eingewickelt in etwas, das aussah wie sorgfältig angeleg
Verbandstoff, den man hellgelb angestrichen hatte.

Zwei Spültröge mit einem Tropfbrett waren in einer Ecke angebracht. Eine la
Bank für das schmutzige Geschirr stand nebendran. Unter der Bank befanden s
verschiedene Eimer, angeschrieben mit «Kaffeesatz», «Salat», «Fleisch und K
chen», «Speiseresten», «Eierschalen», «Brot». Das Küchenpersonal hatte b
Rüsten oder Aufräumen, das Servierpersonal beim Tischräumen darauf zu acht
daß die Reste in die entsprechenden Eimer geschüttet wurden.

Kaffeesatz und angefaulte Rüstabfälle wurden auf den Komposthaufen b
Garten gebracht. Salat bekamen die Hühner, von Fleisch und Knochen nahm
das Nötige für Hund und Katze, den Rest und alle andern Speiseabfälle bekam
die Schweine, ebenso das Geschirrspülwasser, dem die Küchenmädchen bloß
Handvoll Soda beifügen durften. Aber ich glaube, damals kannte man noch
keine andern Abwaschmittel.

Das abgewaschene Geschirr kam nochmals in kochend heißes Wasser z
Spülen. Dann wurde es mit einer Holzkelle herausgefischt und abgetrock
währenddem es noch möglichst heiß war.

Geschirrwaschen – Arbeit für zwei Küchenmädchen.

Auch für mich sind heute bestimmte Lieder «Geschirrwaschlieder». Meist so
mit trauriger Melodie, zum Beispiel – ich weiß nicht, ob ich mich des Textes
genau erinnere –

«Wie die Blüüümlein draußen zittttern
Und die Aaabendlüfte weeehn
Und es will mein Herz verbitttttern
Weil mein Schatz will von mir geeehn
O bleib bei mir und geh nicht fort
Mein Herz ist doch dein Heimatohort...»

Da kamen mir die Tränen, auch wenn ich längst nicht alles verstand. Liebe, ehnsucht. Die Stimmen der Sängerinnen hallten im Raum, das Mariechen saß einend im Garten, währenddem ich im Takt dazu die große Mandelmühle drehte, e am Tisch angeschraubt war.

Brotreste und Eierschalen wurden täglich nach dem Mittagessen auf ein Backech geschüttet und zum Trocknen in den noch warmen Backofen geschoben.

Ich hatte das altbackene Brot dann zu mahlen. Dazu kniete ich auf einem ichenhocker, preßte mit der linken Hand einen hölzernen Stöpsel über die ffnung der Mühle, währenddem ich mit der rechten Hand drehte. Mir scheint, ich be oft tagelang Brot gemahlen. Ich tat es aber gern, denn unsere Köchin buk mit m Semmelmehl eine Art Kuchen, immer mit der Betonung, der sei nur deshalb gut, weil *ich* das Brot gemahlen hatte. Zum Glück habe ich das Rezept für den ösmelikuchen immer noch.

Auch die getrockneten Eierschalen ließen sich im Takt zum Gesang verarbeiten: e wurden in eine blecherne Schüssel geschüttet und ich hatte sie mit einem

Der Hefezopf, so geflochten, wie Monika mich das lehrte.

Kartoffelstößel zu zerstampfen, bis sie beinahe mehlfein waren. Sie wurden den Hühnern vorgesetzt, damit sie Eier mit starker Schale legen konnten.

Papier verbrannte man im Herd.

Die wenigen Konservendosen waren begehrt als Behälter für allerhand Werkzeug oder Schrauben und Nägel.

Plastik gab es zu jener Zeit noch nicht.

So landeten denn im Kehrichteimer bloß die Scherben von zerbrochenem Geschirr und Glas.

Außer dem Arbeitstisch gab es noch den großen Eßtisch fürs Personal. Er war so groß, daß immer noch einer mehr daran Platz hatte. Da war Monika, unsere bayrische Köchin, dann Anton, zwei Küchenmädchen, zwei Zimmermädchen und Serviertöchter, ein Knecht, ein Hüterbub.

Die Küche war nicht bloß ein Ort zum Zubereiten von Speisen. Hier wurde während und nach der Arbeit erzählt. Hier entstanden Freundschaften, auch solche, die zu Ehen führten. Hier wurden Sorgen ausgebreitet und wieder geglättet, auch heftige Meinungsverschiedenheiten ausgetragen.

Während der Winter- und Sommermonate führte Monika das Regiment. In den Zwischenzeiten waren es meine Mutter und Großmutter.

Monika. Wie alt sie wohl war? Als ich vier-, fünfjährig war, mochte sie dreißig sein. Sie war resolut – aber kinderlieb. Sie erklärte mir alles, wonach ich fragte.

Und ich fragte viel!

Bloß morgens von zehn Uhr an und abends nach fünf Uhr hatte ich, das war eiserne Regel, bis nach den Mahlzeiten in der Küche nichts zu suchen. Da hatte Monika ein hochrotes Gesicht, kommandierte die Küchenmädchen herum, rührte in ihren Töpfen, legte ein Holzscheit nach. Das Essen mußte ganz pünktlich und – bitte sehr – ganz schön angerichtet serviert werden.

«Auge ißt mit» – heute predige ich das selbst und denke dann immer einen Moment lang an Monika.

Am Samstagnachmittag verwandelte sich die Küche in eine Backstube. Es war Ehrensache, daß sonntags zum Frühstück den Gästen selbstgebackener Hefezopf vorgesetzt wurde, und ebenso war es Ehrensache, daß ein Zopf auf dem Frühstückstisch in der Küche stand. Um die fünf Kilo Mehl zu verarbeiten, machte Monika zuerst einen Vorteig. Ach war das lustig zuzuschauen, wie der wuchs, sich blähte und Blasen warf. Und wie fein das roch. Hefe, das waren nämlich Heinzelmännchen. Die schufteten und schwitzten im Mehl drin, damit der Zopf schön locker wurde. Monika hob den Finger:

«Was muß man beachten, damit die Hefe-Heinzelmännchen fleißig sind?»

«Daß sie warm haben, aber nicht heiß, daß weder Salz noch Fett ihnen zu nahe kommen», antwortete ich gehorsam.

Monika richtete es immer so ein, daß ein Teigrest übrigblieb. Damit durfte ich für mich allein einen winzigen Zopf flechten. Einmal vergaß sie, ihn rechtzeitig aus dem Backofen zu nehmen, denn natürlich war dieses Gebäck viel eher fertig. Brandschwarz verkohlt war es. Sie hielt es mit spitzen Fingern vor mein Gesicht – und ich heulte, weil mir das Zöpfchen so leid tat.

Monika nahm einen Zipfel ihrer weißen Küchenschürze und trocknete mir damit die Tränen.

Zum Trost durfte ich dann Ofenküchlein aufs Blech setzen. Monika beherrschte viele Bäckerkünste. Sie machte kunstvoll verzierte Torten aus eben jenen Ofenküchlein und Schlagrahm. Mich dünkte es komisch, daß sie aus denselben Küchlein auch pikante Vorspeisen zubereiten konnte. Die im Backofen hoch aufgegangenen knusprigen Häufchen bekamen dann mit dem Sack eine Einspritzung aus Fisch oder Käse, vermischt mit Rahm oder Quark. Auch anderer Leckereien erinnere ich mich, für die sie bei unsern Gästen berühmt war: Berliner Pfannkuchen, Dampfnudeln, Apfelstrudel, Ananasschnitten, Biscuitrolle.

Im Sommer hatte sie aber nicht bloß für die Gäste und das Hauspersonal zu kochen. Diejenigen, die irgendwo weit weg auf einem Feld heuten, wurden mit einer großen Kanne Milchkaffee versorgt und – herrlichste aller Heuerspeisen: Apfelküchlein! Eine der Aufgaben des Hüterbuben war es, die frischen Küchlein und den Kaffee bei Monika zu holen und rechtzeitig zu den Heuern zu bringen.

Unendlich viele Bilder drängen sich in meinem Kopf – doch gibt es auch viele Lücken. Ich weiß zum Beispiel nicht, wieviele Stunden pro Tag das Personal bei uns zu arbeiten hatte. Möglich ist es allerdings, daß es damals gar nicht üblich war, Arbeitszeiten genau festzusetzen, daß einfach die gestellten Aufgaben zu erledigen waren. Von Anton erinnere ich mich, daß er morgens in aller Herrgottsfrühe die Schuhe einsammelte, die vor den Gästezimmern standen. Er schrieb mit einer Kreide die Zimmernummer auf die Sohle, trug sie ins Schuhputzkämmerchen und polierte sie blitzblank. Er war aber oft auch bis spät am Abend mit dem Fuchs unterwegs, um Gäste abzuholen, die vielleicht irgendwo ein Fest gefeiert hatten. Das hieß dann, in den Stall gehen, das Pferd anschirren, die Kutschenlaternen anzünden, durch die Nacht fahren...

An eines, was mit der Arbeitszeit zusammenhängt, kann ich mich aber erinnern: an die Zimmerstunde. In der Küche hing ein Plan, auf dem vermerkt war, wer wann seine tägliche freie Stunde hatte. Das war Freizeit, die ich zu respektieren hatte. Wie oft schlich ich mich aber doch in Monikas Zimmer. Sie hat mich nie abgewiesen.

Da saß sie denn in ihrer Kammer, strickte oder schrieb Postkarten. Ihr Zimmer lag unterm Dach. Ein Bett stand drin, ein Schrank, eine Kommode mit einer Abdeckung aus Marmor, auf der eine Waschschüssel und ein Krug standen, ein

Sie hat mir manchen Sonntag verdorben, diese Maschine zur Herstellung von Eiscreme.

wackliges Tischchen. Aber etwas in ihrem Zimmer war speziell: Es besaß eine die Dachschräge eingelassene Fensterluke. Wenn ich mich auf das Bett legt konnte ich direkt in den Himmel sehen. War das schön: in die vorüberziehende Wolken zu schauen, zu träumen, ich säße darauf, würde von ihnen über die Ber getragen, weit weg in Länder, in denen es Paläste und Schlösser gab, wo seltsan Bäume wuchsen, auf denen Affen herumkletterten. Monika konnte mir stunde lang erzählen. Ich hörte mit offenem Mund zu, so lange, bis sie entsetzt aufspran eine frische weiße Schürze umband, mich mitnahm in die Küche, wo sie bestim wieder irgendeine vergnügliche Aufgabe für mich bereit hatte.

Eine Hotelköchin, die gleichzeitig auch Lehrerin, Geschichtenerzählerin wa Wie gerne möchte ich mich bei ihr bedanken für ihre Zuwendung.

Wenn ich an Sommer denke und an Monika, dann taucht noch eine Erinneru auf: Einkochen.

Was wir an Gemüse, Kompott und Konfitüren brauchten, das wurde selt eingekocht oder gedörrt. Schon einen Winterbedarf für einen Normalhaushalt

Nochmals Monika: so sah das Waschgeschirr aus, das in ihrem Schlafzimmer stand.

onservieren, ist aufwendige Arbeit – wieviel mehr ist es das aber für einen Vierzig-
Personen-Betrieb.

Sommertage bei uns: wir hatten vor dem Haus einen großen runden Gartentisch
aus Eisen mit einer rot gestrichenen Platte. In der Mitte war ein Loch. Da steckte
ein gestreifter Sonnenschirm drin. Um den Tisch herum saßen alle, die Zeit hatten,
meine Großmutter, oft auch meine Mutter, die Küchen- und Zimmermädchen, und
idelten Bohnen ab, die in Waschzainen am Boden standen. Oder wir entsteinten
Kirschen. Das Handwerkszeug hierzu war einfach: eine Haarnadel, die in einem
Korken steckte. Oder wir schnitten Aprikosen entzwei. Für Aprikosenkonfitüre
hatten wir ein feines Rezept. Man mußte die Früchte durch den Fleischwolf treiben
auch eine Arbeit, die ich liebte.

Eine von unsern Gästen ungemein gerühmte Spezialität war Eiscrème mit
Aprikosen. Hierfür verwendete Monika Aprikosenmark, die Sahne von der Milch
unserer Kühe und die Eier unserer Hühner. Ich hatte die Maschine zur Herstellung
von Eiscrème zu drehen. Diese Arbeit war mir verhaßt wie keine andere. Am
Sonntag, gleich nach der Heimkehr aus der Kirche, hatte ich meine Schürze
anzuziehen. In der Waschküche hatte Monika schon alles für mich vorbereitet: ein
großer hölzerner Kübel, mit Metallreifen eingefaßt, stand am Boden. In ihm
steckte ein metallener Zylinder, bereits gefüllt mit der Glacemasse. In den Zylinder
steckte man einen mit Holzflügeln versehenen Stab, der mit einem Hebel verbunden war. Um den Zylinder herum hatte man zerstampfte Eisstücke gegeben, die
oben mit einer dicken Schicht Salz bedeckt wurden. Nun mußte ich am Hebel
drehen. Stundenlang – so scheint es mir heute. Die Arbeit mußte in der Waschküche getan werden, wo es kühl war. Aber da hatte ich keine Gesellschaft, niemand
sang, ich konnte meine Arbeit nicht im Rhythmus eines Liedes tun. Zum Trost
sorgten die Serviertöchter dafür, daß alle Gäste erfuhren, wer die Glacemaschine
gedreht hatte. Ich steckte die Komplimente zwar ein – aber wie schön wär's doch
gewesen, wenn ein anderer mich ersetzt hätte.

«Dafür darfst du ja jetzt dann zum Nani in den Tschuggenwald», tröstete mich
Mama, wenn ich wegen der Glacemaschine maulte. Die Aussicht, dorthin zu gehen
war so verlockend, daß ich die Blasen, die ich vom Hebeldrehen an der Hand hatte,
sofort vergaß.

Aus Monikas Hotel-Kochbuch

Albertli
(wenn ich bloß wüßte, weshalb diese Biscuits so heißen ...)

- 100 g Butter
- 100 g Zucker
- 2 Eier
- abgeriebene Schale einer halben Zitrone
- 180 g Kartoffelmehl oder Maizena
- 180 g Weißmehl
- 1 Msp. Backpulver

Teigschüssel in heißem Wasser vorwä[rmen], die Butter hineingeben, mit d[er] Holzkelle rühren, bis sie weich ist, d[ie] Eier beifügen und mit dem Schneebese[n] 10–15 Min. rühren, bis die Masse ga[nz] schaumig ist. Zitronenschale und nac[h] und nach das gesiebte Mehl darunte[r] mengen, zuletzt das Backpulver. Es m[uß] ein glatter, fester Teig entstehen, de[n] man über Nacht an einem kühlen O[rt] stehen läßt. Dann ½ cm dick auswalle[n,] mit einer Gabel dicht lochen, mit eine[m] Glas Plätzchen ausstechen, auf das g[e]fettete Backblech legen, im vorgewär[m]ten Ofen bei 150° 20 Min. backen. S[ie] dürfen nur hellgelb werden.

Ananasschnitten: Expreß-Dessert, wenn plötzlich viele Leckermäuler nach Süßem schreien.

Ananasschnitten

Diese und die Biscuitrolle waren Mo[ni]kas Expreß-Desserts, wenn wir plötzli[ch] viele Gäste zu bedienen hatten.

- 8 Stück Zwieback
- 8 KL Kirschwasser
- 1 kleine Dose Ananasscheiben
- 2 dl Schlagrahm

Die Zwiebackschnitten auf eine hübsc[he] Platte legen, mit dem Kirschwasser b[e]träufeln, auf jede Schnitte 1 KL Anana[s]saft gießen, sie mit einer halben Anana[s]scheibe belegen, mit dem steifgesch[la]genen Rahm garnieren.

prikosenkonfitüre

2 kg Aprikosen, gewaschen,
     geviertelt
     Saft und abgeriebene Schale
     von 2 Zitronen
2 kg Zucker

e Aprikosensteine in ein Säckchen ein-
nden. Die Aprikosen durch den
eischwolf drehen, Zitronensaft und
chale beigeben, den Zucker dazurüh-
n, das Steinsäckchen in die Pfanne le-
en, 15 Min. unter ständigem Rühren
rudelnd kochen, Steine entfernen,
eiß abfüllen und sofort verschließen.

prikosenmark für Fruchteis oder
s Tortenfüllung

2 kg Aprikosen
     Wasser
     Zucker

ut reife Aprikosen entstielen, vierteilen,
t etwas Wasser weichkochen, abküh-
n lassen. Durch ein Haarsieb streichen.
uf 1 kg Fruchtmark 750 g Zucker und
e Steine, in ein Säckchen eingebun-
en, beifügen. ½ Std. kochen, gelegent-
h rühren, gut abschäumen, Steine ent-
rnen. Heiß abfüllen und verschließen.

iscuitrolle

scuitteig

    4 Eigelb
   70 g Zucker
 Msp. Salz
   70 g Weißmehl
        abgeriebene Schale einer
        Zitrone

1 Msp. Vanillezucker
    4 ganz steif geschlagene Eiweiß
1 Lage Pergamentpapier

Füllung

    6 EL Himbeer- oder Orangenmarme-
         lade oder Johannisbeergelée

Backofen auf 200°C vorwärmen, Eigelb in
vorgewärmter Schüssel mit Zucker und
Salz gut schaumig rühren, das gesiebte
Mehl dazugeben, dann die Gewürze beifügen. Zum Eiweiß eine Msp. Salz geben
(es läßt sich dann besser schlagen), den
Eischnee unter die Teigmasse ziehen.
Auf das Backblech Pergamentpapier legen, mit Zucker bestreuen, den Teig dar-
aufschütten, 10 Min. bei 200° backen. Ein
Küchentuch mit Zucker bestreuen, den
gebackenen Teig vom Blech auf das
Tuch stürzen, mit 6 EL gewärmter Him-
beer- oder Orangenmarmelade oder Johannisbeergelée bestreichen und sofort
aufrollen.

Schmeckt noch warm am besten, kann
aber auch während einer Woche im Kühlschrank aufbewahrt werden.

Brandteig (Brühteig) für Ofenküch-
lein (Windbeutel)

Das Backen mit Brandteig, zu Unrecht in
Vergessenheit geraten, war eine von Monikas Spezialitäten.

Grundrezept

    2 dl Wasser
 1 Prise Salz
   70 g frische Butter
  125 g Weißmehl
  3–4 Eier

Wasser, Salz und Butter aufkochen, Mehl
im Sturz dazugeben, und den Teig auf

Biscuitrolle – und wie man sie verzieren kann.

Die Windbeutel, wie sie aus dem Ofen kommen.

mittlerem Feuer gut mit der Teigkelle klopfen, bis er glatt und glänzend ist und sich von der Pfanne löst. Vom Feuer nehmen. Eier gut verquirlen und dazugeben. Eßlöffelweise im Abstand von 4 cm auf ein gut eingefettetes Backblech setzen. ¼ Std. kühlstellen. Danach 30–40 Min. in Mittelhitze backen. Ofen während der Backzeit nicht öffnen!

Nach dem Erkalten die Küchlein qu einschneiden, so daß man den obere Teil wie einen Deckel aufklappen kar («Windbeutel»).

Füllung mit Thunfisch

- 300 g Thunfisch, abgetropft
- 4 Eigelb
- 1 sehr fein gehackte Zwiebel
  Saft und Schale einer Zitrone
  (oder Obst- oder Weinessig)
- 1 sehr fein gehacktes Cornicho
  Cayennepfeffer
- 1 KL Dill
  Salz und Pfeffer

Zusammen gut verrühren, so daß ei homogene Masse entsteht.

Füllung mit Gorgonzola

- 50 g weiche Butter
- 50 g Gorgonzola
- 1 EL geröstete geschnittene Haselnüsse

Weiche Butter mit zerbröckeltem G gonzola glattrühren, in die Windbeut chen füllen und mit den gerösteten N sen bestreuen.

Füllung süß

- 2 dl Rahm
- 1–3 EL flüssiger Bienenhonig

Den Rahm steif schlagen, den Biene honig darunterziehen. Einfach aber a gezeichnet!

Was man mit Windbeuteln machen kann.

Brösmelitorte

St. Honoré-Torte

Mürbeteig für den Boden:

75 g	Butterflocken
125 g	Weißmehl
1 EL	Zucker
1 Msp.	Salz
1	Ei
1 EL	Rahm
	Schale einer halben Zitrone

Das Mehl auf den Tisch sieben, die möglichst kalten Butterflocken, Zucker und Salz mit dem Mehl verreiben, in der Mitte der krümeligen Masse eine Vertiefung machen, die restlichen Zutaten hineingeben, gut kneten, 1 Std. kalt stellen, in Tortenbodengröße auswallen, mit der Gabel mehrmals einstechen.

Brandteig für den Rand:

Siehe Grundrezept von Seite 34.
Von der Hälfte des Teiges eine daumendicke Rolle als Rand auf den Tortenboden legen. Den restlichen Teig mit dem Spritzsack zu haselnußgroßen Windbeuteln formen. Diese mit Eigelb bestreichen. Den Tortenboden und die Windbeutel bei Mittelhitze 25 Min. backen.

Füllung:

1 dl	Milch
1 dl	Rahm
3	Eigelb
60 g	Zucker
1 Msp.	Vanillezucker
2	Eiweiß, steif schlagen
30 g	Butter
1 EL	Rum
2 Blatt	Gelatine

Milch, Rahm, Weißmehl, Eigelb, Zucker und Vanillezucker mit dem Schneebesen gut verrühren, auf kleinem Feuer heiß werden lassen, dabei ständig schwingen, bis die Masse crèmig wird. Die Gelatine fünf Minuten in kaltem Wasser einweichen, dann ebenfalls beifügen, schwingen, bis sie sich ganz aufgelöst hat, dann den Rum und den Eierschnee unter die heiße Crème ziehen, erkalten lassen, dabei immer wieder umrühren.

Sirup:

80 g	Zucker
2 EL	Wasser
1 Msp.	Vanillezucker

Den Zucker karamelisieren, mit dem Wasser ablöschen, mit dem Vanillezucker würzen und zur Dickflüssigkeit einkochen lassen. Abkühlen.

Fertigstellung:

1 dl Rahm, steif geschlagen

Die gebackenen Windbeutel in den Sirup tauchen. Dicht nebeneinander auf den Tortenrand legen. Den restlichen Sirup unter die Füllung mischen, sie auf den Boden leeren, glattstreichen, nach Belieben mit dem Schlagrahm garnieren. Kalt stellen.

Monika stellte für dieses komplizierte Rezept alle benötigten Zutaten in der richtigen Reihenfolge auf den Tisch, bevor sie mit den verschiedenen Arbeitsgängen begann.
Wenn ich heute im Fernsehstudio dasselbe mache, denke ich jedesmal an sie und sehe die fertig verzierte Torte vor meinen Augen.

Brösmelitorte (aus altbackenem Brot)

8	Eigelb
250 g	Zucker
250 g	Paniermehl – am besten von Schwarzbrot
125 g	geriebene Mandeln
1 KL	Zimt
15 g	Zitronat
	die abgeriebene Schale einer Zitrone
8	steifgeschlagene Eiweiß
2 dl	Malaga oder
1 dl	Himbeersirup mit 1 dl Wasser verdünnt

Eigelb und Zucker schaumig rühren. Die restlichen Zutaten, außer Malaga oder Sirup, beifügen. In eine mit Butter bestrichene und mit Paniermehl bestreute Form geben, 45 Min. bei Mittelhitze bakken. Aus der Springform nehmen und – solange die Torte noch heiß ist – mit Malaga oder Himbeersirup übergießen.

Brotpudding (aus altbackenem Brot)

8	Scheiben altbackenes Weißbrot ohne Kruste
½ l	Milch
50 g	Butter
	Saft und abgeriebene Schale einer Zitrone
1 EL	Rum oder Grand Marnier
150 g	Zucker
4	Eier gut zerklopft

Das Brot in Würfel schneiden, die Milch erhitzen, darübergießen, einige Stunden stehen lassen. Die Butter schmelzen, zugeben, ebenso die restlichen Zutaten, in eine bebutterte Puddingform mit Deckel füllen, in ein Wasserbad stellen, 1½ Std.

bei 180° im Backofen belassen, stürzen, warm oder kalt mit Weinsauce servieren.

Bündner Bohnen- und Gerstensuppe

100 g	weiße Böhnchen
100 g	Gerste
2½ l	Wasser
3 EL	Butter
1	Lauchstengel
2	Karotten
1	Zwiebel, besteckt mit 1 Lorbeerblatt und 1 Gewürznelke
½	Sellerieknolle
½	kleiner Wirsing
2	Kartoffeln
	Knochen eines Rohschinkens (notfalls eines gekochten Schinkens) und/oder
250 g	Salz-Speck, geräucherte Schweinswürste, wenn möglich Engadinerwürste
	Schnittlauch
	eventuell Salz

Weiße Böhnchen und Gerste über Nacht einweichen, die kleingeschnittenen Gemüse in Butter andämpfen, alles mit dem kalten Wasser und dem Fleisch aufsetzen, auf kleinem Feuer 2½ bis 3 Std. kochen, 20 Min. vor Beendigung der Kochzeit die kleingeschnittenen Kartoffeln und die Engadinerwürste beigeben, eventuell nachsalzen, mit Schnittlauch bestreuen.

Die Suppe schmeckt eigentlich aufgewärmt am allerbesten. Aber Achtung: dann kann sie Blähungen verursachen. Wir Kinder nannten sie deshalb auch «Musigmögglisuppa»!

Nicht ganz «verlorene» Eier.

Verlorene Eier mit Tomatensauce auf Toast

Sauce

 3 EL Butter
 3 EL Mehl
 ½ l Hühnerbouillon
   Saft ½ Zitrone
   Salz, Pfeffer
 3 EL Tomatenmark

Die Butter schmelzen, das Mehl beigeben, verrühren, die Pfanne vom Feuer nehmen, die Bouillon dem Pfannenrand entlang beigeben, mit dem Schneebesen rühren, daß keine Knöllchen entstehen, wieder aufs Feuer stellen, die restlichen Zutaten beigeben, 5 Min. leise kochen lassen.

Eier

 2 l Wasser
 2 EL guter Rotweinessig
 1 KL Salz
 4 Eier
 4 Scheiben Toastbrot
   flüssige Würze
 1 EL gehackter Schnittlauch

Wasser, Essig und Salz aufkochen. Flamme kleinstellen, so daß die Flüssigkeit nur noch ganz knapp siedet. Die Eier einzeln in eine Tasse aufschlagen, diese zur Hälfte ins siedende Essigwasser tauchen und das Ei hineingleiten lassen. Drei Min. ziehen lassen. Das Brot toasten, auf warme Teller anrichten, einige Spritzer flüssige Würze darauf geben, dann die Eier mit der Schaumkelle aus dem Wasser heben, gut abtropfen lassen, auf die Scheibe legen, die Tomatensauce darüber verteilen, mit gehacktem Schnittlauch bestreuen.

Eierschwämme in Öl konservieren

 1 kg frische, geputzte, aber nicht gewaschene Eierschwämme
 1 grob gehackte Zwiebel
 1 Büschel Petersilie
 4 dl Weißweinessig
 10 weiße Pfefferkörner
 1 EL Salz
 1 dl Sonnenblumenöl

Pilze und Zwiebel lagenweise in Einmachgläser geben. Die übrigen Zutaten ohne das Öl aufkochen, die Petersilie entfernen, die Flüssigkeit abseihen, über die Pilze geben. Die Gläser zwei Tage verschlossen im Keller aufbewahren, dann das Öl darübergießen, darauf achten, daß es mindestens 1 cm übersteht, kühl und in verschlossenen Gläsern aufbewahren.

Fruchteis

Monikas Eiscrèmerezept würde niemand mehr nachvollziehen. Sie brauchte dafür nicht nur die Glacemaschine, sondern auch ein Thermometer und eine Zuckerwaage. «Zu wenig oder zu viel Zucker erschwert das Gefrieren oder macht es gar unmöglich. In dem zur Zuckerwaage gehörenden Probierglas, bei einer Temperatur von 70° R gemessen, darf die Zuckerwaage nicht unter 16° einsinken...»

Ich habe versucht, ähnlich schmeckende Eiscrème herzustellen:

    4   Eigelb
250 g Fruchtmark
2½ dl geschlagenen Rahm

Die Eigelb gut verrühren, das Fruchtmark und den Rahm zufügen, eventuell nachsüßen, in einer Schüssel ins Gefrierfach stellen, alle zehn Minuten das Gefrorene in die Mitte der Schüssel rühren (damit die Eiskristallbildung verhindert wird), bis der gesamte Inhalt durchgefroren ist.

Johannisbeertorte

Tortenboden:

150 g Butter
225 g Mehl
 75 g Zucker
  1   Ei

Die Butter weich werden lassen, Mehl, Zucker und das verklopfte Ei dazugeben, gut miteinander vermengen, auswallen, eine Springform damit auslegen, am Rand hochziehen, mit einer Gabel Löcher einstechen.

Belag:

  2   Handvoll geschälte, geriebene Mandeln
250 g Zucker
  2   Eigelb
  2   ganz steif geschlagene Eiweiß
400 g entstielte, gewaschene Johannisbeeren

In dieser Reihenfolge miteinander vermengen, auf den Tortenboden leeren, im auf 180° vorgeheizten Ofen auf der untersten Rille 30 Min. backen.

Zum Schluß kann man die Torte noch mit geschlagenem Rahm garnieren.

Johannisbeertorte – liebevoll dekoriert.

Kopfsalat mit Speck

2 EL eingesottene Butter
100 g Speck, in feine Würfel
       geschnitten
       Salz, weißer Pfeffer
2 EL guter Rotweinessig
1 KL Senf
1 schöner Kopfsalat, gerüstet,
   gewaschen, getrocknet

Die Butter flüssig werden lassen, die Speckwürfel darin knusprig braten, mit einer Schaumkelle aus dem Fett nehmen. Diesem die übrigen Saucen-Zutaten beigeben, mit dem Schneebesen kräftig schlagen, den Salat in dieser Sauce anmachen, die Speckwürfel darübergeben.

Der Salat fällt sehr zusammen, sieht weniger schön aus als kalt angemachter. Aber wie er schmeckt ...

Leberknödel (mit altbackenem Brot)

1 EL eingesottene Butter
100 g Speck in Würfelchen
       geschnitten
1 feingehackte Zwiebel
2 EL Petersilie
1 EL Majoran
500 g Rinds- oder Schweinsleber, fein
       gehackt
1 Ei, gut zerklopft
150 g Paniermehl, am besten von
       Schwarzbrot
       Salz, Pfeffer
2 l Wasser
1 KL Salz
50 g geriebener Käse
1 Zwiebel, grobgehackt
2 EL Butter

Die Butter zergehen lassen, die Speckwürfel, die Zwiebel, Petersilie und Majoran ein paar Min. dämpfen, abkühlen lassen. Mischen mit der Leber, dem Ei und dem Paniermehl, salzen, pfeffern. ½ Std. stehen lassen.

Wasser und Salz aufkochen, mit einem Kaffeelöffel Knödelchen vom Fleischteig abstechen, diese portionenweise ins Wasser geben und so lange kochen lassen, bis sie an die Oberfläche steigen. Mit einer Schaumkelle herausheben, gut abtropfen lassen, auf eine vorgewärmte Platte geben. Mit dem Käse bestreuen. Die grobgehackte Zwiebel in Butter hellbraun rösten, darübergeben.

Risotto mit getrockneten Steinpilzen

1 EL eingesottene Butter
1 EL Olivenöl
1 Zwiebel, feingehackt
1 Knoblauchzehe, feingehackt
300 g italienischer Reis
2 dl herber Rotwein
7½ dl Rinderbouillon
1 Handvoll in kaltem Wasser
   eingeweichte getrocknete
   Steinpilze
   Salz, Pfeffer
100 g geriebener Parmesankäse
50 g frische Butter
2 EL Schnittlauch fein geschnitten

Butter und Olivenöl heiß werden lassen, Zwiebel und Knoblauch darin glasig dämpfen, Reis beigeben, auf ganz kleinem Feuer weiterdämpfen, mit Rotwein ablöschen, die eingeweichten Pilze beigeben, schöpfkellenweise Bouillon dazuschütten, immer wieder einkochen lassen. Gesamte Kochzeit 18 Min. Zuletzt den Käse und die Butter beifügen, vom Feuer nehmen, zugedeckt 2 Min. stehen lassen, mit Schnittlauch bestreuen.

Französische Pfannkuchen mit Steinpilzfüllung

Pfannkuchen (Crêpes)

            3–5 Eier
         3–4 dl Milch
          150 g Weißmehl
           50 g flüssige Butter
                Salz, Pfeffer
           1 EL eingesottene Butter

Die Eier in der Milch mit dem Schneebesen verrühren, das Mehl eßlöffelweise in die Flüssigkeit sieben, mit dem Schneebesen verrühren, die flüssige (aber nicht heiße) Butter zugeben, salzen, pfeffern. Den Teig eine Stunde stehen lassen.

In einer gußeisernen Bratpfanne (heutzutage kann man auch eine Teflon-Pfanne nehmen) bei mittlerer Hitze ein erbsengroßes Stückchen eingesottene Butter zerfließen lassen, mit einem Pinsel verstreichen. Den Crêpesteig mit einer Schöpfkelle in die Mitte der Pfanne geben, ihn sofort durch drehende Bewegungen auf dem Pfannenboden verteilen, ohne daß er Löcher bildet. Nach einer Minute sollte der Pfannkuchen auf einer Seite goldbraun gebacken sein. Entweder mit einem Schwung der Pfanne (nicht über die Kochplatte halten!) oder mit zwei Holzlöffeln wenden. Die andere Seite backen. Warmstellen.

Steinpilz-Füllung für Crêpes

            1 Handvoll getrocknete Steinpilze
           2 dl Wasser
           1 EL frische Butter
            1 mittelgroße Zwiebel, fein
                gehackt

          100 g gekochter Schinken, in Streifen
                geschnitten
           3 EL frische Butter
           3 EL Mehl
           ½ l Hühnerbouillon
                abgeriebene Schale einer
                Zitrone
                Saft einer halben Zitrone
                Salz, Pfeffer
                eventuell etwas flüssige Würze

Die Steinpilze im kalten Wasser einweichen. Die Butter erwärmen, die Zwiebel und die Schinkenstreifen darin auf kleinem Feuer dämpfen, die Pilze zugeben, (vorsichtig aus dem Einweichwasser nehmen; oft ist Sand drin). Weitere 5 Min. dämpfen, mit dem Einweichwasser ablöschen.

In einer weiteren Pfanne frische Butter erwärmen, Mehl beigeben, 1 Min. dämpfen, Pfanne vom Feuer nehmen, portionenweise die Brühe dem Pfannenrand entlang zugeben, mit dem Schneebesen verrühren, wieder aufs Feuer stellen, Zitronenschale und -saft, Gewürze beigeben, 5 Min. leise kochen lassen, das Steinpilz-Zwiebelgemisch dazuschütten, noch 5 Min. kochen. Auf gewärmten Teller einen Pfannkuchen legen, eine Hälfte des Pfannkuchens mit 2 EL der Füllung bedecken, die zweite darüber klappen.

Man kann die gefüllten Crêpes auch zu einer Rolle oder zu einer Tüte formen oder sie abwechslungsweise mit einer Lage Füllung zu einem Kuchen aufschichten. Dann schneidet man zum Servieren tortenförmige Stücke. Schließlich können sie auch – mit geriebenem Käse und Butterflöckchen bestreut – überbakken werden. Entweder als Vorspeise oder – zusammen mit grünem Salat – als Hauptspeise servieren.

Französischer Pfannkuchen, bitte bei Hunger wegschauen.

Monika hielt ihre Pfannen stets sauber und glatt, indem sie sie mit einer Handvoll Salz und einem Knäuel Seidenpapier (heute nähme man Küchenpapier) auswischte und sie nie mit Wasser auswusch.

Kräutersenf «Hausmarke»

- 1 Zwiebel, geviertelt
- 4 Knoblauchzehen
- 1 Lorbeerblatt
- 10 g Majoran
- 10 g Salbei, getrocknet
- 10 g Thymian, getrocknet
- 5 g Estragon, getrocknet
- ½ l Weißweinessig
- 3 dl Wasser
- 75 g Zucker
- 125 g dunkles Senfpulver
- 250 g gelbes Senfpulver
- 2 Msp. Nelkenpulver
- 2 Msp. Zimtpulver
- 2 Msp. Korianderpulver

Zwiebel, Knoblauch, Lorbeerblatt, Majoran, Salbei, Thymian und Estragon eine Keramikschüssel geben, den Essi darüberschütten. 2–4 Tage an eine warmen Ort zugedeckt stehen lasse aufkochen, durch ein Tuch seihen, da kochende Wasser und den Zucker daz geben. Mit der Flüssigkeit das Senfpulv zu einem Brei rühren. Wer gerne körnige Senf mag, nimmt anstelle des dunkle Pulvers die gleiche Menge ganzer Kö ner. Der Brei wird bis zum Erkalten g rührt und dann mit den übrigen Zutate gewürzt. Falls der Senf zu dick wird, n

Die Zutaten für hausgemachten Senf.

etwas Wasser verdünnen. Findet man ihn zu scharf, kann man noch etwas Zucker und/oder Weißwein dazugeben. In Gläser mit Schraubdeckel abfüllen, kühl aufbewahren. Übrigens: Senfpulver oder -körner bekommt man in der Apotheke.

Senf, zweite Art

- 1 Zwiebel, geviertelt
- 4 Knoblauchzehen
- 1 Lorbeerblatt
- 1 l Weißweinessig
- 125 g dunkles Senfpulver
- 250 g gelbes Senfpulver
- 250 g Zucker
- 5 g Nelkenpulver
- 5 g Korianderpulver
- 10 g Zimt

Der Arbeitsvorgang ist genau derselbe wie bei der 1. Art, doch ist bei diesem Rezept zu beachten, daß der Senf vor dem Gebrauch mindestens 4 Wochen gelagert werden muß.

Spinatsalat

- 4 EL Olivenöl
- 2 EL Zitronensaft
- 1 ganz fein geschnittene Knoblauchzehe
- 1 EL frische Petersilie gehackt
- 1 KL frisches Basilikum
  Salz, Pfeffer
- 200 g junge Spinatblätter, geputzt, gewaschen, trockengeschwungen

Alle Saucen-Zutaten mit dem Schneebesen gut vermengen. Die Spinatblätter dazugeben, mischen, sofort servieren.

Der Wunderwald

Wenn ich an den Tschuggenwald denke und ans Nani, dann wird es mir wohl zumute, so wohl wie sich nur ein Kind fühlen kann, das aufwachsen darf in einer Welt, in der es Tiere und Blumen, Wald und Wiesen, Vogelgezwitscher und Bienengesumm gibt.

So weit ich mich zurückerinnern kann: kaum wußte er, daß kein Schnee mehr dort lag, nahm mich mein Vater mit, wenn er in den Tschuggenwald ging. Für mich war das jedesmal ein Freudenfest – und zugleich ein Abenteuer. Da wurde mein Rucksack gepackt.

«Ohne Rucksack geht man nicht in den Tschuggenwald.»

Ein Paar Socken, ein Pullover, ein Taschentuch, ein Nachthemd, ein Glas Konfitüre als Geschenk fürs Nani oder auch ein Päckchen Kaffee.

In meines Vaters Rucksack wurden die schwereren Dinge gepackt. Werkzeuge vielleicht, ein Stück luftgetrockneter Schinken oder Würste, ein Glas Honig von unseren Bienen, und natürlich ebenfalls, was unbedingt dazu gehört – so prägte man mir das immer wieder ein – wenn man an einen Ort wie den Tschuggenwald geht: Socken, Pullover, Taschentuch, Nachthemd – und unter die Klappe des Rucksacks geklemmt, ein Regenschutz.

«Rucksack» war für mich also nicht gleichbedeutend mit «Zum-Vergnügen-Wandern-gehen». Einen Rucksack hat man bei sich zu haben, weil man die lebensnotwendigen Dinge auf dem Rücken am einfachsten trägt und gleichzeitig die Hände frei hat.

Ich wanderte an Vaters Hand zum Bahnhof, wir bestiegen den blauweißen Zug. Vaters Freund Peter, der Bahnhofvorstand, lächelte.

«Ich muß wohl nicht fragen, wo ihr zwei hingeht. Sagt dem Nani Margreth einen schönen Gruß von mir.»

Dann winkte er mit seiner Kelle, der Zug pfiff – und fuhr direkt in den Tunnel, der mir damals beinahe endlos schien. Ich durfte zum Fenster hinausgucken. Huch, war das schwarz und feucht draußen. Dann sah ich schließlich weit weg den Ausgang, der wurde größer – und schon fuhren wir durch die Wiesen, an einem Haus vorbei.

«Da ist dein Neni – Großvater – aufgewachsen», sagte Papa.

Schon kam ein weiterer Tunnel. Ich nannte ihn den «Kinder-Tunnel», weil er ganz kurz war, realisierte erst viele Jahre später, daß das bloß eine Straßen-Unterführung war – und dann fuhren wir talabwärts durch den Wald.

Jener Wald ist für mich auch heute noch der Inbegriff eines Waldes: Tannen hat er. Nichts als Tannen. Ich kniete auf meiner Bank und drückte die Nase an der Fensterscheibe platt. Mein Vater wußte genau, an welchen Stellen Rehe und Hirsche ästen. Natürlich war es nun mein Ehrgeiz, auch an anderen Orten Tiere zu erspähen. Einen Fuchs habe ich so entdeckt. Und einmal einen Marder, vielleicht war's auch bloß ein Eichhörnchen. Ich weiß noch genau, an welchen Stellen das war.

Dann mußte ich noch aufmerksamer sein, denn man sah sie nur einen Moment lang: die Silberfuchsfarm. Da saßen und lagen die Tiere in oder auf ihren Ställchen, von denen jedes einen Auslauf hatte, der von einem Gehege umgeben war.

Der Zug schlängelte sich weiter talabwärts. Die Räder quietschten und kreischten in jeder Kurve – und dann hielt er an der ersten Station: Litzirüti.

Ein Teil des Dorfes war letzten Sommer von einem Erdrutsch verschüttet worden. Jedesmal, wenn wir nun hier vorbeifuhren, erinnerte ich mich wieder an jenen Tag:

Es hatte in Strömen geregnet. Plötzlich hörte man das unheimliche Tuten eines Hornes. Die Feuerwehr. Von irgendwem kam die Meldung:

«Der Damm des Prätschsees ist gebrochen. Litzirüti ist verschüttet.»

Der Damm am See über der Waldgrenze war aufgeschüttet worden, um den Gästen eine zusätzliche Badegelegenheit zu bieten – und nun war dieses Unglück geschehen. Die Häuser, die vorher von freundlichen Blumengärten umgeben waren, steckten jetzt im meterhohen Schlamm, der mit großen Gesteinsbrocken durchsetzt war.

Die Wände eines Hauses standen ganz krumm und schief.

Genau konnte ich das alles mir jetzt nicht ansehen, denn schon winkte der Stationsvorstand mit der Kelle.

Der Zug fuhr weiter.

Die nächste Station war schon unser Reiseziel. Auch hier ein aus Holz gebauter Bahnhof. Der Ortsname mit weiß ausgemalten geschnitzten Buchstaben. Auch die Höhe über dem Meeresspiegel war angegeben.

Noch etwas zeichnet die Bahnhöfe des Schanfiggs, des Tals zwischen Chur und Arosa aus:

Sie sind während der Sommerzeit ringsum mit Blumen geschmückt. Vom Balkon und von jedem Fenstersims leuchten sie – und im Spätherbst hingen an jenem besonderem Bahnhof Fleischstücke zum Trocknen: Bündnerfleisch – aber nicht aus Kuh-, sondern aus Hirschfleisch.

◄ *Auch heute noch hat die Brücke kein Geländer...*

... und die Bahnhöfe im Tal sehen immer noch gleich aus.

Unser Weg führte nun nicht etwa direkt zum Nani. Erst gingen wir zum Bäcker Das heißt, es war nicht bloß eine Bäckerei. Es war eine «Handlung», wo man alle kaufen konnte, was man zum Leben brauchte. Zu jener Zeit war man noch beinah Selbstversorger. Nicht, weil es Mode war, sondern, weil man gar nichts andere kannte. In der Handlung hielten sie also das feil, was man «Kolonialwaren» nannte Kaffee zum Beispiel, Polenta, Reis, Mehl, Zucker, Wein.

Und dann eben das Brot.

Das Nani liebte nichts mehr, als wenn wir ihr einen «Schilt» mitbrachten. D

So schaute (und sieht) ein «Schilt» aus.

ind vier kleeblattförmig aneinandergefügte Brötchen aus Halbweißmehl, vor dem Backen mit Mehl bestäubt. Gut gebacken mußten sie sein.

Meist waren noch andere Kunden in der Handlung. Papa kannte sie alle. Man sprach miteinander, währenddem die Bäckersfrau Zucker abwog, in den Keller ging, um Wein zu holen.

Alle waren sie gekleidet wie wir: die Männer trugen verwitterte, oft abenteuerlich ausschauende Hüte, Kittel und Hosen aus grauem Tuch, hohe Schuhe, deren Nagelbeschlag bei jedem Schritt knirschte – und einen Rucksack, grau oder braun, genauso verwittert wie die Hüte.

Die Mädchen trugen ihr Haar wie ich zu zwei Zöpfen geflochten, unten mit einer Spange geschlossen. Alle trugen Schürzen. (Ohne Schürze ging man nur sonntags zur Kirche und zu einem Fest.) Die Frauen hatten ihr Haar hochgesteckt, meist, nachdem sie es zuerst zu einem Zopf flochten und diesen dann ordentlich gerollt mit langen Haarnadeln am Hinterkopf befestigten. Ältere Frauen trugen ein Kopftuch, das unterm Kinn geknotet war. Ihre Röcke waren wadenlang, bei jüngeren bunt, bei den älteren grau oder gar schwarz. Dasselbe galt für die Schürzen. Sah ich ein Kind oder eine junge Frau, die schwarz gekleidet waren, dann wußte ich: in jener Familie war kürzlich jemand gestorben. Die Schuhe? Auch Mädchen und Frauen trugen hohe Schuhe, bloß waren sie nicht mit so schweren Nägeln beschlagen wie diejenigen der Männer. Vielleicht hatten Leute, die ganz nahe bei der Handlung wohnten, einen Einkaufskorb bei sich. Die meisten der Kundinnen aber verpackten wie die Männer ihre Einkäufe im Rucksack, genau wie Papa das machte. Zuletzt hielt mir die Frau hinter dem Ladentisch ein großes Glas hin. Sie hob den Deckel. Ich durfte ein Bonbon herausnehmen. Ein Zückerli. Ich hauchte ein scheues Dankeschön. Die Ladentüre klingelte, als wir sie öffneten, um unsere Reise in den Rschuggenwald fortzusetzen.

Ich durfte wählen, welchen Weg wir gehen wollten. Der eine führte erst über die Eisenbahnbrücke, die sich in einem eleganten Bogen über das Tal wölbt, der andere war mühsamer: man mußte «die Gasse» hinunter. Die Gasse war links und rechts gesäumt mit Holzhäusern und Ställen.

Sahen die Bewohner dieser Häuser uns vorbeigehen, dann traten sie unter die Haustür oder öffneten «das Läufterli» (ein Teil des Stubenfensters, der sich schieben ließ), um ein paar Worte mit uns zu wechseln. Diesem Gruß folgte oft eine Einladung. So kam es denn, daß ich mit der Zeit das eine und andere Haus auch von innen kennenlernte. Alle waren ungefähr gleich eingeteilt: Man betrat direkt die bergseits gelegene Küche, die nicht «Küche», sondern «Vorhaus» genannt wurde, mit dem Holzherd. Von der Küche führte eine Treppe aufwärts in die Schlafräume, die «Kammern», unter dieser Treppe war die Kellertreppe, und eine Türe führte in die Stube. In einer Ecke der Kachelofen mit dem Ruhebett, das

Ob der Ingenieur, der diese wunderschöne Brücke plante und baute, derjenige war, der den Kaffee als erster ins Schanfigg brachte?

Buffet, die Türen hie und da geschnitzt oder mit Zierstäben versehen, in einer Ecke eine Kommode – und sonst der ganzen Frontwand entlang und um die Ecke herum eine Sitzbank mit dem Eßtisch, über dem die Lampe hing. In den größeren Häusern gab es neben der Stube noch ein weiteres Schlafzimmer. Das war die «Zukammer». Die Fenster waren klein, die Scheiben durch Sprossen noch unterteilt, mit baumwollenen Vorhängen umrahmt, die auf den Seiten festgebunden waren. Fand mein Vater, es sei nun höchste Zeit, weiterzugehen, schaute er durchs Fenster nach dem Sonnenstand.

«Höchste Zeit, aufzubrechen, das Fräulein da darf nicht zu spät ins Bett.»

Oft bekamen wir nun noch ein Geschenk fürs Nani mit, ein Stück Käse oder zwei Eier, die zuerst aus dem Hühnerstall geholt werden mußten.

Die Gasse führte steil, sehr steil abwärts – und während der Wintermonate wurde hier das Vieh täglich zur Tränke herauf und hinuntergetrieben. Wo der Brunnen war, weiß ich nicht mehr. Dafür weiß ich, daß diese Gasse nicht nur steil war, auch steinig, vom Regen ausgewaschen, wie ein Bachbett. Unten überquerte man den Fluß auf einer Brücke aus Holzbrettern. Sie hatte kein Geländer. Dann mußte man ebenso steil wieder bergauf kraxeln. Da drückte mich der Rucksack. Aber so lieb mein Vater mit mir war: er nahm ihn mir nie ab.

«Was lebensnotwendig ist, soll man selbst tragen können.»

Oft wählte ich deswegen den Weg über die Eisenbahnbrücke. Dafür brauchte es eine Sonderbewilligung. Diese erhielt Papa, weil er Besitzer des Tschuggenwaldes und somit etwa das war, was man heute auf Verkehrsschildern liest, ein «Anlieger». Vor dem Betreten der Brücke studierte Papa den Fahrplan, um Begegnungen mit dem Zug zu vermeiden. Klopfenden Herzens betrat ich sie jeweils. Meine Hand schlich sich in Vaters Hand. Er ging voraus, ich hintendrein. Durchs Geländer sah ich die Tannen nun von oben. Immer weiter nach unten rückten ihre Spitzen. Ganz, ganz tief unten war das Flußbett, in dem schiefergraues Wasser, mit weißer Gischt vermengt, talabwärts schoß ... Wohl war's mir beim Gang über die Brücke, beim Blick in den Abgrund nicht. Aber Papa war ja bei mir. Da konnte mir nichts geschehen. Das hatte er mir oft versichert:

«Wenn ich bei dir bin, kann dir nichts geschehen.»

War das Ende der Brücke erreicht, seufzte ich erleichtert auf. Wie viel schöner war es, auf dem weichen Waldboden zu gehen. Bald waren wir bei der Stelle, wo der steile Weg von der Gasse einmündete. Wir gingen über Felder wieder durch den Wald.

Eine Stelle gab es, da roch es ganz besonders würzig.

«Hier riecht es nach Älpli», behauptete ich. Der Geruch mußte von einer ganz bestimmten Pflanze herkommen. Ich werde wohl nie herausfinden, welches meine Älpliduft-Pflanze ist.

Nach einer knappen halben Stunde erreichten wir eine große Waldlichtung. Hier begann «unser» Tschuggenwald. Sanft stieg der Weg an, Papa jauchzte, als wir endlich das schindelbedeckte kleine Holzhaus sahen. Vom Kamin stieg Rauch zum Himmel. Eine dunkel gekleidete Frauengestalt trat vor die Türe, winkte uns. Nun rannte ich Papa voraus. Es war wohl mühsam, bergaufwärts zu rennen, aber das Nani stand bereit, um mich mit ausgebreiteten Armen zu empfangen. Das Nani – eine alte Frau, das graue, schüttere Haar zu einem winzigen Knoten zusammengedreht, die Augen wegen des Sonnenlichts zusammengekniffen. Eine schwarze Katze, das Möhrli, strich miauend um Nanis Beine. Ich wandte mich von Nani ab, um das Möhrli zu streicheln.

«Willkommen», sagte sie, fuhr sanft über meinen Kopf, gab meinem Vater die Hand.

Wir legten unsere Rucksäcke ab, packten unsere Geschenke aus.

«Fein, daß ihr mir einen Schilt mitgebracht habt – aber das wäre nicht nötig gewesen», fügte sie hastig bei.

Die Küche lag auch hier gleich hinter der Eingangstüre. Da war auf dem Kochherd bereits das Wasser für den Kaffee aufgesetzt. Schnell mußte ich nachsehen, ob im Rauchfang Würste hingen.

An der blankgeputzten Messingstange des Kochherdes baumelten eine große und eine kleine Schöpfkelle, waren ein sauberes Tuch und ein Lappen für den Herd zum Trocknen aufgehängt. Der kupferne Deckel des Wasserschiffs – ein in den Herd eingelassener Behälter für warmes Wasser – glänzte. Neben dem Herd stand ein Metalleimer voll Wasser mit einer größeren Schöpfkelle – dem Gätzi – und ein Hocker. Auf ihm stand ein metallenes Becken. An der Wand hing ein Gestell, in dem rußgeschwärzte Pfannen steckten. Das war Nanis Kücheneinrichtung. Das Geschirr und die Lebensmittel, die nicht in den Keller gehörten, bewahrte sie in der Stube im Buffet auf. Das heißt, im oberen Teil des Buffets. Sie hatte weißglasierte, irdene Teller, die mit Blumen und Sprüchen verziert waren. Ich weiß noch genau: auf einem stand «Gib uns heute unser täglich Brot» und auf einem andern «Wie man's macht ist's falsch». Es gab bloß Suppenteller bei Nani. Aus denen aß man alles. Es gab auch geblumte Tassen mit Henkel und Ohrentassen, aber keine Unterteller. Kunststück: in einer Küche, in der kein Wasser aus dem Hahnen fließt, achtet man darauf, ein Minimum an Geschirr und Besteck zu benützen. Fürs Frühstück gab's sowieso bloß eine Tasse, einen Löffel und ein Messer. Die Brotscheiben legte man zum Bestreichen auf den blanken Tisch, dessen dickes Blatt aus Ahornholz vom vielen Scheuern mit Sand fast elfenbeinfarben war und seidig schimmerte.

Der untere Teil von Nanis Stubenbuffet war etwas ganz besonderes: Die Türen waren mit einem Geflecht aus feinen Latten versehen. Öffnete man sie, so sah man

Wie praktisch ein solches Gestell war, kann man sich erst vorstellen, wenn man sich daran erinnert, daß das Äußere der Pfannen rußgeschwärzt war.

etwa auf halber Höhe eine Stange. Da drin hatten sie, als das Nani noch ein Kin war, nachts die Hühner gehalten.

Vielleicht waren es jene Hühner, die – obschon seit Jahren nicht mehr in d Stube gehalten – dem Raum einen ganz eigenartigen Geruch gegeben hatten. Ic kann nicht sagen, es sei ein Geruch nach Tieren gewesen, auch nicht na Menschen, auch nicht nach Holz oder nach bestimmten Kräutern. Was gäbe ic dafür, jenen Geruch noch einmal riechen zu dürfen. Würden Gefühle Düf verströmen, das Gefühl «Geborgenheit» würde so riechen. Für mich wenigstens

Ja, dann war auch in Nanis Stube, wohl in der Ecke, aber doch dominierend, d grüne Kachelofen, den man von der Küche aus heizen konnte. Über dem Kache ofen verlief eine Stange, an der man feuchte Kleidungsstücke aufhängen konnt Im Sommer legte das Nani als eine Art Vorhang ein Tuch mit einer ganz, ganz fe gestickten Kreuzstichborte über die Stange. Längs zum Ofen, mit dem Kopfteil a der Wand, stand das obligate Ruhebett, hier mit einem Kopfpolster. Rückenlehr hatte es nicht. So konnte man sich ganz nah an den Ofen kuscheln. Und über de Ofen gab es eine Klappe, die in Nanis Schlafzimmer führte. Auf diese Art war i Zimmer einigermaßen heizbar.

167

Etwa so, wenn auch nicht so reich verziert, sah Nanis Stubenbuffet aus ...

Von zwei Räumen in Nanis Haus habe ich noch nicht berichtet, doch wäre ohne diese mein Bild unvollständig:

Einerseits die im ersten Stock bergseits gelegene Fleischkammer. Die Fensteröffnung war mit einem Fliegengitter versehen.

Und dann das «Hüüsli» – Häuschen, zu deutsch der Abort. Man erreichte es, indem man vom ersten Stock aus über «das Läubli» – das Läubchen ging, einen Balkon, auf dem sich Wäsche trocknen ließ, auch wenn es regnete, und auf dem das Nani im Sommer seine Geranien und die Kaktusse pflegte, auf die es so stolz war.

An der bergwärts gelegenen Ecke des Läubleins war eine Türe aus massivem Holz, ich glaube, sogar aus einem einzigen Tannenbrett geschnitten. Die Türe hatte einen Griff aus Holz, als einzige Verzierung ein herzförmiges Loch etwa auf Augenhöhe und einen Riegel, der sich nur von innen betätigen ließ. Dieses Detail zu wissen ist wichtig, um die Dramatik der folgenden Geschichte voll zu erfassen.

Das Hüüsli, das war ein Raum, in dem man sich kaum umdrehen konnte. Es war ein Sitzbrett da mit zwei Öffnungen, einer kleineren und einer größeren, die kleine für Kinder gedacht. Das Sitzbrett war vorne verschalt. Vor der Öffnung «für Kinder» stand ein angenageltes Schemelchen – und beide Öffnungen waren durch genau eingepaßte Deckel verschließbar. Menschliche, allzu menschliche Gerüche ließen sich dadurch in Schranken halten – und die allzu menschlichen Abfälle wurden dazu verwendet, die Wiesen zu düngen.

Die Geschichte: Ich weiß noch genau, sie geschah lange, bevor ich zur Schule ging. Aber ich hatte es mir nun einmal in den Kopf gesetzt, ich sei schon sehr gescheit und folglich erwachsen. Erwachsene Leute setzten sich im Hüüsli auf die größere Öffnung. So erwachsen, daß ich das Schemelchen nicht gebraucht hätte, war ich zwar noch nicht. Ich krabbelte auf die Bank, rutschte über den Kinderdekkel, öffnete den großen. Wie es geschah, weiß ich nicht mehr, aber plötzlich war ich mit meinem Po so weit in die Öffnung gerutscht, daß ich bis zum Kopf in der Öffnung steckte. Meine Knie stießen ans Kinn, meine Arme ragten heraus. Arme und Beine verhinderten, daß ich fiel, aber zurück konnte ich nicht mehr, so sehr ich mich auch anstrengte.

Ich schrie.

Mir scheint auch heute noch, daß ich stundenlang geschrien habe. Nein, tagelang. Papa war mit Nani irgendwo auf dem Feld, vielleicht um einen Zaun zu flicken. Und ich steckte in dem fürchterlichen Loch. Was, wenn Beine und Arme müde wurden, sich streckten, wenn ich in die widerlichste aller Gruben fallen würde? Würde man mich da überhaupt finden? Konnte ich da unten überhaupt noch stehen? Würde ich untergehen im Güllenloch? Fürchterlichste aller Vorstellungen! Meine Gedanken schlugen Purzelbäume. Mochte Papa mich noch, wenn er mich – sofern ich dann noch lebte – aus der stinkenden Brühe gezogen hatte? Er hatte doch gesagt, daß mir nichts geschehen würde, wenn er bei mir war. Nicht einmal aufs Hüüsli würde ich ohne Papa mehr gehen – vorausgesetzt, er konnte mich überhaupt noch retten. Ein Teil von mir dachte, der andere, der größere Teil, der schrie und schrie...

Vielleicht hatte Papa mich schon lange vergeblich zu beruhigen versucht. Aber irgendwann sah ich sein Gesicht am ausgesägten Herzchen. Ich hörte, wie er an der Türe rüttelte und polterte. Die hatte ich von innen verschlossen mit dem soliden hölzernen Riegel, den man von außen kaum würde öffnen können. Schluchzend versuchte ich, mich still zu halten. Ich hörte, wie er sich mit dem Nani beriet, sah, daß sein Gesicht von der Öffnung verschwand. Hatte er mich aufgegeben?

Ich schrie nicht mehr. Ich brüllte.

So hörte ich nicht, daß sich seine Schritte erneut näherten. Den Draht bemerkte ich erst, als er den Riegel berührte. Niemand kann mir nachfühlen, wie es war, als ich hilflos den hilflosen Versuchen zuschauen mußte, den Draht um den Riegel zu schlingen und diesen hochzuziehen. Der erste Draht war zu biegsam, der zweite zu starr. Es brauchte etliche verschiedene Drahtstärken, bis diejenige gefunden war, die sich um den Riegel werfen ließ. Schließlich gelang es, die Türe zu öffnen. Papa zog mich aus meiner mißlichen Stellung. Ich war naßgeheult, verzweifelt, verschwitzt, vor Angst wie gelähmt. Er nahm mich in seine Arme, trug mich wie einen Säugling ins Bett, putzte mir mit seinem großen, rot-weiß gewürfelten Taschentuch die Nase, das Nani brachte ein Becken mit Waschwasser, eine warme Bettflasche und eine Tasse Baldriantee, den ich so haßte.

«Hast du mich immer noch lieb»? flüsterte ich in Papas Ohr. Er verstand mich nicht. Ich mußte meine Frage wiederholen.

«Wie kommst du denn darauf?» Er schaute mich erschreckt und belustigt an. Vermutlich mußte er sich anstrengen, um meine Worte zu verstehen:

«Weil ich doch stinke...»

Da schloß er mich ganz fest in seine Arme, so fest, daß es wehtat.

«Kein Güllenloch der Welt kann so stinken, daß ich dich nicht mehr lieb habe – und überhaupt, du bist ja gar nicht hineingefallen. Trink jetzt deinen Tee.» Er reichte mir die Tasse. Ich kuschelte mich unter mein Deckbett, hörte noch, daß er Nani um einen Schraubenzieher bat. Dann schlief ich ein, todmüde und erschöpft.

Am andern Morgen ging ich zaghaft aufs Hüüsli. Papa hatte sich geweigert, mitzukommen. Der Riegel war ja entfernt worden. Aber solange ich ein Kind war – auf den Platz eines Erwachsenen setzte ich mich nie mehr...

*

Wenn wir schon im Tschuggenwald waren, blieben wir meist mindestens während einer Nacht dort. Wir setzten uns nach dem Nachtessen auf die Bank vor dem Haus

und schauten gemeinsam zu, wie die Dunkelheit sich langsam auf uns senkte. Da
Nani, dessen Hände nie müßig waren, strickte an ihrem Strumpf, sie plauderte m
Papa, dann verebbte das Gespräch. Wir saßen ganz still und schauten. Schauten
wie da die Rehe, dort ein paar Hirsche vorsichtig witternd aus dem Wald traten un
dann zu äsen begannen. Bloß wenn sie sich zu nahe an Nanis Kartoffelacke
wagten, ging sie scheltend und mit den Händen fuchtelnd ein paar Schritte in ihr
Richtung. Die Tiere flohen mit großen Sprüngen. Nicht weit. Sie hatten wohl läng
herausgefunden, daß das Nani kein gefährlicher Feind war.

War es ganz dunkel geworden und fröstelte es uns, dann gingen wir zurück in d
Stube. Ein neues Fest erwartete mich: das Nani entzündete die Petrollampe. N
kann elektrisches Licht den warmen Schein einer Petrollampe ersetzen. Das Na
strickte weiter. Neben ihr auf der Bank lag das zusammengerollte Möhrli. Die U
mit dem geblumten Zifferblatt tickte in ihrem Gehäuse – und dann, und es war m
doch so richtig pudelwohl, dann schickten sie mich ins Bett! Dabei durfte ich i
Tschuggenwald sowieso eine Stunde länger aufbleiben als zu Hause. Allerdin

... und so ihre Petrollampe.

Das Unschlittlicht wurde nicht mehr gebraucht. ▶

durfte ich das Mama nie, nie verraten. Darüber hatte ich mit Papa ein Geheimabkommen.

Doch bloß der Moment des Weggehens aus der gemütlichen Stube war mir verhaßt. Erst tastete ich mich am Stall vorbei über einen Steg aus Schwartenbrettern zum überdachten Brunnen, wusch mich mit dem eiskalten Wasser. Papa leuchtete mir mit einer Lampe, in der eine Kerze steckte, damit ich die Stufen der steilen Treppe nicht verfehlte. Die Türe zum Zimmer quietschte – ich habe jenen Ton immer noch in den Ohren. Ich schlüpfte in das große Bett, das mit handgewebten leinenen Bettüchern bezogen war, Tüchern, die sich rauh und kühl anfühlten, obschon das Nani auch im Sommer eine ovale, zinnerne Bettflasche für mich ins Bett gelegt hatte. Das Deckbett war riesig. Man konnte sich darin förmlich verstecken.

Der Überzug dieses Deckbettes hatte ebenfalls seine Besonderheiten: auch er war handgewebt, die Oberseite weiß, mit verblaßten rosa Streifen. Da das Federbett so groß war, hatte man den Stoff zusammensetzen müssen. Aber nicht etwa, indem man ihn zusammennähte. Man setzte gehäkelte Borten dazwischen, die Grundfarbe weiß, mit einem in rot gehaltenen Muster. Ähnliche Muster wie auf den Kreuzstichborten des Vorhangs am Kachelofen.

Von unten her hörte ich nun Nanis und Papas Stimmen, die leiser und leiser wurden, weil der Schlaf mich einhüllte.

Meist erwachte ich, wenn ich hörte, wie das Nani im Herd die Asche wegscharrte. Bald darauf roch es nach dem Holzfeuer – dann hielt es mich nicht mehr im Bett. Erstes Glück: ich durfte den Kaffee mahlen. Viel lieber die Kaffeemühle drehen als die Eismaschine! Der gemahlene Kaffee fiel in ein Schublädchen. Pro Person brauchte Nani eine Handvoll Bohnen. «Handvoll» tönt nach viel – aber in meiner Hand hatte noch nicht viel Platz.

Das Nani vermischte den Kaffee mit Zichorie, streute alles ins Wasser, das in der Kanne dampfte, ließ das Gebräu dreimal aufschäumen. Dann schüttete sie ein bißchen kaltes Wasser hinein, verschloß die Öffnung des Herdes, aus der die Flammen züngelten, mit Hilfe eines Hakens mit Eisenringen, stellte die Kaffeekanne beiseite, bis der Kaffeesatz auf den Pfannenboden gesunken war. Unser Frühstücksgetränk wurde vorsichtig in die Kanne aus blau/grau gesprenkeltem Email gegossen. So wie jener Kaffee roch, so riecht kein Kaffee mehr! Papa kam vom Brunnen. Er brachte einen Eimer frisches Wasser.

«Ach wie gut, ein Männervolk im Hause zu haben», seufzte das Nani.

Dann holte er einen neuen Vorrat an feingespaltenen Holzscheiten und einen Korb voller Tannenzapfen für Nanis Kochherd.

«Fein riecht sie, deine herrliche schwarze Brühe», sagte Papa und deutete auf die Kaffeekanne. Damit spielte er auf das drollige Geschichtchen vom Ingenieur und

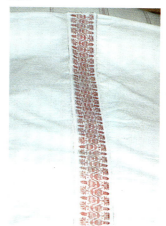

Fein gehäkelte Borte, mit der handgewebte Leinenbahnen für Deckbettbezüge aneinandergefügt wurden.

der Bauersfrau an: Mit dem Bau der Eisenbahn von Chur nach Arosa wurde ku
vor dem Ersten Weltkrieg begonnen. Damit hielt die moderne Zeit Einzug i
Schanfigg, ein Tal, in dem die Lebensformen sich wohl während Jahrhundert(
kaum verändert hatten. Der verantwortliche Ingenieur quartierte sich bei ein
Bauernfrau ein – es sei in Lüen gewesen. Zum Frühstück brachte sie ihm – w
kannte man denn schon anderes – eine Tasse Milch.

«Habt ihr keinen Kaffee?» fragte der Herr.

«Kaffee – was ist das?» war die Antwort.

So brachte er denn nach seinem nächsten Aufenthalt in Chur ein Päckch(
Kaffee und eine Kaffeemühle mit. Er erklärte der Frau des langen und breiten, w
man den Kaffee mahlt.

Am andern Tag zog ein verführerischer Kaffeeduft durchs Haus. Der Ingenie
betrat erwartungsvoll die Stube. Da standen Brot und Käse, die Tasse, ein Krug n
der obligaten Milch. Die Türe öffnete sich, die Frau brachte ihm auf einem Tell
ein braunes Mus.

«Da», sagte sie barsch. «Die leid schwarz Brüe han-i wäg gschütt' und di Dig
mit Schmalz überbrennt – die häßliche schwarze Brühe habe ich weggeschüttet u
das Dicke mit Butter übergossen – aber mir ist Rösti und Polenta noch lange lieb
als das moderne Zeug.»

Daß Milchkaffee zu Rösti oder gebratener Polenta und einem Stück Käse :
Frühstück vorzüglich schmeckt, das hat man also erst später entdeckt.

*

Kam der Sommer, dann durfte ich eine Zeitlang beim Nani bleiben, um ihr
helfen. Der Rucksack wurde dann schwerer bepackt: eine zweite Wäschegarnit
eine Schürze zum Wechseln, ein Sonntagskleid, Sonntagsschuhe, einen dicker
und einen dünneren Pullover. Während meiner ersten Woche waren das Nani u
ich allein. War es schön, dann arbeiteten wir im Garten. Er war ganz nahe be
Haus gelegen, umgeben von einem Zaun von dicht aneinander gesteckten Ho
pfählen. Er sah wie geflochten aus. Der Zaun war nötig, um die Hirsche und Re
abzuhalten. Im Garten blühten dunkelrote Dahlien. Die Johannisbeerstauc
waren voll mit nun noch hellgrünen Früchten behangen. Ein Beet, vielleicht ein
Quadratmeter groß, hatte das Nani für mich reserviert. Da durfte ich zum Beisp
Kresse säen. Beiliebe nicht in geraden Linien. Sie hieß mich, meinen Namen in
Erde zu schreiben – das konnte ich, lange bevor ich zur Schule ging, und war dar
ungeheuer stolz. Dann schüttete sie den feinen Kressesamen, den sie mit Sa
gemischt hatte, auf eine in der Mitte gefaltete Postkarte. Damit konnte
die Körnchen gleichmäßig in die Vertiefung der Buchstaben gleiten lassen. N

173

So geflochten war der Zaun, der Nanis Garten umgab.

Mit Kressesamen schreiben macht auch heute noch Spaß.

ein paar Tagen war dann mein Name in der Erde lesbar. Etwas später wollte das Nani das Kressespiel wiederholen. Ich machte zum Schein mit, wischte dann aber meinen Namen wieder aus und säte «LIBES NANI». Sie entdeckte meine Botschaft beim morgendlichen Gang durch den Garten, lächelte und strich mir übers Haar.

Ich durfte auf meinem Beet auch die Bohnen setzen, die ich seit ein paar Tagen in Papas Jaß-Schwammbüchschen aufbewahrt hatte und deren Keime schon mehr als zentimeterlang waren. Nani hatte Bohnenstecken bereits ganz tief in die Erde gepfählt. Bald konnte ich das Wachstum der Pflanzen verfolgen. Sie machte mich auch darauf aufmerksam, daß Bohnen sich immer nach links, also gegen den Uhrzeigersinn, um ihre Stütze drehen.

«Weshalb ist das wohl so, Nani?»

«Weil der liebe Gott die Natur ganz, ganz ordentlich geschaffen hat – bloß die Menschen sind oft unordentlich.»

Da schämte ich mich. Wie oft schalten mich Mama und auch das Nani, weil ich meine Kleider überall herumliegen ließ und sie auch nicht ordentlich auf den Stuhl beim Bett legte, wenn ich schlafen ging.

Wenn ich schlafen ging...

Das Nani wußte ja von Mamas Ansicht, ich müsse sehr früh schlafen gehen, weil ich so mager war. Waren wir aber allein, dann durfte ich trotzdem lange aufbleiben. Ich hatte einen herrlichen Zeitvertreib: den Bündner Kalender.

So wie ich mich erinnere, gab es in Nanis Haus als Lektüre einerseits die Bibel und sonst nichts als eben jene Kalender. Stöße davon lagen auf dem Bord, das sich über der Fensterfront der ganzen Stube entlang zog. Der älteste trug eine Jahrzahl um achtzehnhundertsechzig herum. Das weiß ich, weil Nani einmal sagte, dies sei der Kalender ihres Geburtsjahres. Man konnte das Alter der Kalender auch an der Farbe erkennen. Je weiter zurück ihr Erscheinungsdatum lag, desto verblaßter war ihr rosaroter Umschlag. Allein die Bilder auf ihm gaben Stoff ab für unendliche Fragen meinerseits. Das Bündner Wappen mit dem Steinbock, das kannte ich natürlich längst. Aber was taten die Männer, die auf den verschiedenen Bildern ihre Arme erhoben hatten?

«Sie schwören.»

«Was ist schwören?»

«Sie versprechen feierlich, einander zu helfen, sich beizustehen, wenn einer in Not ist. Sie schwören auch, ihre Heimat zu verteidigen, wenn einer sie angreift.»

«Was heißt angreift?»

Das Nani seufzte:

«Wenn ein fremdes Heer kommt und die Leute, die hier wohnen, wegjagt oder gar tötet, ihnen Haus und Hof und das Vieh stiehlt. Aber ich bin bloß eine alte

Frau und kann dir das schlecht erklären. Am besten ist es wohl, du fragst dann Papa.»

Damit war für sie die Frage erledigt. Ich grübelte aber darüber nach. Die Männer, die zu Davos, zu Vazerol und zu Truns ihre Eide geschworen hatten, sie beschäftigten mich. Ich schaute die Bilder genau an. Die seltsamen Kleider, die die Männer trugen ...

Die Petrollampe flackerte. Das Nani legte ihre Strickarbeit beiseite, hob das Glas der Lampe, nachdem sie ihre Hand mit einem Taschentuch umwickelt hatte. Sie drehte den Docht etwas höher. Die Uhr in ihrem Gehäuse tickte.

«Duuuu, Nani!»

«Jetzt ist es aber höchste Zeit, daß du ins Bett gehst.»

«Nur noch etwas muß ich wissen.»

«So frag halt, du Plaggeist!»

«Die beiden Männer da, wer sind sie?»

Ohne hinzuschauen, gab sie mir Antwort. Sie kannte ihren Kalender.

«Der mit dem Schwert ist der Benedikt Fontana und der mit dem dreieckigen Hut ist der Sankt Luzi – aber von denen erzähle ich dir heute nichts. Ab ins Bett mit dir!»

Dann kam der Tag, an dem wir Jauchzer hörten: die Heuer waren da! Papa, Sami der Knecht, Peter der Hüterbub. Nun begann eine anstrengende Zeit. Das Heu mußte schnellstens eingebracht werden. Zu Hause war so unendlich viel zu tun, denn die Sommerzeit dauert nicht lange – und hier mußte das Heu, das während zwei Monaten für zwölf Kühe genügen sollte, in kürzester Zeit eingebracht werden.

Die Männer belegten nun mein Schlafzimmer. Ich durfte zum Nani umziehen. Nanis Bett war beinahe quadratisch: sehr breit und sehr kurz. Als Matratze hatte es einen Laubsack. Das Betthaupt war wunderschön geschnitzt. «17 SM 72» stand da. Und dann gab es in diesem Raum etwas, das mich mit großer Ehrfurcht erfüllte: da war ein Loch in der Giebelwand, von außen verschlossen mit einem winzigen Fensterladen, dem Seelenbalken. Den durfte man nur aufmachen, wenn jemand gestorben war, damit seine Seele durch diese Öffnung in den Himmel fliegen konnte ...

Ganz früh, es war noch nicht einmal ganz hell, hörte ich, wie Papa und Sami ihre Sensen durchs Gras zischen ließen. Ich rief ihnen einen Morgengruß durchs Fenster zu. Das Nani und Peter gingen hinter den Mähern, wirbelten mit ihren Gabeln das Gras durch die Luft, daß es nachher zum Trocknen den Boden gleichmäßig bedeckte.

Eine Weile später rumorte das Nani in der Küche herum. Der Geruch nach Holzfeuer durchzog den Raum. Höchste Zeit auch für mich zum Aufstehen. Heuerfrühstück, wie liebte ich das! Entweder brutzelte die Rösti, zu einem herrlich

Nanis Betthaupt war wunderschön geschnitzt.

duftenden, appetitlich goldbraunen Fladen zusammengedrückt, in der Pfanne, od[er] der Rest der Polenta, die es gestern zum Nachtessen gegeben hatte. Mein Liebling[s]frühstück aber – und das gabs nur für Heuer und sonst während des ganzen Jahre[s] gar nie – das war Bergtatsch. Davon aßen vor allem Peter und ich soviel, daß w[ir] uns nachher kaum mehr rühren konnten.

Die Männer gingen, kaum hatten sie den letzten Schluck Kaffee getrunken un[d] den Schnurrbart abgewischt, wieder aufs Feld zurück. Mähen geht leichter, solang[e] das Gras vom Tau noch feucht ist. Sie unterbrachen ihre Arbeit nur, wenn sie d[ie]

Links der Fensterladen, rechts der Seelenbalken ...

... und hier geschnitzte Wetzsteinfässer, wie Papa und Sami sie benützten.

stumpf gewordene Sensenblatt nachschleifen mußten. Sorgfältig wurde es zuerst mit einem Grasbüschel abgewischt. Dann nahmen sie den Wetzstein aus dem hübsch geschnitzten hölzernen Behälter, der, mit Essigwasser gefüllt, an einem Riemen um ihre Hüfte hing.

Unendlich viele Momenteindrücke trage ich in und mit mir. Einer zeigt meinen Vater zwischen den schnurgerade ausgerichteten Grasmahden stehend, seine Sense wetzend, das Haar flattert im Sommerwind, er pfeift ein Lied vor sich hin, schaut zu mir herüber. Ich stehe da, einen Teller und ein Geschirrtuch in der Hand. Ich darf Nani beim Aufräumen helfen und möchte doch gleichzeitig ganz nah bei Papa sein.

War unsere Hausarbeit getan, gingen auch Nani und ich, um den Männern beim Grasausbreiten, dem «Zetten» zu helfen. Für ein kleines Mädchen sind Heugabeln zwar unhandlich. Ich konnte auch das Gras nicht so hoch und kunstvoll in die Luft werfen. Aber ich tat eben mein Bestes.

Im Laufe des Vormittages gab es das Znüni. Das Nani ging, um erneut Kaffee zu brauen, sobald wir das blauweiße Bähnchen auf der gegenüberliegenden Seite des Tales über die Brücke des Frauentobels fahren sahen. Wir tranken, aßen ein Stück Brot, ein Stück Käse – und weiter ging die Arbeit.

Für mich bestand diese dann oft im Schälen von am Vortag in der Schale gekochten Kartoffeln. Sie wurden mit einer groben Raffel gerieben, mit Mehl und etwas Salz vermengt und dann in kleinen Portionen gebraten: Maluns. Wenn man diese Speise unsorgfältig kocht, dann gibt es einen undefinierbaren, pappigen Brei, der überdies gerne anbrennt. Nimmt man sich dagegen genügend Zeit – und das tat das Nani, denn Malunsbraten war beinahe eine sakrale Handlung – dann wird daraus ein Gericht aus knusprigen, hellbraunen Kügelchen, deren Geruch einem das Wasser im Munde zusammenlaufen läßt. Ich deckte den Tisch: Suppenteller, Schüsselchen mit zwei Ohren für den Milchkaffee, Suppenlöffel, eine Schüssel mit Apfelmus. Fertig. Das heißt nein: ich durfte für mich ein Stück Käse auftischen, denn ich mochte den lieber zum Maluns als Apfelmus.

Maluns ißt man, indem man den Löffel mit der Speise füllt, ihn dann sorgfältig in die Kaffeetasse taucht, damit er sich mit der Flüssigkeit auffüllt. Die Kügelchen sind nun zur Hälfte noch rösch – knusprig – gebacken, halb im Kaffee schon aufgeweicht. Für Heuer eine Götterspeise.

War das Wetter gut, dann blieb keine Zeit für eine lange Mittagspause. Denn nun mußte das Heu gewendet werden. Die der Sonne zugekehrte Seite des Grases war dürr geworden, am Boden war es noch grün. Mit Hilfe des hölzernen Rechens wurde nun dieses nach oben gedreht. Wieder entstanden Mahden, diesmal quer zum Hang. Waren wir zuunterst am Hang angelangt, stiegen wir wieder hinauf zum Waldrand, wo wir mit der Kehrarbeit begonnen hatten. Die Männer trugen die Heutücher mit, wir luden uns dafür auch ihre Rechen auf.

Papa prüfte, ob das Heu trocken war, machte dann mit dem Rechen einen Platz frei, auf dem das Heutuch ausgebreitet wurde. An den vier Ecken des Tuches waren Stricke angenäht, zwei davon mit hölzernen Spitzen, die ganz leicht gebogen waren und ein Loch hatten. Sie sehen beinahe aus wie Weberschiffchen. Die nennt man «Spina». Die Spinen wurden in die Erde gesteckt. Nun rechten wir das Heu zusammen. Zuerst in quer zum Hang verlaufenden breiten Mahden, die man in noch breitere, längs verlaufende zusammennahm. Papa und Sami stellten sich vor diese Mahden, ein Bein vorgestreckt, und rechten das Heu über dem Bein zu ganz dichten Büscheln zusammen. Sobald ein Büschel so groß war, daß sie es mit der linken Hand unten und mit der Hilfe des nun im untern Drittel des Stiels gehaltenen Rechens mit der rechten Hand gerade noch zu tragen vermochten, nahmen sie es auf und legten es auf das Heutuch.

War eine bestimmte Anzahl auf das Tuch gebracht, wurde dieses satt gebunden. Dank der Spina lassen sich die Stricke einfach fixieren, ohne daß sie zurückrutschen können. Nun kam für die Männer die Schwerstarbeit. Sie setzten sich am Abhang vor eine Heubürde (ich kann mich nicht erinnern, daß wir irgendwo heuten, wo der Boden eben war) und luden sich die Last mit einem Schwung auf den Rücken, um sie in den Stall zu tragen. Noch keiner hat mir sagen können, wie schwer ein «Tuechet» Heu eigentlich ist. Wenn ich das Volumen umrechne in maschinell gepreßte Heuballen, die zwischen fünfundzwanzig und fünfunddreißig Kilogramm schwer sind, dann komme ich auf eine Schätzung von um die sechzig Kilogramm. Eine Last, zu tragen über steile Abhänge und mit eingeschränkter Sicht.

Die Heubürden wurden gezählt. Sie erlaubten nachher die genaue Schätzung, wieviele Tiere hier wie lange Zeit überwintern konnten.

Wir Frauen hatten nun noch eine letzte Arbeit: nachrechen. Wir nahmen noch jenes Heu auf, das zurückgeblieben war. Schön war das, wenn man nun auf die sauber geheuten Hänge schaute: Sie waren bedeckt mit einem wellenförmigen Muster. Jede Welle war entstanden durch einen Sensenschwung.

Zum Nachtessen gab es entweder Polenta oder geschwellte Kartoffeln mit Käse – von beidem so viel gekocht, daß am nächsten Tag wieder Rösti oder Maluns oder gebratene Polenta auf den Tisch gestellt werden konnte – hie und da auch Gerstensuppe, Fleischsuppe mit Fideli oder Sternchen oder Buchstaben als Einlage. Die Fleischsuppe machte das Nani mit «Liebig's Fleischextrakt». In alle Suppen gab sie viel feingehackten Schnittlauch, den sie auch über den Salat streute, der zu jener Jahreszeit in ihrem Garten wuchs. Das Fleisch, das wir aßen, war entweder Salsiz, Speck, sonntags Schinken, dessen Knochen dann in der Gerstensuppe noch ausgekocht wurde, oder ein paar Scheibchen Bündnerfleisch. Alle diese Fleischarten waren luftgetrocknet und somit haltbar.

Das Zerschneiden war Männersache. Der Speck kam in etwa dreizentimeterbrei-

Ein kleines, aber interessantes Detail: Im Tessin verwendet man zum Binden von Heu keine Tücher, die Seilenden haben aber genau dieselbe Holzspitze. In Graubünden nennt man sie Spina, im Tessin Canavri.

ten Stücken mitsamt der Schwarte auf einem Brett auf den Tisch. Papa zog se‍ stets aufs schärfste geschliffene Militärmesser hervor, schnitt durch den Speck, b‍ er auf die Schwarte kam. Auf diese Art zertrennte er das Fleisch in Scheibchen, d‍ er zuletzt durch einen Querschnitt von der Schwarte löste.

Der Schinken kam mitsamt dem Knochen auf den Tisch und wurde mit vo‍ Knochen wegführenden Schnitten in Späne zerteilt. Auch das Bündnerfleisc‍ konnte Papa so hauchfein schneiden, daß es sich wie Hobelspäne zusammenrollt‍

Abends, wenn wir vor dem Haus auf der Bank saßen, pflegte Papa das Barom‍

er zu studieren. Auch dieses Gerät gehörte zu den Dingen, die ich im Tschuggenwald – und sonst nirgends sah: Es war ein Aststück, etwa vierzig Zentimeter lang, an dem ein etwa 40 cm langes dünnes Ästchen stehen gelassen worden war, an der Westseite des Hauses an der Wand angebracht. War gutes Wetter in Aussicht, dann zeigte das Ästchen nach unten. Man konnte sicher sein, daß jenes Barometer, eigentlich ein Hygrometer, sich nicht irrte. Nani erzählte mir, das habe schon dagehangen, als sie noch so klein war wie ich damals.

Papa war mit der Ernte zufrieden. Die Heuer hatten uns wieder verlassen. Zuvor hatten sie uns noch einen frischen Vorrat an Lebensmitteln aus der «Handlung» gebracht. Die Johannisbeeren waren jetzt reif. Ich weiß nicht, wieviele Büsche Johannisbeeren in Nanis Garten wuchsen. Hinterher kommt mir ihr Garten riesengroß vor. Wir pflückten tagelang. Das Nani oben am Strauch, ich unten. Wir füllten sie in Körbe, in Eimer, in Schüsseln. Dann kamen Papa und Peter. Diesmal hatten sie nicht Rucksäcke auf dem Rücken, sondern hölzerne Traggestelle, man nannte sie «Räf», die sie nun mit unserer Beerenernte beluden, und jeder trug erst noch in jeder Hand einen Eimer voll. Ich dachte an die Arbeit, die sie nun zu Hause mit den Beeren haben würden, sah alle unterm Sonnenschirm sitzen und die Früchte mit Hilfe einer Gabel abstielen, sah Monika mit einem langen Kochlöffel im

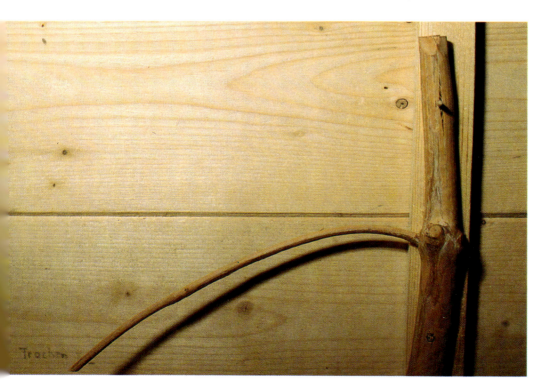

«Jetzt versteh' ich's», sagte Susi, als wir dieses Barometer im Museum entdeckten. Es zeigt nach unten. Das Wetter wird gut.

größten Kochtopf rühren, Glas um Glas mit Johannisbeergelée abfüllen. Ich aber blieb beim Nani und durfte nun etwas so Aufregendes tun, wie Schwämme suchen es nun einmal ist.

Das Nani kannte ganz bestimmte, geheime Plätze im Wald. Wir versahen uns jede mit zwei Körben. Auch ich bekam schon ein Messerchen. Darauf war ich sehr stolz. Wir gingen in aller Herrgottsfrühe. Nicht, weil auch andere Leute hier Pilze gesucht hätten. Aber «in die Schwämme» ging man nun einfach morgens früh. Zuerst durchquerten wir ein so dicht bewachsenes Waldstück, daß es darin ganz finster war. Das war der Rotkäppchenwald. Dann gerieten wir in einen Sumpf. Ich blieb mit meinem Schuh darin stecken. Im und um den Sumpf herum sahen wir unzählige Tierspuren. Hirschspuren, denn hier – so erklärte mir das Nani, würden die Hirsche baden.

«Da drin werden sie aber nicht sauber werden.»

Das war bei Tieren eben anders. Die bedeckten sich mit Schlamm, damit die Fliegen und anderes Ungeziefer sie nicht plagen konnten.

Wir waren so miteinander plaudernd auf eine Waldlichtung gekommen. Hier hauste der Pilzgeist. Es roch sogar nach Pilzen. Gras wuchs da – und Moos – und da drin sah ich sie: die goldgelben Tupfen, die Eierschwämme. Der Boden war gesprenkelt – und im Moos drin versteckten sich noch mehr. Natürlich war ich versucht, sie einfach zu pflücken und in den Korb zu legen. Das tat ein ordentlicher Pilzepflücker aber niemals. Ich mußte jeden Pilz mit dem Messer säuberlich abschaben. Die Reste mußte ich da liegen lassen, wo ich die Pilze gefunden hatte. Dann wuchsen sie hier auch nächstes Jahr wieder – und zu Hause hatten sie mit ihnen nicht nochmals die enorme Putzarbeit. Die Pilze wurden nämlich in Öl eingemacht. Wer sie nicht gesehen hat, die Unmengen, die wir pflückten und die Papa und Peter wiederum mit dem Räf holten, der kann sich nicht vorstellen, wieviele wir fanden.

Nun blieben mir noch wenige Tage beim Nani. Vor zwei Tagen hatte es geregnet. Jetzt war die Zeit der Steinpilze. Hiefür kannte sie wiederum andere Plätze. Diese Pilze – schon allein sie anzusehen, war eine Wonne: der braune Hut, unten gefüttert mit der gelbgrünen Schwammschicht, der weiße Stiel. Den ersten, den ich fand, durfte ich nachher ganz allein essen. Er wurde mit Zwiebeln in Butter gedämpft und mit viel gehackter Petersilie bestreut. Dazu gab es Polenta. Aber der Pilz war so groß, daß ich ihn mit dem besten Willen nicht allein aufessen konnte.

Zwei, dreimal mußten wir zum Haus zurück, um unsere Ernte abzuladen. Dann setzten wir uns vor dem Haus auf die Bank und putzten Pilze. Den grünlichen, schwammigen Teil unterm Hut lösten wir weg und aßen das zum Nachtessen. Hut und Stiel wurden in Scheiben geschnitten, so daß man sie trocknen konnte. Sie wurden in der Fleischkammer auf dem Boden ausgebreitet.

Vielleicht wollte der Pilzgeist uns belohnen, weil wir seine Gaben so sorgfältig
geerntet hatten. Am letzten Tag fand ich etwas besonderes. Nicht im Wald – auf
einer der Heuwiesen: einen Riesenbovist. Er war etwa so groß wie mein Kopf. Das
Nani schnitt ihn entzwei. Da war nichts als schneeweißer Pilz. Sie zerteilte ihn in
Scheiben, die sie wie Kalbfleischplätzchen briet. Zwei oder drei Mahlzeiten für uns
gab das.

Damit nicht allzu viele meiner Leserinnen und Leser auf die Pilzsuche gehen,
muß ich hier sagen: der Tschuggenwald heißt eigentlich anders.

*

Das Leben zu Hause und die verzauberte Zeit im Tschuggenwald war für mich nicht
nur ein Wechsel zwischen zwei Orten – es war auch einer zwischen Lebensformen,
die mindestens ein halbes Jahrhundert auseinanderlagen. Wohl war die Art des
Haushaltens auch im Haus meiner Eltern noch der Tradition verhaftet, spielte die
Landwirtschaft noch eine ebenso wichtige Rolle wie der Gästebetrieb, aber ich
hatte dort Kontakt mit Menschen, die von weither kamen, und Elektrizität,
fließendes Wasser, Telefon. So aber, wie das Nani lebte, mögen ihre und meine
Vorfahren auch zwei oder drei Jahrhunderte vorher gelebt haben. Nanis einziger
Komfort waren das Petrol für die Lampe und ein paar wenige neuartige Lebensmittel wie etwa Kaffee und Mais; und das einzige, was sie von der modernen Zeit sah,
das waren die auf der gegenüberliegenden Talseite auf- und abwärts fahrenden
blauweißen Eisenbahnzüge und selten, wunderselten ein Auto, das der kurvenrei-
chen Straße folgte.

Aus Nanis Küche

Apfelküchlein

- 4 Reinetteäpfel
- 3 EL Zucker
- 1 KL Zimt

Die Äpfel schälen, Kernhaus ausstechen, in 1 cm dicke Ringe schneiden, mit der Zimt/Zuckermischung bestreuen, zugedeckt ½ Std. stehen lassen.

Ausbackteig

- 2 Eier
- 2 EL Bier (oder stark kohlensäurehaltiges Mineralwasser)
- 2 EL Zucker
- 3 EL Milch
- 4 EL Mehl
- 1 Msp. Backpulver
- 1 Prise Salz
- 50 g Butter
- Fritieröl

Die Eier gut verklopfen, die restlichen Zutaten in der angegebenen Reihenfolge beifügen. Butter geschmolzen (aber nicht heiß).

Apfelküchlein aus Nanis Küche in Kathrs Küche gebacken.

Die marinierten Apfelringe in den Teig
tauchen, in heißem Fritieröl goldbraun
backen, noch warm mit Zucker und Zimt
bestreuen, warm oder kalt servieren.

Bergtatsch

2 EL	*Kräuterschnaps oder Kirsch*
	oder Marc
2 EL	*Zucker*
8 EL	*Mehl*
1 Prise	*Salz*
2–3 dl	*kaltes Wasser*
4 EL	*Butter*

Schnaps mit Zucker vermischen, Mehl
und Salz daruntermengen, Wasser beigeben, zu einem dicken Teig rühren. Die
Hälfte der Butter in einer Bratpfanne heiß
werden lassen, den Teig zugeben, die
Unterseite goldbraun backen, die zweite
Butterhälfte beifügen, die Omelette wenden. Wenn sie ebenfalls goldbraun geworden ist, mit der Röstischaufel in Stük-
ke zerstochern, die schließlich ringsum
schön gebraten sein sollen.
Warm servieren. Zimt und Zucker darüberstreuen.
Bergtatsch ist genau genommen nicht
eine Heuer-, sondern eine Wildheuer-
speise. «Im Berg», also in der Wildheuer-
hütte, hatte man bloß die allereinfach-
sten und haltbaren Nahrungsmittel: Zukker, Mehl, Salz, Polenta, eingesottene
Butter oder Schweineschmalz – und
Schnaps gegen innerliche und äußerli-
che Gebresten.
Oder eben für den Tatsch.
«Tatsch wirkt vorbeugend für und gegen alles», behauptete Papa und zwin-
kerte mit dem linken Auge.

Holderlatwerge

2 kg	*Holunderbeeren, entstielt*
	Wasser
	Zucker

Die Beeren in einen Kochtopf schütten,
soviel Wasser beigeben, daß sie knapp
bedeckt sind, so lange kochen, bis sie
platzen. Über Nacht stehen lassen. Durch
ein Tuch abseihen. Das Tuch gut ausdrücken. Die Saftmenge messen und ⅔
Zucker beigeben. Einkochen, bis die Lat-
werge nicht mehr dünn ist, sondern in
zähflüssigen Tropfen vom Löffel fällt.
Heiß abfüllen, gut verschließen.
Holderlatwerge ist nicht nur ein guter
Brotaufstrich. Rein oder mit heißem Wasser verdünnt ergibt sie auch eine
schleimlösende Medizin bei Husten und
Bronchitis.

Maluns

800 g	*Kartoffeln, mindestens einen,*
	besser zwei Tage zuvor in der
	Schale gekocht
250 g	*Weißmehl*
2 KL	*Salz*
4 EL	*Sonnenblumenöl*
2 EL	*frische Butter*

Kartoffeln schälen, grob raffeln, Mehl
und Salz dazugeben, mit den Händen
alles gut miteinander vermengen. In vier
Portionen teilen. Jede Portion für sich in
1 EL Öl braten, in der Masse dabei ständig stochern. Ist sie goldbraun und
knusprig geworden, in eine Schüssel geben, warmstellen. Mit den übrigen Portionen gleich verfahren, zum Schluß die
Butter heiß werden lassen und die ganze

So schaut schön gebratener Maluns aus ..

Menge darin wieder unter stetigem Rü[h]ren noch einmal ganz heiß werde[n] lassen.

*Milchkaffee dazu und
Apfelmus oder Käse*

Polenta

    1 l Wasser
    1 KL Salz
250 g Maisgrieß, am besten grobes, das in der Schweiz unter der Bezeichnung «Bramata» im Handel ist
2–3 EL frische Butter

Salzwasser aufkochen, Kochtopf vo[m] Feuer nehmen, Maisgrieß beigeben, rü[h]ren, wieder auf die Platte stellen. (Ac[h]tung: während der ersten Kochminut[en] spritzt es! Deshalb den Kochlöffel qu[er] auf den Topf und den Deckel darüb[er] legen. Später kann der Deckel entfe[rnt] werden.) Kochzeit 45 Minuten bis [1] Stunde.

  Den Brei auf warmer Schüssel anric[h]ten, mit brauner Butter übergießen.

  Die Polenta kann am Pfannenrand a[n]kleben. Diese Kruste wird am einfachst[en] entfernt, wenn man sie über Nacht [mit] kaltem Wasser bedeckt stehen läßt.

Variante 1
300 g Gorgonzola-Käse
  50 g frische Butter

Die Hälfte der wie oben beschrieben g[e]kochten Polenta in eine gebutterte A[uf]laufform gießen, den Käse darauf vert[ei]len, den Rest der Polenta darüber geb[en,] die Butterflocken obendrauf. Im 2[...]

Grad warmen Ofen eine Viertelstunde überbacken.

Variante 2

- 3 Eier
- 2–3 ganz fein gehackte Knoblauchzehen
- 50 g frische Butter

Die Polenta gemäß Grundrezept kochen, Butter schmelzen, zuerst mit dem Knoblauch, dann mit der Polenta vermischen, auf ein kalt abgespültes Brett oder ein Kuchenblech schütten. Den Brei glattstreichen, so daß eine etwa 1 cm dicke Schicht entsteht, diese auskühlen lassen, in etwa 5 × 5 cm große Vierecke schneiden, in den gut zerklopften Eiern wenden, in Butter hellbraun braten. Salat dazu!

Rösti

- 1 kg am Vortag in der Schale gekochte Kartoffeln
- 3 KL Salz
- 4 EL eingekochte Butter (früher nahm man Schweineschmalz)
- 3 EL Wasser

Die Kartoffeln schälen, entweder auf einer groben Raffel raffeln oder vierteilen und in Scheibchen schneiden, gut mit dem Salz vermengen. 2 EL Butter in der Bratpfanne heiß werden lassen, die Kartoffeln beifügen, auf kleinem Feuer 10 Min. bei gelegentlichem Stochern und Wenden braten. Zu einem kompakten Fladen zusammendrücken, dem Pfannenrand entlang einen weiteren EL Butter dazu geben, das Wasser darüberträu-

Rösti, zu einem appetitlichen Fladen gebacken ...

... und Schmalzmus.

feln. Nun den Fladen mit einem Teller bedeckt weitere 10 Min. auf kleinem Feuer braten. Die Rösti wenden, indem man sie auf den Teller, der als Deckel diente, stürzt und vom Teller wieder in die Pfanne gleiten läßt. Wieder 1 EL Butter beigeben, bedecken, nochmals 10 Min. lang braten, den Fladen auf dem als Deckel dienenden Teller servieren.

Schmalzmus

100 g *frische Butter*
100 g *Mehl*
½ l *Milch*
½ l *Wasser*
Zucker nach Belieben

Die Butter zergehen lassen, das Mehl darin braun rösten, die Pfanne vom Herd nehmen, das Milchwasser dem Pfannenrand entlang portionenweise zugeben, mit dem Schneebesen rühren, damit keine Knöllchen entstehen, 30 Min. leise kochen lassen. Die entstehende Haut immer wieder aufrühren, zuckern, warm servieren.

Dieses Mus soll die Milchsekretion anregen, ist also eigentlich eine Wöchnerinnenspeise. Man kann damit aber auch das Bedürfnis nach Süßigkeiten stillen. Das Nani kochte uns Schmalzmus, weil es im Tschuggenwald eben keine Schokolade gab.

Nanis Soßenkartoffeln

8 *mittelgroße Kartoffeln*
1½ l *Rindfleischbouillon*
2 *Lorbeerblätter*
1 EL *Mehl*
1 EL *Butter*
1 dl *Weißwein*
evtl. Salz, Pfeffer, Schnittlauch
evtl. 2 Paar geräucherte Schweinswürste

Die geschälten, geviertelten Kartoffeln in Scheiben schneiden, in der Bouillon und mit den Lorbeerblättern 10 Min. kochen, Mehl in Butter dämpfen, mit Weißwein und etwas Kartoffelbouillon ablöschen, die Kartoffeln dazugeben und weitere 20 Min. in der Sauce ziehen lassen. Mit gehacktem Schnittlauch überstreuen.

Falls man geräucherte Würste dazu serviert, diese ebenfalls in den Kartoffeln wärmen.

Panierte Steinpilze

(auch die Hüte von Schirmlingen «Parasol» oder Schnitten vom Riesenbovist schmecken auf diese Art zubereitet sehr gut)

500 g *frische Pilze*
Saft einer halben Zitrone
Salz, weißer Pfeffer
3 EL *Mehl*
2 *Eier*
3 EL *Paniermehl*
3 EL *Sonnenblumenöl*
2 EL *Butter*
2 EL *gehackter Schnittlauch*
2 EL *gehackte Petersilie*

Die Pilze in halbzentimeterdicke Scheiben schneiden, mit Zitronensaft beträufeln, würzen, im Mehl, dann in den verklopften Eiern und schließlich im Paniermehl wenden, im heißen Öl goldbraun backen, auf einem Papier abtropfen lassen, auf eine warme Platte legen, die heiße Butter darüberträufeln, mit Schnittlauch und Petersilie bestreuen. Zu Salzkartoffeln servieren.

Bovist braucht nicht unbedingt paniert zu werden.

Aus Nanis Garten

- Feinkörnigen Samen kann man viel gleichmäßiger aussäen, wenn man ihn mit Sand vermischt, ihn portionenweise auf eine in der Mitte zusammengefaltete Postkarte gibt und so in die Saatrille gleiten läßt.
- Samen, der langsam keimt, vermengt man mit Radieschensamen. Die Saatreihen werden so schnell sichtbar, was das Jäten der Zwischenräume erlaubt.
- Johannisbeersträucher können leicht vermehrt werden, wenn man im Frühling die am Rande der Staude wachsenden Triebe des Vorjahrs in die Erde versenkt. Man gräbt hierzu eine Furche, beschwert die abgesenkte Triebspitze mit einem Stein und bedeckt den Trieb in der Furche mit Erde. Wenn sich handbreite neue Triebe gebildet haben, häufelt man sie an, damit sie noch mehr Wurzeln bilden. Im Herbst können die Stauden an ihren endgültigen Standort gesetzt werden.
- Beim Nani lernte ich auch, wie man Rhabarber früher ernten kann: Man stellt einen Eimer in eine etwas größere Holzkiste, füllt die Zwischenräume mit gut festgestopfter Holzwolle und/oder Zeitungspapier und stülpt das Ganze über eine Rhabarberstaude. Wenn die Sonne scheint, entfernt man diesen Wärmeschutz. Nicht vergessen, mit leicht temperiertem Wasser gut gießen.
- Etwas ähnliches machte sie auch mit dem Spinat. Sie hatte damit im Herbst ein kleines Beet angesät, das sie nun jeden Abend gleich nach dem Sonnenuntergang mit einem Sack bedeckte, um die Pflanzen warm zu halten.
- Was Papa zu ganz feinen Spötteleien veranlaßte, war ihre Sorge um den Goldregenstrauch. Sie hüllte ihn jeden Abend ein in die Ärmelschürze, die sie tagsüber trug! War die Schürze naß geworden, weil es über Nacht geregnet hatte oder weil Reif gefallen war, dann band sie sich eine frische Schürze um und sagte:
«Dafür wird er um so schöner blühen.»
Kein Wunder, daß er das tat.
«Pflanzen spüren es, wenn man sie gern hat.»

Sommer

Kam ich nun wieder heim, war das Haus voller Sommergäste, war die Heuernte auch hier in vollem Gange.

Die Wiesen rings ums Haus waren schon gemäht. Einerseits waren dies die am niedrigsten gelegenen, also war das Gras am reifsten, andererseits waren es auch diejenigen, die die Gäste und Spaziergänger immer wieder betraten, um Blumensträuße zu pflücken. Papa fluchte selten, aber ohne zu murren zuzuschauen, wie die Damen in ihren eleganten Kleidern sein schönes Gras zertrampelten, um eine besonders prächtige Marguerite ihrem Strauß voller Glockenblumen, Zittergras und Weidenröschen einzuverleiben, das war etwas, was beinahe über seine Kraft ging.

Dann waren die Wiesen bei der Unteregga an der Reihe. Da gab es eine, den «Röselirain», die war unwahrscheinlich steil – aber hier wuchsen Federnelken. Die Luft war erfüllt von ihrem zarten Duft.

Die von der Sense abgeschnittenen Blumen durfte ich einsammeln. Das gab Blumensträuße für die Eßtische der Gäste. Blumen in einer Wiese pflücken – das habe ich auch später nie getan, weil der Groll meines Vaters mir immer noch zu tief in der Seele sitzt.

Wir zogen immer höher: zum «Hermannschhus» – Herrmannshaus. Da war zwar kein Haus mehr, bloß ein Stall, dann zum «Hüschi» – Häuschen, schließlich in die «Siite» – Seite.

Es gab kaum einen Sommer, in dem das Wetter es erlaubte, zügig zu arbeiten. Wenn es zwischendurch regnete – das ging noch. Aber fiel Schnee, dann zerdrückte er das ungemähte Gras. Mähen war nachher viel mühseliger.

«Lag» das Gras, das heißt, war es geschnitten und das Wetter wurde schlecht, dann machte man «Heinzen». Die Heinzen waren für mich die Sommerchristbäume: etwa zwei Meter lange, unten zugespitzte Holzpfähle waren durch quergesteckte Stangen in eine Art Baumform gebracht worden. Diese Pfähle steckte man in regelmäßigen Abständen in den Boden, hängte das Gras oder das halbtrockene Heu auf die «Äste» der Heinzen. So konnte es wenn nötig auch mehrere Tage lang bleiben, ohne zu verfaulen, ja es trocknete sogar. Eine mit Heinzen bedeckte Wiese – wie hübsch sieht das auch für diejenigen aus, die nicht wissen, wieviel Mehrarbeit den Bauern dadurch entstanden ist.

Unsere Kühe waren nun «auf der Alp». Unsere Alp, das heißt, unser Alpstall war nur etwa fünf Fußwegminuten vom «Hüschi» entfernt. Peter, unser Hüterbub ging nachmittags gegen vier Uhr, «um die Kühe zu holen», also um sie zu suchen und in den Alpstall zu treiben, wo sie gemolken wurden. Die Alpen, die den Aroser Bauern gehören, sind mit Steinen übersät, von Alpenrosenstauden durchwachsen.

Nanas Lebens-, Mond- und Wetterregeln

zu deren Befolgung man einen Kalender konsultieren muß, der nicht nur die Mondphasen, die Sternzeichen des Monats, sondern auch die Sternzeichen der einzelnen Tage angibt. Z. B. einen Bauernkalender.

- Arbeiten (z. B. Handarbeiten, Heuen, sofern damit Ortswechsel verbunden ist), die nicht täglich gemacht werden müssen, fängt man an einem Montag oder Donnerstag an, keinesfalls aber am Freitag oder Samstag.
- Am Sonntag verrichtet man nur die allernotwendigsten Arbeiten, schont auch das Pferd.
- Am Sonntag heuen bringt eine schlechte Ernte.
- Am Sonntag zieht man Sonntags-Kleider an, auch wenn man zuhause bleibt.
- Alle Kleider, die man am Montag anzieht, müssen frisch gewaschen sein.
- Die Schnur eines Paketes, das man erhält, muß man aufknoten. Wenn man sie zerschneidet, tut man dem Absender damit weh.
- Wenn man bei zunehmendem Mond im Zeichen des Widders die Haarspitzen kürzt, hat man sein Lebtag lang gesunde, kräftige Haare.
- Wenn man Nägel nur bei zunehmendem Mond schneidet, wachsen sie nie ein.
- Schlachten muß man im letzten Mond-

viertel, sonst ist das Fleisch nicht haltbar.
- Wenn man die Wäsche bei abnehmendem Mond im Zeichen des Fisches wäscht, wird sie sauberer.
- Butter und Schweinefett am besten bei Vollmond einsieden.
- Sauerkraut wird am besten, wenn man es im Zeichen des Fisches einmacht.
- Stalldünger muß man bei abnehmendem Mond auf den Wiesen ausbreiten. Er dringt dann viel schneller in den Boden ein und ist wirksamer.
- Bäume fällt man nur im November und Dezember und nur bei abnehmendem Mond.
- Wenn die Schwalben hoch fliegen, bleibt das Wetter gut.
- Wenn Katzen und Hunde faul herumliegen, wird das Wetter schlecht.
- Eine Katze, die sich leckt und mit dem Pfötchen hinters Ohr fährt, zeigt den bevorstehenden Schneefall an.
- Wenn die Dohlen kommen, gibt es in zwei Tagen Schnee.
- Das Fell der Gemsen läßt auf den kommenden Winter schließen. Je rauher es sich anfühlt, desto mehr Schnee wird fallen.
- Wenn die Schanfigger Hexe kommt (= der Nebel vom Tal heraufsteigt), dann bleibt das Wetter eine Woche lang schlecht.
- Wenn man bei uns das Nordlicht sehen kann, gibt es Krieg.

Aus Monikas Weihnachts-Backstube

Marzipankartöffelchen

     250 g Mandeln
     250 g Puderzucker
         1 Eiweiß
     1 EL   Rosen- und
            Orangenblütenwasser
     1–2   Tropfen Bittermandelöl
     3 EL   Kakaopulver

Die Mandeln schälen, gut trocknen und reiben. Dann zusammen mit dem Zucker noch 2–3 mal durch die Mandelmaschine geben (evtl. in den Mixer), bis alles fast mehlig fein ist. Die vorbereitete Masse mit den übrigen Zutaten vermischen. In einem Pfännchen auf kleinem Feuer rühren, bis sich das Marzipan vom Boden ablöst und beim Berühren nicht mehr klebt. Marzipan zu kleinen Kartoffeln formen. Diese in Schokoladepulver wenden. Mit einer Stricknadel «Augen» markieren, mit einem kleinen Messer die Kartöffelchen einschneiden («gesprungene Schale»). Trocknen in leichter Wärme.

Nougat

     200 g Mandeln oder Haselnüsse, evtl.
            auch Baumnußkerne oder
            Pinienkerne
      50 g Orangeat und Zitronat
     250 g Zucker
     1 Msp. Vanille oder
     ½ EL   Zitronensaft

Mandeln schälen und in feine Streifen schneiden (evtl. hacken) oder Haselnüsse schälen und in ganz dünne Blättchen schneiden, evtl. Baumnüsse oder Pinienkerne hacken (letztere evtl. auch ganz lassen), Orangeat/Zitronat fein schneiden. Eine große Platte oder ein Blech leicht ölen. Den Zucker hellgelb rösten, Vanille oder Zitronensaft beigeben sowie die übrigen vorbereiteten Zutaten. Alles zusammen unter Rühren solange rösten, bis es leicht knackt. Sofort auf die geölte Platte oder das Blech gießen, mit leicht geöltem Kartoffelstößel oder einem Glas flach drücken.

Den Nougat, kurz nachdem er abgekühlt ist, in Stücke brechen.

Rahmtäfeli

     5 dl   Rahm
     2–3   Msp. Vanille
     600 g Zucker
            evtl.
     ½ dl   Milch

Alle Zutaten zusammen aufsetzen. Kochen unter stetem Rühren, bis die Masse anfängt dick zu werden und sich von der Pfanne löst (ca. 25 Min.). Wird die Masse plötzlich zu dick und blasig, noch 2–3 EL kalte Milch oder Wasser dazumischen und wieder ganz glatt rühren. Sofort auf das vorbereitete Blech gießen. Wenn nötig mit nassem Spachtel ausstreichen, ca. ½ cm dick.

Etwas abkühlen und fest werden lassen (probieren mit einem Messer). Schneiden der jetzt steifen Masse in viereckige Täfelchen (ca. 2 × 2 cm) mit einem in warmes Wasser getauchten stumpfen Messer.

Rahmtäfeli

Marzipanhärdöpfeli

Schokolade-Trüffel

125 g	feine Zartbitterschokolade
½–2 KL	ganz fein gemahlenes Kaffeepulver, heute am besten Nescafé
1–2 EL	Wasser
125 g	Puderzucker
125 g	Tafelbutter
	Schokoladestreusel oder Schokoladepulver

Schokolade, Kaffee und Wasser in einem Pfännchen auf kleinem Feuer (im Wasserbad) schmelzen und glattrühren (nicht heiß werden lassen!).

Den Puderzucker durch ein feines Sieb geben.

Die Butter schaumig rühren, Schokolade und Puderzucker dazumischen, erkalten und über Nacht fest werden lassen. Nußgroße Kugeln mit einem runden Aushöhler (Butterausstecher in heißes Wasser getaucht) ausstechen. Diese in Schokoladestreusel oder -pulver wenden. Sie an der Kälte ganz fest werden lassen.

Spekulatius

120 g	Butter
120 g	Zucker
1	Ei
1 EL	Honig
1 KL	Kakaopulver
	Schale einer Zitrone, abgerieben
60 g	Mandeln, gerieben
1 Msp.	Kardamon
1 Msp.	Nelkenpulver
250 g	Mehl
1 KL	Backpulver

Die weiche Butter schaumig rühren, die restlichen Zutaten in der angegebenen Reihenfolge beigeben, zuletzt das gesiebte Mehl und das Backpulver nach und nach darunterziehen, noch 10 Minuten rühren. Den Teig über Nacht kaltstellen. Auf möglichst wenig Mehl 2 mm dick auswallen, mit dem Teigrädchen 4 × 4 cm große Plätzchen schneiden. Bei Mittelhitze 15 Min. backen. Sie müssen hellgelb werden.

Zimtsterne

200 g	Puderzucker
3	Eiweiß, steif geschlagen
180 g	geriebene Haselnüsse
100 g	Paniermehl
½ EL	Zitronensaft
1 EL	Zimt

Den Puderzucker sieben, nach und nach unter das Eiweiß ziehen, ¼ Stunde rühren. 3 EL für die Glasur beiseitestellen. Die übrigen Zutaten beigeben, vorsichtig kneten, 1 Stunde ruhen lassen. Den Teig vierteilen, diese Portionen 1 cm dick auswallen, Sterne ausstechen, auf einem Pergamentpapier aufs Blech legen, mit der Glasur bepinseln, bei 150° etwa 20 Min. backen. Die Glasur darf sich nur leicht färben.

Das Januarloch und was es mit sich brachte

Anfangs Januar war die Zeit, da Nana und Mama ein ernstes Gesicht machten: das Januarloch! Die Weihnachtsgäste waren abgereist, die Winter-Urlauber kamen erst ab Ende Januar, wenn die Tage wieder länger waren. Mich dünkte es zwar schön, wenn nur mehr wenige Gäste hier waren. Mama hatte mehr Zeit für mich, Monika auch. Aber da waren der Unterhalt, die Löhne für die Angestellten – und kaum Einnahmen.

Das war der richtige Moment, um die Schweine zu schlachten.

Morgens hörte ich das Quietschen der armen Tiere, die in Kisten auf den Schlitten verladen und zum Metzger gebracht wurden. Ich hielt mir die Ohren zu und redete mir selbst ein, man würde sie bloß in einen andern Stall bringen. Aber am späteren Vormittag kam Anton mit dem Fuchs zurück vom Schlachthaus. Die Schweinehälften lagen auf dem Schlitten. Das Blut befand sich in einem kupfernen Becken, in dem Anton schon während der Fahrt rühren mußte, damit es nicht gerann. Daraus machte die Nana Blutwürste. Vorher hatte ich Knoblauch geschält. Nun wurde das Rühren des Blutes mein wichtigstes Amt. Währenddessen konnte ich zuschauen, was in unserer Küche sonst noch geschah: Die Schweinehälften wurden in die Küche getragen. Monika und Nana stellten für verschiedene Wurst-arten verschiedene Gefäße bereit. Papa zerteilte die Fleischstücke mit Hilfe einer Säge und eines Fleischerbeils. Hie und da gab es Diskussionen, wofür man welches Stück verwenden wollte. Wäre es nach der Nana allein gegangen, dann wäre beinahe das ganze Schwein mit Ausnahme der Schultern und Schinken zu Wurst verarbeitet worden. Wurst war haltbar. Die konnte man pressen, an der Luft trocknen. Die Schulterstücke aber ergaben einen ganz besonders guten Braten, indem man die ganze Schwarte daran ließ. Solchen Braten – zusammen mit Rotkraut und Kastanien – wünsche ich jedem, der ein gutes Stück Fleisch zu schätzen weiß.

Die Küchenmädchen mußten die Därme in der Waschküche waschen. Anton drehte die Hackmaschine.

Die Herstellung der Blutwürste war sozusagen eine feierliche Handlung. Da wurde viel Rahm in das von mir getreulich gerührte Blut geschüttet, Majoran, Salz und Pfeffer. Monika hielt den Rindsdarm, der unten zugebunden war, offen, Nana schüttete die in einen Krug abgefüllte Wurstmasse hinein. War die Wurst groß genug, wurde sie abgebunden. Sobald ein Darmstück aufgearbeitet war, machte man eine Probe. Die Wurst wurde in heißes Wasser gelegt, mußte einige Zeit darin ziehen. Dann schnitt die Nana sie entzwei. War die Schnittfläche glatt und blieb der Inhalt fest wie ein Pudding, dann war die Wurst gut – und die Abfüllarbeit konnte fortgesetzt werden.

Wie man Würste macht …

Papa und Anton mischten in der Zwischenzeit die anderen Wurstmassen. Sie kneteten sie mit den bloßen Händen, steckten bis zu den Ellenbogen im Wurstteig. Die Nana nahm etwas Teig zwischen die Finger, versuchte, fügte noch etwas gehackten Knoblauch oder etwas Veltliner oder Gewürz dazu, die Männer kneteten weiter. Monika mußte ebenfalls versuchen. Erst wenn beide Frauen zufrieden waren, durften die Männer die Würste abfüllen. Hierfür steckten sie einen Wurstaufsatz, ein Rohr, über die Austrittsöffnung der Hackmaschine, stülpten ein Stück Darm darüber. Je nach Wurstart wurden die Wurstenden durch eine Schnur abgebunden, durch ein Hölzchen verschlossen oder einfach abgedreht.

Schließlich wurden die «Gnagi», also Schnauzen, Ohren, Füße und Schwänze zu Beinwurst verarbeitet. Auch das wiederum war eine besondere Zeremonie.

Alle Würste wurden nun in langen Ketten über dem Kochherd zum Trocknen aufgehängt. Das war der «Wursthimmel». Auf uns wartete nun ein Festschmaus: frische Blut- und Leberwurst, Bratwurst, dazu Sauerkraut und Salzkartoffeln. Im Jägerstübli hing ein Plakat, das auf unsere «Metzgete» hinwies.

Papa blieb es nun noch überlassen, die Schinken in eine Salzlake zu legen. Sie wurde gemischt in einem flachen hölzernen Gefäß, war ebenfalls eine ehrfurchteregende Arbeit, denn war die Lake nicht richtig gewürzt, wurden auch die Schinken, die nach fünf Wochen aus der Lake genommen und zum Trocknen in der Fleischkammer aufgehängt wurden, nicht gut. Was hätten wir dann beim Heuet, hier und im Tschuggenwald, nächstes Jahr essen sollen?

Die Salsizwürste – es gab zwei Sorten, «gewöhnliche», da wurde noch Rindfleisch dazugemischt, und «Lebersalsiz» mit Leber drin – waren nicht so stark gefüllt worden. Sie lagen einen Tag lang in der «Presse», einem Holzblock, dessen oberen Teil man über den unteren legen und nach Wunsch festschrauben konnte.

Nun war die Metzgete vorbei – aber schon wieder wartete eine Arbeit, die – für die Männer wenigstens – das Januarloch auszufüllen half.

Das Heu im Hüschi ging ebenfalls zu Ende. Es wurde Zeit, den Weg in den Tschuggenwald zu schaufeln. Das war eine Wochenarbeit. Ich war nie dabei, weiß deshalb nicht genau, wie dieser Weg verlief. Ich erinnere mich bloß, daß zwei der Männer mit dem Morgenzug eine Bahnstation weit fuhren und von dort aus den Weg freimachten. Der Sami brummelte allerhand in seinen Bart, bestellte sich noch eine Packung Kautabak. Die zwei Monate im Tschuggenwald würden lang für ihn werden – besonders, weil dort im Winter keine Sonne hinschien.

Samis Kautabak: auch das ist eine ganz spezielle Erinnerung. Das waren etwa einkilogramm-Pakete, in blaues Packpapier gehüllt. Der Tabak war zu daumendicken, wie Schifftau gerollten Strängen gedreht, die Sami unterm Bett lagerte. Seinen Tagesbedarf riß er morgens von der Rolle, steckte ihn in die Tasche seiner Hose und riß sich bei Bedarf wieder einen «Schigg» – einen Pfriem – los, den er mit

Genuß in den Mund schob. Sami spuckte die gelbe Tabakbrühe mit äußerster Zielsicherheit aus einer seitlichen Zahnlücke – zu Nanas Schrecken, die ihm immer wieder befahl, das Spucken zu unterlassen, wenn Gäste in der Nähe waren. Dann brabbelte Sami Unverständliches, dem Ton nach aber nicht unbedingt Höflichkeiten.

Die Kühe machten ihren Weg vom Hüschi in den Tschuggenwald zu Fuß – eine einen halben Tag oder länger dauernde Reise.

Erst durchs ganze Dorf, dann über die normale Straße, die auch als Bobbahn benützt wurde talabwärts (ich frage mich, was geschah, wenn ein Bobfahrer auf einen Kuhfladen auffuhr?) ins nächste Dorf, dann den geschaufelten Weg entlang bis zum Nani.

Der Arbeitsrhythmus der Männer änderte sich nun. Morgens mußte Anton zum Bahnhof fahren, um unsere Milch, die Sami bis zum Langwieser Bahnhof getragen hatte, abzuholen. Ein Teil ging wie immer in die Molkerei, den Rest brauchten wir selbst.

Die Milch: Im Keller hatten wir ein eigenes Abteil für sie. Sie wurde in flache hölzerne Gefäße geschüttet, die jedes etwa zehn Liter faßten. Am Morgen darauf sahnte Nana sie ab mit einer flachen, ebenfalls hölzernen Kelle. Mir machte es Spaß, zuzusehen, wie der dicke Rahm, wenn sich die Kelle dem Rand des Gefäßes, der «Gebse», näherte, Falten warf.

«Das sieht genau aus wie dein Kinn», sagte ich einmal zur Nana – indem ich auf diese Falten wies. Weshalb sie deswegen sehr böse auf mich wurde, begriff ich erst viele Jahre später.

Überhaupt unser Keller: da war das Abteil für die Getränke, mit den Flaschen, den Bierkisten, den Weinfässern, dem Essigfaß, dann das Abteil für die Milch, ein anderes für Obst und Gemüse. Da waren Äpfel und Birnen, die gleich für den ganzen Winter eingelagert wurden, dann eine Kartoffelhurde, die Platz für ein paar Tonnen Kartoffeln bot, schließlich die Regale, auf denen all die Sommerköstlichkeiten gelagert waren, der leuchtend rote Johannisbeergelee, die Bohnen, die Aprikosenmarmelade, die Eierschwämme …

Schließlich gab es noch ein großes, eierschalenfarbig angestrichenes Ungetüm: den Eisschrank. Der Bierfuhrmann brachte jeweils auch Eis, etwa meterlange, dicke, rechteckige Stangen, in Sackleinwand eingehüllt, die – ausgepackt natürlich – in einem Extrafach im Schrank untergebracht wurden und dort langsam schmolzen. Wie das Eis zum Bierfuhrmann kam, oder ob die Ablagestelle der Brauerei es selbst herstellte, ich weiß es nicht.

Ich versuche heute, mir die Arbeitsweise der Frauen, die damals kochten, vorzustellen. Vergaß man zum Beispiel, eine Zutat aus dem Keller mitzunehmen, mußte man den weiten Weg von der Küche zum Keller nochmals machen oder eines der Küchenmädchen schicken. Kein Wunder, daß Nana ein geflügeltes Wort hatte für alle, die ihre Arbeit nicht ganz überlegt taten:

«Wär kei Chopf het, het Füeß – Wer keinen Kopf hat, hat Füße.»

Ich wäre nicht Nanas Enkelin, wenn ich nicht versuchte, in ihren Fußstapfen gehend diese Erkenntnis weiterzugeben.

*

Wurstrezepte – und wie Monika den Schweins-braten zubereitete

Beinwurst

2	Schweinswädli (Schweinshaxen)
1	Schnörrli (Schweineschnauze)
2	Füße
1	Schwänzchen
1	Schweinsohr
500 g	Salz
2 dl	Weißwein
	Pfeffer, Muskat
1	Zwiebel, fein geschnitten
2	Knoblauchzehen, fein gehackt
1	Rindsblase

Die Fleischstücke in 3 cm große Würfel schneiden, mit dem Salz mengen, 4 Tage lang zugedeckt stehen lassen. Dann das Salz abwaschen, das Fleisch mit den übrigen Zutaten vermischen, in die Blase füllen, die man gut zubindet und 14 Tage lang in den Rauch hängt. Vor dem Kochen die Wurst über Nacht in kaltes Wasser legen, dann in kaltem Wasser aufsetzen und langsam 3 Std. sieden.

Vorsicht beim Anrichten: Ein Brotstück über die Gabel spießen und diese erst dann in die Wurst stechen. Der Wurstsaft kann sonst im hohen Bogen wegspritzen. Einerseits ist das unangenehm und andererseits ist es viel zu schade drum!

Blutwurst

60 g	Schweinefett
1	Zwiebel, fein gehackt
1 l	gerührtes, kaltes Schweineblut
2½ dl	Rahm
	Salz, Pfeffer, Nelkenpulver, Majoran
	ca. ½ m Rinderdarm

Man dämpf die Zwiebel im Fett, läßt abkühlen. Das Blut wird durch ein Sieb passiert, mit dem Rahm und der Zwiebel vermischt, dann gewürzt.

Man füllt einen Krug mit der Flüssigkeit und schüttet sie dann mittels eines Trichters in den aufgehaltenen, unten abgebundenen Darm. Ist die gewünschte Länge der Wurst erreicht, wieder gut abbinden, die Wurst in warmes Wasser legen, bei schwachem Feuer bis knapp zum Siedepunkt erhitzen. Eine Viertelstunde drin lassen. Das Blut gerinnt und die Wurst wird fest.

Feine Bauernwürstli

Hierfür benötigt man einen Fleischwolf und zusätzlich einen Wurstaufsatz, ein Rohr, das man dort aufschraubt, wo das gehackte Fleisch austritt. Dieser Aufsatz ist in Haushaltgeschäften erhältlich.

250 g	mageres Schweinefleisch
250 g	Schweinespeck
1	Scheibe Schwarzbrot
1 dl	Milch
2 KL	Salz
15	zerquetschte Wacholderbeeren
1 Msp.	Cayennepfeffer
1 Msp.	Macis (Muskatblüte)
1 KL	frischer gehackter Thymian
1 KL	frischer gehackter Salbei
1 EL	gehackte Petersilie
1 EL	gehackter Schnittlauch
1 m	Schweinsdarm (bekommt man am Dienstag in der Metzgerei)

Man weicht den Darm in warmem Wasser ein: Das Fleisch und die fleischigen Teile des Specks werden in Stücke geschnitten und zweimal durch den Fleischwolf gedreht. Das Fett wird in kleine Würfel geschnitten. Die Brotscheibe wird mit der kochenden Milch übergossen, dann ebenfalls in der Maschine gehackt. Man gibt alles in eine Schüssel, knetet gut durch. Dann fügt man alle Gewürze bei. Nun steckt man den Wurstaufsatz au den Fleischwolf (Messer weglassen) und zieht das ganze Darmstück über das Rohr, bis die Rohröffnung wieder sichtbar ist. Man dreht am Wolf, bis die Wurstmasse aus dem Rohr austritt, bindet nur das Darmende zu. Der Darm wird gefüllt, wobei man darauf achtet, daß keine Luftlöcher entstehen.

Die Würste werden in beliebiger Länge abgedreht und am Darmende wiederum

... und die Zutaten dazu.

gebunden. Man läßt sie einen Tag lang
aufgehängt trocknen. Sie schmecken gebraten fein. Man kann sie aber auch 20
in. im heißen Wasser ziehen lassen und
nn warm oder kalt essen.

Schweinebraten mit Rotkraut, Äpfeln und glasierten Kastanien. Ein Rezept, das Monika aus Bayern mitgebracht hatte.

Schweinsbraten

2 EL	Sonnenblumenöl
1½ kg	Schweineschulter
	Salz, Pfeffer
2 dl	Wasser
1 Stück	Kalbsknochen
1	Karotte, geraffelt
3 EL	Petersilie, gehackt
1	mittelgroße Zwiebel
1	Lorbeerblatt
2	Nelken
1 KL	Salz, Pfeffer
2 dl	Rinderbrühe
1 KL	Kartoffelmehl
1 dl	Rahm

Das Fleisch mit Salz und Pfeffer einreiben, 1 Std. ruhen lassen.

Das Öl rauchheiß werden lassen, das Fleisch darin anbraten.

In einen Schmortopf das Wasser, den Knochen, die Karotte, die Petersilie und die mit Lorbeerblatt und Nelken besteckte Zwiebel, Salz und Pfeffer geben, aufkochen, das angebratene Fleisch darauf legen, im auf 180° vorgeheizten Backofen braten, alle 5 Min. mit dem Bratenjus übergießen, dem Jus nach und nach wenig Wasser beigeben, damit das Fleisch nicht anbrennen kann. Bratzeit 2 Std. Dann Fleisch warmstellen, den Knochen entfernen, den Jus durch ein Sieb geben, die Rinderbrühe und das mit ein wenig Wasser angerührte Kartoffelmehl beifügen, 3 Min. leise kochen lassen, den Rahm dazugießen, nochmals heiß werden lassen (aber nicht kochen), über den in Scheiben geschnittenen Braten schütten.

Bayrisch Kraut

1 EL	Butter
1	Zwiebel, feingehackt
100 g	Speck, in feine Würfel geschnitten
2 EL	Rotweinessig
1	Rotkohlkopf, ca. 1 kg schwer, vierteilen, grobe Blattrippen entfernen, in feine Streifen schneiden, waschen
2 KL	Salz
1 KL	Kümmel
1 EL	Mehl
1 dl	Rotwein
2 dl	Rinderbouillon
3	saure Äpfel, halbiert

Man läßt die Butter zergehen, dünstet darin die Zwiebel und die Speckwürfel, löscht mit dem Essig ab, gibt das Kraut dazu, bestreut es mit Salz, Kümmel und Mehl, mischt alles durcheinander, bringt es zugedeckt zum Kochen. Dann fügt man den Wein und die Fleischbrühe bei, läßt das Kraut zugedeckt 1 Std. leise kochen, rührt um, legt die Äpfel obendrauf und kocht nochmals ½ Std.

Glasierte Kastanien

3	Handvoll gedörrte Kastanien
1 l	Wasser
1 KL	Salz
100 g	Zucker
3 dl	Wasser

Man weicht die Kastanien über Nacht in etwas kaltem Wasser ein. Dann entfernt man sorgfältig alle braunen Häutchen, gibt die Kastanien ins kochende Salzwasser, läßt 1½ Std. leise kochen.

Man löst den Zucker im kalten Wasser auf, bringt den Sirup langsam zum Kochen, kocht so lange, bis er klar ist (abschäumen). Dann nimmt man ihn vom Feuer, filtriert ihn durch ein Haarsieb.

Die weichgekochten Kastanien werden im Sirup einige Minuten gekocht, dann abgeschüttet. Man serviert sie als Garnitur zum Schweinebraten.

Die Frucht der Früchte: Der Apfel

Die Geschichte des Apfels verliert sich wie die Geschichte des Menschen selbst in einer fernen Vorzeit. 8000 Jahre alt sind die ältesten Äpfel, deren Reste man gefunden hat, und es gibt keinen Grund anzunehmen, daß die Menschen vorher keine Äpfel gegessen hätten. Natürlich, die Äpfel hatten nicht sehr viel gemeinsam mit einer modernen Zuchtsorte wie etwa Golden Delicious. Sie waren winzig klein und sie waren sicher nicht besonders süß, dafür um so saurer. In Mitteleuropa war der Holzapfel in den Wäldern heimisch, längst wurde er als nutzloses Gewächs von den Forstleuten ausgerottet. Da und dort, zum Beispiel auf der Schwäbischen Alb, mag man ihn noch finden. Ihn und den etwas süßeren Paradiesapfel, einen Einwanderer aus dem Osten, sowie Mischformen von beiden: das haben unsere Vorfahren gegessen. Zwischen den Resten der Pfahlbauten am Bodensee und an den Schweizer Seen des Mittellandes findet man getrocknete Apfelschnitze. 2 cm dick waren die frischen Äpfel vielleicht. Das kann man schätzen, von der Größe der Hutzeln her. Und dann ist plötzlich auch ein größerer dazwischen, ein erster Kulturapfel, erste Zuchtform, Ergebnis einer Vermischung von Holzapfel und Paradiesapfel, wahrscheinlich. Jedenfalls den Apfel haben uns die Römer, im Gegensatz zu anderem Obst, nicht gebracht, höchstens ein paar Verfeinerungen. Das Wort Apfel ist germanischen Ursprungs, nicht wie so viele andere Bezeichnungen aus dem Lateinischen entlehnt.

«Und Gott sprach zu dem Menschen: ‹Von allen Früchten dieses Gartens darfst du essen, nur von dem einen nicht. Wenn du von diesem ißt, mußt du sterben.›» So heißt es im ersten und zweiten Buch Moses, und man stellt sich den Menschen vor, wie er brav nickt und «Jawohl, lieber Gott» sagt, weil es ja kein Problem zu sein scheint, alle Früchte des Paradiesgartens zu essen bis auf die eine. Und dann marschieren diese beiden Menschen, Adam und sein frisch gewachsenes Weib, mit dem er noch nicht so recht etwas anzufangen weiß, durch das Paradies, dahin und dorthin. Sie essen Pfirsiche und Aprikosen, Birnen und Reneklodeln, Zwetschgen und Orangen, sie spielen mit Löwen und Elefanten, mit Krokodilen und Bären und, weiß der Himmel, irgendwann am Tag ergibt es sich wie von selbst, daß sie an diesem fatalen Baum vorbeikommen, dessen Früchte so verführerisch gelb und rot zwischen den grünen Blättern hervorleuchten. Und wenn man den Menschen kennt, sagen wir es so, wer sich selbst kennt, der weiß, daß über kurz oder lang der Zeitpunkt gekommen war, wo weder Bananen noch Mangofrüchte, weder Feigen noch Datteln noch irgend etwas anderes mehr geschmeckt hat. Die Vorstellung von der Süße und dem Wohlgeschmack der verbotenen Frucht nahm einfach überhand. Da saßen sie dann unter dem Baum mit dem Rücken an den Stamm gelehnt und erfanden die Diskussion und wahrscheinlich auch den ersten Ehekrach. Eva wollte, Adam wollte nicht, oder umgekehrt. Adam sagte: «So, jetzt ist Schluß, jetzt will ich meine Ruhe haben, jetzt essen wir von dem verdammten Zeug», und Eva: «Wenn du das machst, dann geh' ich heim zu meiner Mutter …» Natürlich, das konnte Eva ja gar nicht sagen. Aber vielleicht hat sie bei dieser Gelegenheit die Migräne erfunden.

Und eines Tages, Adam war bei einer kolossal wichtigen Beobachtung wissenschaftlicher Art, vielleicht der Schwimmtechnik von Molchen, was Männer wahnsinnig interessiert, Frauen bekanntlich weniger, kam Eva an dem bewußten Baum vorbei, also so rein zufällig. Und da lehnte an dem Baum eine überaus hübsche Dame, mit rotem Haar, grünen Augen, trug ein Sonnentop aus schwarzer Brüsseler Spitze, durch dessen durchbrochene Struktur ein lila Bodystock zu sehen war. Unter einem breiten schwarzen Lackgürtel, dessen Schließe ein goldener Schlangenkopf war, bauschte sich ein schwarzseidener Glockenrock mit vielen Rüschen. Ihre langen, schlanken Beine, die im Gegenlicht unter dem Rock nicht aufzuhören schienen, steckten in schwarzen hochhackigen Lackschuhen, auf denen sich das Motiv des goldenen Schlangenkopfes wiederholte. Um den Hals trug sie eine goldene Schlange, deren Augen zwei Amethyste waren, die im Sonnenlicht irritierend funkelten. Die Schlange schien zwischen die Ansätze der beiden üppigen Brüste kriechen zu wollen, die sich unter der Spitze abzeichneten. Das rote Haar trug sie offen, ihre Augenbrauen hatte sie rasiert und schwarz nachgezogen. Sie benutzte grüne Wimperntusche und orangefarbenen Lippenstift. Zum Lippenstift passend war ihr Nagellack. Ihr Parfum hatte eine schwere, süße, orientalische Basisnote. Ihr gegenüber stand die Eva, so wie sie Gott geschaffen hatte. In ihrem Haar trug sie eine Margarite, das war alles. Gerochen hat sie nach dem Heu, in dem sie und Adam übernachtet hatten. Sie sah für einen objektiven Beobachter einfach zauberhaft aus. Aber das, was Lilith, so hieß die Dämonenfrau da am Baum, ausstrahlte, das gab Eva sofort die Gewißheit ihrer eigenen Armseligkeit. Frauen empfinden so.

«Guten Tag», sagte Lilith, «du bist Eva, gelt?» Eva nickte und stellte sich vor, wie es wäre, wenn ... Ihren blonden Haaren würde das Schwarz natürlich auch stehen, etwas Rot sollte aber halt auch dabei sein, vielleicht der Rock. «Wo hast du das her?», fragte Eva. Die Grünäugige zuckte die Achseln, «Gott, aus meiner Boutique halt!»

«Wie kommt man da hin?», fragte Eva.

«Da mußt du raus aus diesem Paradies. Iß einen Apfel, dann bist du's.»

«Aber dann muß ich doch alt werden und sterben.»

«Richtig», sagte Lilith, «aber dafür kannst du auch jung sein und verführerisch.»

«Aber dann muß ich doch arbeiten.»

«Richtig», sagte Lilith, «aber du kannst auch Geld verdienen und mit dem Geld oder mit dem Geld von Adam das alles in meiner Boutique kaufen.»

«Aber dann muß ich doch auch Kinder kriegen.»

«Richtig, aber dafür kannst du auch den Adam verführen und nicht nur ihn.»

«Aber dann verliere ich doch das Paradies.»

«Richtig, aber dafür kannst du Dich ein Leben lang nach dem Paradies sehnen und nach seinem Glück und glauben, wenn du nur das und jenes erreichst, das und jenes kaufen kannst, den und jenen Adam eroberst, dann wirst du wieder glücklich sein, das Paradies wieder haben.»

«Aber dann werde ich mich doch von Gott trennen.»

«Richtig, aber dafür kannst du ein Leben lang zu ihm unterwegs sein.»

Da sah Eva, daß Adam neben ihr stand und daß er Lilith anstarrte, wie er sie nie angeschaut hatte. Und da riß sie einen Apfel vom Baum, biß hinein und gab ihn dem Adam, der ihn in sich hineinmampfte, wahrscheinlich ohne zu wissen, was er tat, denn von diesem Augenblick an brachten die

Frauen die Männer um den Verstand. So ähnlich muß man sich das vorstellen. Nach einer alten Tradition war die Frucht am Baum ein Apfel, obwohl in der Bibel nur vom Baum der Erkenntnis die Rede ist. Aber der Apfel ist halt die Frucht der Früchte. Sie ist der Göttin Demeter, der Göttin der Feldfrüchte geweiht, genauso der Aphrodite, der Göttin der Liebe. Der Apfelbaum, das ist der Baum des Lebens.

Zu den traditionellen Dingen, mit denen der Christbaum geschmückt wird, gehören die mit Speckschwarte abgeriebenen roten Matthiasäpfel. So wie der 24. Dezember das Fest von Adam und Eva ist, durch die von einem Apfelbaum der Tod in die Welt kam, so bringt Christus, dessen Symbol der Christbaum ist, das Leben wieder in die Welt. Wer sich in der Christnacht unter einen Apfelbaum stellt, der sieht den Himmel offen, so heißt es. Der Apfelbaum nimmt aber auch Krankheiten auf, Fieber, Schwindsucht, Gicht. Was kann man alles einem Apfelbaum klagen, sein Zahnweh zum Beispiel: Man geht in der Osternacht stillschweigend zu einem Apfelbaum, setzt den rechten Fuß gegen den Stamm und spricht: «Neu Himmel, neu Erde, Zahn ich verspreche dich, daß du mir nicht schwelst noch schwärest, bis es wieder Ostern wird.» Oder man geht früh vor Sonnenaufgang zu einem Apfelbaum, erfaßt einen Zweig und spricht: «Jetzt greife ich an den grünen Ast, der nehme von mir alle Last, alle meine bösen Gesichte, das Schwinden und das Reißen soll aus meinen Gliedern weggehen und in den Ast einschleichen.»

So, nun hoffe ich nur, daß ich weder mit Zahnärzten noch mit Psychiatern Probleme wegen der Konkurrenz bekomme. Vor allem, wenn ich jetzt noch sage, daß der Apfel, der von einem Erstkommunikanten mit in die Kirche genommen wird, zeitlebens vor Zahnweh bewahrt. Einem Neugeborenen schenkt man einen Apfel, damit es später rote Backen bekommt, wie es heißt. Aber natürlich ist der tiefste Sinn der, daß die Frucht vom Lebensbaum dem Kind Kraft gibt. Seit alters gilt es als Liebeszeichen, wenn man einer Person des anderen Geschlechts einen Apfel zuwirft. Mit mancherlei Manipulation, zum Beispiel wenn man einen bestimmten Buchstaben auf den Apfel schreibt, kann man sich die Liebe eines Mannes oder einer Frau erwerben. Da gibt es aber eine böse Geschichte.

Ein junger Mann hat einen Apfel magisch präpariert und der Angebeteten zugeworfen. Die aber fand den Jüngling keinesfalls liebenswert, sie mochte noch nicht einmal einen Apfel von ihm annehmen und um ihm dies zu zeigen, warf sie den Apfel einem der Schweine hin, die ja früher noch frei auf der Straße herumliefen. Da ist die arme Sau in Liebe zu dem jungen Herrn entbrannt und ihm nimmer von der Seite gewichen, was ihm keinesfalls recht gewesen sein soll.

Ich habe diese Geschichte nicht erfunden. Sie steht in einem mittelalterlichen Geschichtenbuch.

Etwas muß ich Ihnen noch mitteilen, das wird alle Damen interessieren, das ist das Rezept des sogenannten Goldapfels. Den bereitet man folgendermaßen: In der Weihnachtsnacht wird ein Apfel an den Boden geworfen und nach Abbeten eines «Vaterunser» mit dem linken Fuß rückwärts in den nächsten Bach geschleudert. Um Mitternacht begibt man sich wieder an den Bach und sucht nach den Apfel, der natürlich von dem Bach fortgeschwemmt worden ist. Spätestens um 1 Uhr muß man wieder unterm Dach des eigenen Hauses sein, sonst wird das Wasser des Baches untrinkbar (heutzutage ist das ja egal, weil sowieso kein Bachwasser mehr trinkbar ist, und das liegt nicht an den nicht gefundenen Äpfeln!). Hat man den Apfel glücklich gefunden, so wird er mit Salz und Brot an einen verborgenen Ort gelegt, wo man ihn am anderen Morgen als goldenen Apfel wiederfindet. ist aber so klein geworden wie ein Stecknadelkopf. Gelingt es einem, ihn wieder zu finden, dann

igt man ihn im Haar, und alle Männer werden einem «geneigt». Hat das Mädchen aber dann ganz
ele Verehrer gewonnen, dann kann sie mit Hilfe von Apfelkernen feststellen, welches der Treueste
. Sie drückt sich so viele Apfelkerne an die Stirn, wie sie Verehrer hat, und ordnet jedem Kern
en Namen zu. Und wessen Kern am längsten hängen bleibt, der ist der Treueste.
eine Mutter aß am liebsten eine von den ganz alten Apfelsorten, den kleinen roten Matthiasapfel,
nau den, den man an Weihnachten an den Christbaum hängt. Sie nannte ihn Matthiskracher, und
 glaube, wenn sie ihn aß, dann erinnerte sie sich an daheim, wo es an Weihnachten für die Kinder
 paar Äpfel und ein paar Nüsse gab. Keine Weihnachtsgeschenke wie heutzutage. Und droben
 Leimbach, wo meine Mutter daheim war, da wuchsen halt nur die uralten Apfelsorten. So wie es
ch nur die kleinen Birnen gab, die meine Mutter «Geißhirtle» nannte. Man kann sie längst nicht
hr kaufen, kein Mensch würde sie heute essen. Sie waren erst richtig fein, wenn sie innen braun
rden, nicht faul, sondern braun von der Reife. Meine Mutter hat sie auch eingemacht, und in der
nnerung kommt mir keine Konservenbirne an ihren unvergleichlichen Geschmack heran. Viel-
cht gibt es sie noch irgendwo. Sicher.
eine Mutter hatte, wie manch andere Frau und mancher Mann, Probleme mit der Verdauung. Sie
 auf geriebenen Apfel geschworen. Kathrin wird im medizinischen Teil des Kapitels Apfel den ge-
benen Apfel als Mittel gegen Durchfall vorstellen. Aber er wirkt offenbar auch «andersherum». Er
thält nämlich reichlich Ballaststoffe, die den Darm zu seiner Arbeit anregen, so daß er einerseits
rch den Gehalt an einem Stoff namens Pektin für eine Desinfektion des Darmes sorgt und damit
rchfälle zu heilen vermag, andererseits durch seine Ballaststoffe für eine gesunde Entleerung des

Darmes sorgen kann. Was die Schalen betrifft, so meint der Ernährungswissenschaftler, seien si
als Ballaststoffe nicht unwichtig, andererseits wäre es heutzutage im Hinblick auf die Luftverunrein
gungen und auch die Pflanzenschutzmittel vielleicht besser, die Äpfel zu schälen, zumal die Vitami
ne nicht unbedingt «unter der Schale» sitzen. Auf jeden Fall sollte man den Apfel vor dem Essen gu
waschen. Es gibt ca. 20000 Apfelsorten auf der Welt, davon ca. 1000 in der Bundesrepublik. 68 %
der Bevölkerung in der Bundesrepublik nennen den Apfel ihr liebstes Obst. Jeder fünfte Deutsch
ißt täglich einen Apfel. Die Hälfte der Bevölkerung ißt mehrmals in der Woche einen Apfel. Der Apfe
ist auch deshalb so beliebt, weil man vielfältig mit ihm umgehen kann. Man kann ihn braten, backen
kochen, zu Mus verarbeiten, Apfelkuchen daraus machen und natürlich roh essen. Etwas Merkwü
diges ist, es gibt regelrechte Apfelmoden. So waren 1973 50% der verkauften Äpfel Golden Del
cious. 10 Jahre später, 1983, waren es nur noch 20%. Die Marktforschung hat festgestellt, daß sic
unser «Apfelgeschmack» von süß-aromatisch (Golden Delicious) nach süß-sauer (Jonagold, Gloste
verschoben hat. Rein äußerlich geht die Richtung hin zum farbigen Apfel, wie ihn die beiden g
nannten Apfelsorten präsentieren. Dennoch führt heute immer noch Golden Delicious, vor Co
Orange, Boskop, Gloster, Ingrid Marie, James Grieve, Goldparmäne und Glockenapfel die Liste de
beliebtesten Apfelsorten an. Dabei ist auch nicht uninteressant festzustellen, daß zum Beispiel de
Vitamin C-Gehalt beim Boskop bei 16,4 mg pro 100g-Apfel, beim Golden Delicious, dieser hochg
züchteten Sorte, nur bei 5,7 mg, also einem Drittel, liegt.
Bei der Aufzählung der Verwendungsart von Äpfeln habe ich natürlich vergessen, den Most zu e
wähnen. Kathrin wird beschreiben, wie man den Apfelmost mit Hausmitteln machen kann. Mein
Mutter hat immer ein Fäßchen davon im Keller gehabt, und sie war der Meinung, er sei besonde
gesund. Früher hatten die Bauern auch in den Gegenden, wo es den Wein aus Trauben gab, imm
ein Faß Apfelmost im Keller für den täglichen Durst bei der Arbeit draußen auf dem Feld, beim Pfl
gen und beim Mähen, zum Brot und zum Speck.
Und mit einer Geschichte aus dem Umfeld des Mostes möchte ich das Kapitel Apfel angemesse
abschließen: Die Lehrerin in der Schule hat gefragt: «Wer kann sich denken, warum der Liebe Go
Adam und Eva verboten hat, von dem Apfelbaum zu essen?» Tiefes Schweigen.
Dann in der drittletzten Bank ein zaghafter Finger. Die Lehrerin, glücklich über den Erfolg ihres U
terrichts: «Na Mäxle, warum?» Und der kleine Max sagte: «S'Gott's hen wahrschienlich mosch
welle», was auf Hochdeutsch heißt: «Die Familie Gott hat wahrscheinlich Most machen wollen.»
Was auch nicht mehr ganz dasselbe ist wie auf alemannisch. Aber das ist ein anderes Thema.
Ich halte einen Apfel in der Hand, rund ist er, glatt, vollkommen in seiner Art. Ein geschlossen
Ganzes. Er hat einen Stiel, der daran erinnert, wo er her kommt: vom Baum. Auf der anderen Sei
ist der Rest der Blüte. Das war er einmal, eine schneeweiße Blüte mit einem Hauch von Rot. Ein za
ter Duft ging von ihr aus, und Bienen kamen, um den Honig zu holen. Die Blütenblätter sind verga
gen. Das, was bei der Blüte so gut wie gar nicht auffiel, das ist zum Apfel geworden: rund und sch
und süß und voller Geschmack. Eine ganze Welt voller Geschmack und innen drin kleine brau
Kerne, aus denen wieder Apfelbäume werden können mit Blüten, mit Früchten und mit Kerne
Symbol des Lebens, das weitergegeben wird. Von wo? Wohin? Auf manchen Gemälden der Mutt
Gottes hält das Christkind einen Apfel in der Hand. Zu den Zeichen der Kaiserwürde gehört der g
dene Reichsapfel. Vielleicht ist die Welt wirklich nichts anderes als ein Apfel in der Hand Gottes.

Die Großmutter wußte:

- *Äpfel schält* man mit dem Sparschäler. Man beginnt bei der Fliege und schneidet ringsum. Die Schalen trocknet man bei 50°C im Backofen. Sie ergeben einen durststillenden Tee.
- Äpfel werden *nicht braun,* wenn man sie nach dem Zerkleinern mit Zitronensaft beträufelt oder in Essigwasser legt.
- *Apfelringe trocknen:* Äpfel schälen, Kerngehäuse ausstechen, in Ringe schneiden, diese 10 Minuten in Salzwasser legen (1 EL Salz auf 1 l Wasser), abtropfen lassen, auf einen Faden aufreihen, diesen an einem luftigen Ort (am Fenster, auf dem Estrich) aufhängen. Die getrockneten Ringe in einem Stoffsäckchen aufbewahren.
- *Apfelsaft herstellen:* Falläpfel waschen, Fauliges wegschneiden, zerkleinern, häckseln oder durch den Fleischwolf geben. Maische über Nacht im Keller stehen lassen. Mittels einer Saftpresse den Saft abpressen. 1 kg Äpfel ergeben ca. ¾ l Most.

Süßmost pasteurisieren: in ganz saubere Flaschen abfüllen, diese mit Gummikappen verschließen, 50 Minuten bei 80°C sterilisieren. Auch der Dampfentsafter eignet sich zur Süßmostherstellung.

- *vergorenen Apfelmost* herstellen: Fässer oder Korbflaschen müssen ganz sauber ausgewaschen und geschwefelt sein (1 Schwefelschnitte genügt für ein Volumen von 100 l). Most einfüllen, ein Viertel des Gefäßes leer lassen. Hefekultur (in der Drogerie erhältlich) beifügen. Einen Gärstopfen, dessen äußerer Ring mit Wasser gefüllt ist, aufsetzen. Bei höchstens 25°C gären lassen, d.h. so lange stehen lassen, bis sich keine Blasen mehr bilden. Dann mittels eines Weinhebers (in Winzerzubehörgeschäften erhältlich) in Fla-

schen umfüllen, die man mit Korken ve[r] schließt. Liegend lagern.
— Äpfel werden im Keller *gelagert,* auf Obs[t] hurden bei einer Temperatur zwischen 3 un[d] 8° C. Die Stiele sollen gegen oben gericht[et] sein. Am haltbarsten bleiben sie, wenn s[ie] sich gegenseitig nicht berühren. Jede Woch[e] muß der Vorrat einmal kontrolliert und A[n]gefaultes entfernt werden.

Heute bewahrt man Äpfel auch in mit L[ö]chern versehenen Plastiktüten oder in Box[en] aus Styropor oder Sagex auf, die man, m[it] Zeitungen oder Zeitschriften bedeckt (z[u]sätzlicher Frostschutz), auf dem Balkon od[er] im Estrich aufstellt.

— Zur *Frischhaltung der Luft im Krankenzi[m]mer* besteckt man einen Apfel mit Lorbee[r]blättern und Nelken und hängt ihn bei[m] Krankenbett auf.

— Äpfel regen den *Reifeprozeß* von Birne[n,] Pfirsichen und Tomaten an. Deshalb zu u[n]reifen Früchten dieser Art einen reifen Ap[fel] legen und alles an einem dunklen, kühl[en] Platz (aber nicht in Plastiktüten) aufbewa[h]ren.

Die Eßreife verschiedener Apfelsorten

Frühsorten (Mitte Juli bis Ende September)
Kläräpfel, James Grieve, Gravensteiner
Herbstsorten (Mitte September bis Jahresend[e)] Goldparmäne, Cox Orange, Berlepsch, Bern[er] Rosen, Sauergrauech)
Wintersorten (anfangs Oktober bis Ende Mai[)] Jonathan, Golden Delicious, Kanada-Reinet[te,] Idared, Boskop, Maigold)
Spätsorte (anfangs Dezember bis Ende Juni) Glockenapfel

Apfelrezepte

Kalbsleber Berliner Art

    2 säuerliche Äpfel geschält, das Kerngehäuse ausgestochen, in dicke Scheiben geschnitten
2 EL Zitronensaft
    4 Scheiben Kalbsleber
2 EL Mehl
    4 Scheiben durchwachsener Speck
    1 Zwiebel, in Ringe geschnitten
4 EL Butter
    Salz, Pfeffer

Die Apfelringe mit dem Zitronensaft beträufeln. Die Leberscheiben im Mehl wenden. Die Speckscheibchen in einer Bratpfanne knusprig braten, warmstellen. Die Zwiebelringe im Speckfett braten, zum Speck geben. 2 EL Butter in derselben Pfanne zerlassen, die Leberscheiben auf kleinem Feuer auf jeder Seite nicht länger als 3 Minuten braten, salzen, pfeffern. Gleichzeitig in einer zweiten Pfanne 2 EL Butter zergehen lassen, die Apfelringe auf jeder Seite hellbraun braten. Leberschnitten abwechslungsweise mit den Speckscheiben auf eine vorgewärmte Platte legen, Zwiebelringe rechts und links davon verteilen, den Bratenjus darübergeben.

Apfelmeerrettich

500 g säuerliche Äpfel
1 EL Butter
  ½ Tasse Wasser
1 EL Zitronensaft
  1 Tasse geriebenen Meerrettich
–2 EL Essig
    Salz
    Zucker

Die Äpfel schälen und in Stücke schneiden. In Butter, ein wenig Wasser und Zitronensaft weich schmoren. Durch ein Sieb drücken und mit dem Meerrettich verrühren. Mit Essig, Salz und Zucker abschmecken.

Apfelküchlein

    4 Reinetteäpfel
4 EL Zucker
4 KL Zimt

Die Äpfel schälen, Kernhaus ausstechen, in 1 cm dicke Ringe schneiden, mit der Zimt/Zuckermischung bestreuen, zugedeckt ½ Std. stehen lassen.

    2 Eier
2 EL Bier (oder stark kohlensäurehaltiges Mineralwasser)
2 EL Zucker
3 EL Milch
4 EL Mehl
1 Msp. Backpulver
1 Prise Salz
  50 g Butter
    Fritieröl

Die Eier gut verklopfen, die restlichen Zutaten in der angegebenen Reihenfolge beifügen. Butter geschmolzen (aber nicht heiß). Die marinierten Apfelringe in den Teig tauchen, in heißem Fritieröl goldbraun backen, noch warm mit Zucker und Zimt bestreuen, warm oder kalt servieren.

Werners chinesische Variante der Apfelküchlein: wie oben beschrieben backen, Zucker und Zimt ersetzen durch flüssigen Bienenhonig.

Apfelkuchen Demoiselles Tatin

> 50 g Butter
> 150 g Staubzucker
> 900 g Äpfel
> 150 g Kuchenteig (s. S. 290)

Platte: 20 cm Durchmesser, Höhe 6 cm (Pyrex-Platte)

Die Äpfel schälen und vierteilen (Jonathan, Kochäpfel, Gravensteiner oder Golden Delicious). Das Kerngehäuse entfernen und die Apfelviertel in 5 mm dicke Scheiben schneiden. Pyrex-Platte mit einem EL Butter ausstreichen. ½ Tasse Staubzucker auf dem Plattenboden gleichmäßig verteilen und mit einer Lage Apfelscheiben belegen. Apfelscheiben mit einem EL Staubzucker und 1 KL Butterflocken bestreuen. Nächste Lage von Apfelscheiben einlegen und wieder mit 1 EL Staubzucker und 1 KL Butterflocken bestreuen. Diesen Vorgang wiederholen, bis alle Apfelscheiben eingelegt sind. Letzte Schicht mit 2 EL Staubzucker und 1 EL Butterflocken bestreuen. Platte auf den Boden des vorgewärmten Ofens stellen und nun mit auf höchster Stufe eingeschalteter Unterhitze während ½ Std. backen. Kuchenteig ausrollen (Durchmesser 20 cm) und damit die Apfelscheiben in der Platte bedecken. Nochmals 10 Min. backen, bis der Deckel eine goldbraune Farbe hat. Die Platte aus dem Ofen nehmen und den Apfelkuchen auf einen feuerfesten Teller stürzen (der Teigdeckel wird zum Boden). Die Oberfläche mit 2 EL Staubzucker bestreuen. Kuchen nochmals auf die oberste Backrille schieben und 5 bis 10 Min. überbacken, bis der Zucker karamelisiert.

Strudelteig (ergibt zwei Strudel)

> 350 g Weißmehl, gesiebt
> 1½ dl Milch
> 2 EL Sonnenblumenöl
> 1 Ei
> 1 Kl Salz

Ins Mehl eine Vertiefung machen, die restlichen Zutaten zuerst mit dem Schneebesen gut miteinander vermengen, in die Vertiefung geben, mit der Kelle mischen, bis der Teig glatt ist. Aus der Schüssel nehmen und auf dem Tisch mit wenig Mehl mit einem Teigschaber (jener halbmondförmigen Scheibe, die früher aus Horn, heute aus Plastik hergestellt wird) oder einem Spachtel kneten, bis er elastisch ist. Von Hand kneten ist nicht empfehlenswert, weil die zu warme Temperatur der Hand den Teig klebrig werden läßt.

1 Stunde unter einem erwärmten Suppenteller ruhen lassen. Kann auch tiefgekühlt werden.

Apfelfüllung (für einen Strudel)

> 2 EL Butter
> 2 – 3 säuerliche Äpfel geschält,
>   grob geraffelt (500 g)
> 2 EL Rosinen, in lauwarmem Wasser
>   eingeweicht
> 3 EL gemahlene Haselnüsse
> ½ KL Zimt
> 1 EL Rum oder Calvados
> 2 EL Paniermehl
> 1 Ei

Die Butter zergehen lassen, Äpfel, Rosinen, Zucker, Nüsse, Zimt zugeben, kurz dämpfen, mit dem Schnaps ablöschen, nochmals durchdämpfen, erkalten lassen.

Den Strudelteig (s. vorhergehendes Rezept) in ein Rechteck von ca. 50 x 25 cm auswallen, auf ein Tuch legen, zuerst das Paniermehl, dann die Apfelmasse darauf verteilen. Auf den beiden Längs- und der vorderen Querseite muß ein etwa 3 cm breiter Rand frei bleiben. Den Rand mit Ei bestreichen. Am hinteren Rand das Tuch hochheben und so den Strudel aufrollen, die Enden gut anpressen, mit Ei bestreichen. Mit einer Gabel Zierstreifen ziehen und einige Male einstechen. Im vorgeheizten Backofen bei 180° 30–40 Min. backen.

Apfelpudding

 200 g altbackenes Weißbrot, würflig geschnitten
 3 dl Milch
 500 g Apfelmus
 4 Eier
 3 EL Zucker
 1 KL Zimt

Das Brot mit der kochenden Milch übergießen, ½ Std. stehen lassen, von Hand zu Brei zerdrücken. Das Apfelmus, die mit Zucker und Zimt geschlagenen Eier darunterziehen. In eine panierte Puddingform einfüllen, verschließen, im heißen Wasserbad in dem auf 150° vorgeheizten Ofen 60 Minuten backen. Stürzen, noch warm mit Vanillesauce (siehe Seite 238) servieren.

Apfelrösti

 75 g frische Butter
 250 g altbackenes Brot, in feinen Scheiben
 8 saftige, säuerliche Äpfel, geschält, in Scheibchen geschnitten
 4 EL Zucker
 1 dl Apfelsaft
 1 Msp. Zimt
 2 EL Rosinen, ½ Std. in lauwarmem Wasser eingeweicht

Die Hälfte der Butter zergehen lassen, die Brotscheiben darin goldbraun rösten, die Apfelscheiben darüberstreuen. Auf kleiner Flamme zugedeckt dämpfen, bis die Äpfel gar sind. Von Zeit zu Zeit dem Pfannenrand entlang die restliche Butter zugeben. Zum Schluß den Zucker, den im Apfelsaft verrührten Zimt und die Rosinen daruntermengen. Schmeckt warm, lauwarm oder ausgekühlt gut.
Luxusvariante mit Vanillesauce!

Apfel-Chutney

    1 kg *Äpfel, geschält, Kerngehäuse entfernt und in Würfel geschnitten*
  250 g *Preiselbeeren oder schwarze Johannisbeeren*
      3 *Zwiebeln, fein gehackt*
      3 *Knoblauchzehen, fein gehackt*
      1 *Zimtstange*
      1 *Orange, abgeriebene Schale und Saft*
  ½ KL *Cayennepfeffer*
  ½ KL *Salz*
  300 g *Zucker oder Rohrzucker*
   3 dl *Rotweinessig*

Alle Zutaten außer dem Essig in einen Topf geben, mischen, 1 dl Essig dazugießen und unter Rühren aufkochen, dann Hitze reduzieren. Während ca. 1¼ Std. unter gelegentlichem Rühren zu einer dicken Masse einköcheln lassen. Dabei nach und nach den restlichen Essig zugeben. Die dicklich gewordene Masse heiß in vorgewärmte Gläser abfüllen, sofort verschließen

Der Apfel als Medizin

«An apple a day keeps the doctor away» – ein Apfel am Tag macht den Arzt überflüssig. Umsonst haben die englischen Großmütter dieses Sprichwort nicht erfunden, denn Äpfel können vieles:

— bei hartnäckigem *Durchfall* ißt man nichts anderes als 1 kg geschälte, geraffelte Äpfel. Diese Menge in mehreren kleinen Portionen über den Tag verteilt. Die Äpfel sorgen für «Darmhygiene», das heißt, sie saugen Fäulnisstoffe und Bakterien im Darm auf.
— bei *Magenschmerzen* und *Erbrechen:* jede halbe Stunde einen Kaffeelöffel geraffelten Apfel.
— *Rekonvaleszenz:* nicht zu kalten Apfelsaft trinken. Leicht verdaulich, appetitanregend.
— *Cholesteringehalt* des Blutes niedrig halten: regelmäßig Äpfel essen.
— *Zahnreinigung:* die Fruchtsäuren des Apfels reinigen die Zähne und die Mundhöhle von schädlichen Bakterien. Einen Apfel essen ersetzt das Zähneputzen mit der Zahnbürste (Hilfsmaßnahme, wenn man die Zahnbürste vergessen hat!)
— *Halsleiden,* Schluckweh, Mandelanschwellungen: Umschläge mit einem in lauwarmen Apfelsaft getauchten Tuch
— *Fieber:* getrocknete Apfelschalen zu gleichen Teilen mit Goldmelissenblättern vermischen, 1 EL der Mischung mit ½ l kochendem Wasser übergießen, 10 Min. stehen lassen. Mit Honig süßen.
— *Nervosität:* Apfeltee. Einen ungeschälten Apfel scheibeln, mit 1 l kochendem Wasser übergießen, 2 Std. ziehen lassen. Der Kräuterpfarrer Künzle schreibt: «Für geistig arbeitende Personen und nervös Angestrengte ist dieser Tee Goldes wert».

Vorsicht: Der Genuß eines kellerkalten Apfels kann Magenschmerzen verursachen. (Die Großmutter sagte: «Äpfel kälten»). Mag man aber kalte Äpfel besonders, dann ißt man ein Stück Brot dazu.

Was unseren Hunger stillt: Das Brot

Man hat von Menschen und von Dingen, von Orten und Situationen der eigenen Vergangenheit ganz bestimmte Bilder gespeichert, die einem einfallen, wenn man sich erinnert. Eines dieser Bilder ist das Bild meiner Mutter, die einen Laib Brot nimmt, mit der anderen Hand ein Brotmesser und auf dem Boden des Brotes mit dem Messer drei Kreuze macht. Dann drückt sie das Brot an sich und schneidet das Knäusle ab. Immer hat meine Mutter das Brot geschnitten, nie mein Vater. Ich durfte es auch nicht tun, ich war ja noch zu klein und hätte das Brot «vernächst» wie meine Mutter sagte. Das konnte sie absolut nicht leiden, wenn die Brotscheiben ungleich dick und die Schnittfläche des Brotes nicht eben war. Hatte sie Brot geschnitten, legte sie den Laib und das Messer weg und klopfte das Mehl von ihrer Kittelschürze, die sie werktags immer trug. Wenn ein Stück Brot auf die Erde fiel, hob sie es auf, fuhr mit der Schneide des Messers über die Fläche des Brotes, um den Schmutz zu entfernen, und küßte es. «Warum machst du das, Mutter?», habe ich sie oft gefragt. «Ich muß das Brot um Entschuldigung bitten, daß ich's hab fallen lassen.»

In der Zeit nach dem Krieg, als Brot etwas Kostbares war, als die Menschen hungerten, hat mir oft meine Mutter einen Teil ihrer Brotration gegeben. Und nicht nur der Brotration. Sie hat gesagt: «Wenn man alt ist, muß man nicht so viel essen.» Ich habe das Brot angenommen und habe mich geschämt. Da hat es Mutter so gemacht, daß ich es nicht gemerkt habe: «Ich habe schon Kaffee getrunken.» Und ich habe gelernt, das bittere Brot des Almosens zu essen, wenn ich zu meinen Onkeln und Tanten auf dem Land gekommen bin und sie sagten: «Du lieber Gott, jetzt kommst du auch noch.» Seit dieser Zeit esse ich gerne altbackenes Brot, sie hatten immer nur altbackenes Brot für mich. Manchmal war grüner Schimmel darin. Heute hätte ich Angst, es zu essen, wegen dem Krebs. Meine Mutter hat nie geduldet, daß ein Stück Brot weggeworfen wurde, auch nicht zu Zeiten, als es noch genügend Brot gab. Was nicht gegessen wurde, übrig blieb, hat sie in einem Sack aufgehoben ...

Einmal in der Woche gab es Brotsuppe: Mutter hat eine gleiche Menge trockenes Brot mit Kartoffeln gekocht und dann durch ein Sieb gestrichen. In dieser Suppe, die säuerlich schmeckte und unvergeßlich, kam ein Löffel saure Sahne. Mutter nannte diese Suppe «Wöchnerinnensuppe», und sie sagte, diese Suppe hätten früher die Wöchnerinnen erhalten gegen das Kindbettfieber und die Entzündung der Brüste.

Ich muß noch sehr klein gewesen sein, als mir Mutter die Geschichte von der Saulache erzählte. Meine Mutter war im Hexental daheim. In einem Seitental, dort, wo es hinauf geht gegen den Kohler. In einem der kleinen Bergbauernhäuser. Wo das Tal in eine kleine Hochebene überging, war eine feuchte Stelle, morastig, mit ein paar kleinen Flecken offenen Wassers dazwischen: die Saulache. «Dort», sagte Mutter, «war einmal ein großes, reiches Schloß, und die Leute in diesem Schloß waren übermütig. Sie haben, wenn es geregnet hat, aus Brotlaiben Überschuhe gemacht. Da hat sie Gott gestraft und das Schloß ist in die Tiefe versunken.» Es gibt im Schwarzwald aber auch anderswo vie-

le Geschichten von Strafen, die Gott über die hat kommen lassen, die das Brot mißachtet haben. Schlösser und Städte sind versunken, Menschen sind zu Stein verwandelt worden, wenn sie ohne Ehrfurcht mit dem Brot umgingen. Das geht sogar so weit, daß ein Bauer, der im Herbst auf dem Weg eine vom Erntewagen herabgefallene Ähre findet, niemals mehr gutes Korn wird ernten können, wenn er die Ähre nicht aufhebt. Meine Mutter wurde sogar böse, wenn jemand den Brotlaib auf die falsche Seite legte. «Das bringt Unglück», sagte sie. In der Pfalz nennt man die untere, blasse Seite des Brotlaibes die Mädchenseite und die obere, braune, knusprige, die Bubenseite. Und wenn man das Brot auf die Bubenseite legt, dann muß man in der Hölle deren Qualen auf dem Bauch liegend ertragen. Bei dieser Bezeichnung «Buben- und Mädchenseite» kommt man leicht auf unkeusche Gedanken. Aber merkwürdigerweise gibt es im Zusammenhang mit dem Brot viel direkte Anspielungen auf den Sexualbereich des Menschen:
Sehen nicht Wecken und Brötchen und Gebäck wie das Weiblichste der Frauen aus und Hörnle, Kipfel und Stengel wie die entsprechende biologische Ausstattung von Männern?
Es mag in heidnische Zeit zurückweisen oder vielleicht auch nicht, jedenfalls hat es die Kirche nicht ausgerottet. Was mich wundert. Oder haben nur Kulturhistoriker die gleiche schlechte Phantasie wie ich?
Bei meiner Tante Rosa habe ich als Bub zuschauen können, wie sie Brot gebacken hat. Sie und Onkel Karl hatten einen großen Hof und viele Kinder und haben entsprechend viel Brot gebraucht. Onkel Karl hat den Backtrog auf dem Speicher mit dem Mehl gefüllt, das aus dem eigenen Getreide in der Mühle gemahlen worden war. In der schwarzen, verrauchten Küche, Tante Rosa hatte noch einen altmodischen riesigen Herd mit einem Rauchfang darüber, in dem Würste und Schinken hingen, hat sie den Vorteig gemacht, ihn gehen lassen und dann den Teig geknetet. Am anderen Morgen wurde Feuer gemacht im Backofen, der zugleich in der Stube die Kunst war, und wenn er recht heiß war, dann wurde die Glut zur Seite geschoben und die Brotlaibe kamen hinein. Mit dem letzten Teig wurde immer ein Waihen gemacht, d.h. auf den dünnen Brotteigboden kamen je nach Jahreszeit Speck, Zwiebeln, Sahne, Äpfel, Zwetschgen, und zum Mittagessen am Backtag gab es dann den Waihen mit einer Kartoffelsuppe. Tante Rosa hat immer für mehrere Wochen Brot gebacken, und am Ende der Zeit war das Brot oft schon hart. Vor Weihnachten hat Tante Rosa getrocknete Birnen und Zwetschgen eingeweicht und zusammen mit kleingehackten Nüssen und einer angemessenen Menge Kirschwasser unter den Teig geknetet. Das gab dann das Hutzelbrot, das früher im Schwarzwald der Weihnachtskuchen der Bauern war. Ob sie zu dieser Zeit bereits Linzertorte gemacht haben oder nicht, weiß ich allerdings nicht, wie überhaupt das Thema Linzertorte und ihr Weg in den Schwarzwald, wo sie der Festtagskuchen generell ist, zwar auf die Zeit verweist, da der südliche Schwarzwald zu Vorarlberg und damit zu Österreich gehörte, aber ansonsten unerforscht ist. Am Rande muß ich noch anmerken, ich habe einmal in Linz Originallinzertorte gegessen: das ist vielleicht ein armseliges Zeug, verglichen mit der Linzertorte meiner Tante Anna, aber darüber habe ich mich an anderer Stelle schon ausführlich geäußert.
Zurück zum Hutzelbrot meiner Tante Rosa, das meine Cousine Marie vor Weihnachten, wie alle anderen Herrlichkeiten, meiner Mutter brachte. Von diesem Hutzelbrot bekamen die Kühe in der Christnacht zu fressen. Onkel Karl ging zu jeder Kuh, sprach mit ihr und fütterte sie mit einem Stück davon. Es gibt wenige Nahrungsmittel, die mit so viel Bräuchen, auch abergläubischen Bräuchen

verbunden sind, wie das Brot. Meine Mutter sagte, wer den letzten Bissen Brot einem Hund oder einer Katze gibt, dem schwinden die Lebenskräfte. Wenn man verreist, muß man das Brot vom Tisch nehmen und in den Schrank legen. Wenn man das Brot über Nacht auf dem Tisch liegen läßt, weinen die armen Seelen. Als Symbol des Hauses muß immer über Nacht Brot im Haus sein, und wenn das letzte Brot am Abend gegessen wird und keines mehr im Haus ist, dann bedeutet das Unglück, an Weihnachten fürs ganze nächste Jahr. Man darf das Brot nicht auf das Bett legen, sonst schläft die Arbeit, d. h. sie hat keinen Erfolg. Die Schnittfläche des Brotes darf nicht gegen die Tür schauen, weil so das Glück aus dem Haus geht. Man darf kein Messer aufs Brot legen und keines hineinstechen, sonst beleidigt man Gott.

Brot dient als Liebeszauber, Fruchtbarkeitszauber, mit Brot kann man etwas über die Zukunft erfahren. Wenn man zum Beispiel in Gedanken ein zweites Stück Brot streicht, ist Besuch zu erwarten. Junge Mädchen können mit Hilfe von Brot, das sie aus Mehl gebacken haben, das in drei unterschiedlichen Häusern erbettelt worden ist, ihren Schatz im Traum sehen. Mit Hilfe von Brot kann man Diebe bannen. Im Mittelalter wurde Menschen, die des Diebstahls verdächtig waren, ein auf besondere Weise geweihtes Brot zu essen gegeben; konnte der Verdächtige das Brot schlucken, so war er unschuldig, blieb es ihm «im Halse stecken», dann war er der Dieb. Mit geweihtem Brot kann man Gefangene befreien. Man kann mit Brot Menschen Unglück bringen, aber man kann auch den Gegenstand seiner Liebe an sich binden. So gibt manchmal der Bursche seinem Mädchen ein Stück Brot heimlich zu essen, das mit dem Schweiß seiner Achselhöhle durchtränkt ist. Wenn man Brot in die Milch schneidet anstatt brockt, so schneidet man der Kuh das Euter ab, d. h. sie gibt keine Milch mehr. Hexen und Dämonen zaubern mit Brot. Man muß aufpassen, daß die Dämonen keine Gewalt über das Brot bekommen, darum darf man es zum Beispiel nicht auf den Boden legen. Ist jemand verhext, so hilft Brot mit dem Kreuzzeichen oder neun Stücklein Brot und neun Kohlen. Wer gern Brotrinde ißt, den verläßt das Glück nicht. Brot und Salz werden seit altersher bei vielen Völkern dem Fremden als Willkommensgruß gereicht, und noch heute geben auch bei uns viele Leute denen, die in eine neue Wohnung oder in ein neues Haus ziehen, Brot und Salz als kraftspendende und schützende Gabe.

Ich habe einmal den Mönchen des Heiligen Berges beim Brotbacken zugeschaut. Sie hatten das Korn in der eigenen Mühle gemahlen, früh am Morgen, während die anderen Mönche in der Hauptkirche des Klosters den Orthros, das Große Morgengebet, sangen. Sie haben den Teig geknetet und kleine Laibe daraus gemacht. Und sie haben aus demselben Teig, der für ihr tägliches Brot bestimmt war, die kleinen Prosphoren geformt, die Brote, die in der heiligen Liturgie benutzt werden. Sie bestehen aus zwei kleinen Teigballen, die übereinander gelegt werden und die bedeuten, daß Christus Mensch war und Gott. Und sie haben mit einem Model ein Kreuzzeichen eingeprägt mit einer Schrift, die in abgekürzter Form bedeutet: «Christus siegt». Sie haben über das Brot, ehe es in den Ofen kam, das «Vaterunser» gebetet. Ein Priester hat das Brot gesegnet. Der Teig wurde aus Mehl und geweihtem Wasser und Salz bereitet. Es kam etwas vom Teig des letzten Backens hinein, der in einer Schüssel aufgehoben worden war. Das genügte, um den Teig aufgehen zu lassen und das Brot luftig werden zu lassen. Die Mönche sagen: «Die Kraft des geweihten Wassers läßt den Teig aufgehen», aber natürlich ist es der Teig vom letzten Mal, der ein Sauerteig ist. Ich mag solche naturwissenschaftlichen Erklärungen eigentlich nicht. Ich finde es schön, an die Kraft des geweihten

Wassers zu glauben. Aus den Prosphoren schneidet der Priester in der orthodoxen Liturgie Stücklein. Ein großes Stück, das, auf dem «Christus siegt« steht, bedeutet Christus selbst; ein kleines dreieckiges Stück steht für die Mutter Gottes; 9 kleine Stücklein für die Engel, Propheten und die Väter der Kirche, und viele weitere kleine Stücklein für Patriarchen und Erzbischöfe, Priester und die Gläubigen, die Lebenden und die Toten. Dieses Brot wird Gott als Geschenk dargebracht.

Warum schenken die Menschen ihrem Gott Brot? Natürlich schenken sie ihm auch Wein. Aber warum Brot? Wenn man sich überlegt, ob es etwas Kostbareres gibt, das Menschen haben, dann fällt einem nur auf den ersten Blick Gold und Geschmeide ein. Was ist das schon letztendlich wert? Es gibt die Sage vom König Midas, einem König, der alles, was er berührte, in Gold verwandelte. Er mußte verhungern. Wirklich kostbar ist, wenn man es genau besieht, nur Brot. Edelsteine und Gold kommen in der Natur vor, ihre Gestalt wird verändert vom Goldschmied oder vom Edelsteinschleifer, aber sie bleiben, was sie sind. Brot ist das Zusammenwirken von Gott und den Menschen:
Gott hat das Korn durch die Natur wachsen lassen, weil der Bauer den Acker gepflügt hat, weil der Bauer das Saatkorn ausgesät hat, weil der Bauer den Acker gedüngt hat, weil der Bauer das Korn geschnitten hat, weil der Bauer oder seine von Menschenhand gebaute Maschine das Korn gedroschen hat. Der Müller hat es gemahlen mit Hilfe einer sinnreich erdachten Maschine, der Bäcker hat aus dem Mehl Brot gebacken.

Früher hat man von Gefangenen gesagt, sie erhielten im Kerker Wasser und Brot, das absolute Minimum. Mich hat das als Kind sehr beeindruckt.

Auf dem Heiligen Berg bin ich einem Mönch begegnet, der seit 25 Jahren täglich nur 2 Scheiben Brot und 25 Oliven gegessen hat. Brot ist das Grundnahrungsmittel, das Notwendigste, was Menschen haben. Und Brot ist das Symbol für alle Nahrung «... unser tägliches Brot gib uns heute ...». Der Wein, der auch im Gottesdienst Gott geschenkt wird, er ist das Symbol des Überflüssigen, dessen, was unser Leben schön und lebenswert macht. Davon werden wir in einem anderen Kapitel reden. Brot ist ein wahrhaft würdiges Geschenk an Gott.

Im Simmental sagt man, «es kamen drei Dinge vom Himmel herab, das eine war die Sonne, das andere war der Mond, das dritte unser heiliges tägliches Brot.»

Meine Mutter pflegte zu sagen: «Brot und Salz, Gott erhalt's». Ich weiß, man sagt es so von den Zutaten des Bierbrauens, aber meine Mutter hat das vom Brot gesagt.

Meine Mutter hatte in einem rot-weiß gewürfelten Tuch ein Stück trockenes Brot. Das hat ihr die Großmutter mitgegeben, als Mutter zum ersten Mal von daheim fortging, gegen das Heimweh.

Brot aus dem Dorfbackofen

Es gibt bestimmte Verrichtungen, die sind für mich nicht nur Arbeit, sondern auch Andacht: Gärtnern zum Beispiel. Da bin ich einfach mit den Blumen und Pflanzen ein Stück Natur und freue mich über jeden Fortschritt.
Oder ein Schaf melken. Da halte ich mein Gesicht an den Körper des Tieres gepreßt. Ich rieche den warmen Geruch nach Schaf. Seine Wolle streichelt meine Wange, mein Ohr hört das Glucksen und Kollern im Schafbauch und meine Hände gewinnen die Milch, die unvergleichlich gut schmeckt.
Die dritte Arbeit gibt mir das Gefühl, für alle, die in meinem Haus leben, zu sorgen. Sie vereint mich mit den Scharen von Frauen, die das schon seit ältester Urzeit getan haben: Brot backen.
Da ist jenes Erlebnis, das ich am Anfang meines Tessiner Lebens hatte: Ich ging durch die Gasse eines nahegelegenen Weilers, erschnupperte einen unbeschreiblichen Duft, ein Gemisch von Holzfeuer und gebackenem Brot. Als ich diesem Duft folgte, gelangte ich zu einem Dorfbackofen, aus dem soeben das Brot herausgenommen wurde: an den Rändern waren die Fladen dunkelbraun, gegen die Mitte hin wurden sie etwas heller. Die Rinde hatte Blasen – und im Boden steckten da und dort Holzkohlestückchen.
Ich wollte ein solches Brot kaufen. Das gehe leider nicht, sagte die Frau, die die Laibe in einen Korb legte. Kaufen nicht – aber geschenkt bekommen könne ich eins. Eigentlich wollte ich eine Scheibe dieses Brotes aufbewahren. Aber es schmeckte so gut, daß ich es aufaß bis zur letzten Krume.
Als jene Frau wiederum Brot buk, durfte ich ihr zusehen: Sie hatte im Wohnraum einen hölzernen Backtrog aufgestellt. Obwohl es sommerlich warm war, brannte im Kamin das Feuer. «Brot braucht Wärme», erklärte sie mir beinahe feierlich. Ich sehe sie immer noch vor mir: eine kleine, zarte Frau, das Gesicht mit Runzeln bedeckt, das Haar unter einem blauen Kopftuch verborgen, eine rot-weiß karierte Küchenschürze umgebunden.

An der Türe polterte es. Da kam ihr Mann, ein Koloß von einem Mann, der die Tür beinahe ausfüllte. Er hielt einen Mehlsack vor sich. Zwanzig Kilogramm seien es, erklärte er mir. Und mit geübtem Schwung ließ er das Mehl in die Mulde gleiten. Die Frau brachte eine Schüssel mit dem Sauerteig, den sie im Keller verwahrt hatte, und vermengte ihn mit etwas warmem Wasser. Dann drückte sie eine Vertiefung ins Mehl, goß den Teig hinein und rührte, dem Vertiefungsrand entlang fahrend, etwas Mehl in den Teig. Das Ganze wurde nun mit einem Leinentuch − einem handgewebten notabene − so liebevoll zugedeckt wie ein Kind in seinem Bettchen. Anderntags mußte ich mich morgens um sechs Uhr schon wieder einfinden. Nun brannte im Raum nicht nur das Kaminfeuer. Auch im Kochherd prasselte es. Zuerst wurde allen eine Tasse Kaffee eingeschenkt, und dann durfte ich zusehen, wie der Teig geknetet wurde. Die Frau hatte ihre Ärmel zurückgekrempelt, einen Teigschaber bereitgelegt − jene biegsame halbmondförmige Scheibe zum Entfernen des Teigs von Händen und Teiggefäß. Ihr Mann stand mit einem Kännchen − bitte: es war ein Kännchen und nicht eine Kanne − mit lauwarmem Wasser bereit. Die Frau begann, von der Mitte aus beginnend, ihren Teig zu bereiten. Sie arbeitete immer mehr Mehl hinein, und ihr Mann hielt in seinen schaufelgroßen Händen das Kännchen, aus dem er von Zeit zu Zeit ein kleines bißchen Wasser zugoß. War es leer, dann holte er aus dem Wasserschiff des Kochherdes Nachschub. Die Frau bearbeitete ihren Teig. Ihr Mann wischte ihr hie und da die Stirn ab und goß Wasser nach. Auch mir, die nichts tat als zuschauen, floß der Schweiß vom Gesicht: es war unerträglich heiß im Raum. Das mußte so sein, sollte das Brot richtig aufgehen.
Man muß jahrelang Brot gebacken haben, um mit flinken, anmutigen Bewegungen zwanzig Kilogramm Mehl verarbeiten zu können. Eine Zeitlang sah der Teig klebrig aus und zäh, schien sich aber dann auf einmal zu fügen und löste sich vom Rand der Mulde.
Mit dem Teigschaber stach die Frau nun Teigstücke ab, formte sie auf dem bemehlten Tisch zu Fladen, legte sie in einer ordentlichen Reihe auf ein Brett, das ihr Mann bereithielt. Sobald ein Laib auf dem Brett lag, wurde er zugedeckt mit dem leinenen Tuch. War ein Brett voll, wurde auch noch eine Wolldecke darübergelegt. Sauerteigbrot darf keinen Durchzug bekommen.
Der letzte Laib war nun zum Ruhen gebettet, eine weitere Tasse Kaffee wurde getrunken − und nun ging's ans Anfeuern des Ofens. Tessiner Backöfen sehen aus wie Miniaturhäuser. Sie sind aus Bruchsteinen gemauert, mit einem Dach aus Steinplatten gedeckt. Anstelle eines Fensters hat es etwa auf Tischhöhe eine eiserne Ofentüre − oben oft mit einer ehrfurchtgebietenden Jahreszahl versehen. Diese Türe stand jetzt am Boden. In die Ofenöffnung wurden einige Reisigbündel geschoben und angezündet. Das Ofenloch bleibt offen, denn einen Kamin gibt es nicht.
Der Mann erklärte mir, das Feuer müsse nun so lange brennen, bis die dicke Steinplatte unterhalb der Ofentüre sich von unten her warm anfühle. Das dauere seine drei, vier Stunden, wobei er nochmals Reisigbündel nachschieben müsse. Und nun gehe er noch in den Wald, um Farnkraut zu holen. «Wozu braucht man zum Brotbacken Farnkraut?» überlegte ich mir auf meinem Heimweg. Nun, ich würde es ja bald erfahren.
Die drei, vier Stunden waren vorbei. Ich ging wieder zum Backofen. Die Unterseite der Steinplatte habe die richtige Temperatur. Der Mann kam mit seinen Farnkräutern, die er zu einem dicken Bündel zusammengebunden und an einen Besenstiel gesteckt hatte. Er nahm seinen Farnbesen und schob damit die Glut der verkohlten Reisigbündel ringsum an den Rand des Ofens. Dann holte er

im Haus eines der Brotbretter. Erst vor dem Ofen entfernte er die Umhüllungen. Schön aufgebläht hatten sich die Fladen. Er legte den ersten auf ein schaufelartiges, hölzernes Gerät, mit dem auch ein Bäcker sein Brot in den Ofen gleiten läßt. Man muß genau die ruckartige Bewegung kennen, die es braucht, um den Brotfladen auf den Ofenboden zu schieben. Eines ums andere der Brote verschwand im Ofen. Die eiserne Türe wurde davorgestellt. Ich blieb vor dem Ofen sitzen, um den Duft des Brotes von Anfang an genießen zu können. Nach einer Viertelstunde begann ich ihn zu riechen. Er verstärkte sich mehr und mehr. Nach einer halben Stunde wurde die Türe geöffnet. Die Brote, die am Rand gelegen hatten, wurden nun in die Mitte versetzt, die mittleren nach außen geschoben. Türe zu – eine weitere Viertelstunde Wartezeit: nun wurden die Laibe noch umgedreht, damit auch die Unterseite jene appetitliche Kruste bekam – und schließlich holten wir – ich war nun zur Hilfsbäckerin aufgerückt – einen nach dem andern der heißen, knisternden Laibe aus dem Ofen, um sie in den bereitgestellten Korb zu schichten. Ich nahm drei Geschenke mit:
Da war wiederum der Laib Brot, dann ein Glas, gefüllt mit Sauerteig, den die Frau vor dem Formen der Laibe für mich beiseite gelegt hatte, und als drittes und größtes das Wissen, wie man früher Brot in einem Dorfbackofen gebacken hat, und welch schöne Arbeit Brotbacken ist.
Heute backt niemand mehr Brot in jenem Ofen. Die Frau und der Mann – sie leben zwar noch, sind aber zu alt. Ich habe ihre Brotback-Arbeit hier so genau aufgeschrieben, weil es vielleicht einmal eine Enkelin geben wird, die diese Tradition fortführen will ...

Die Großmutter wußte:

- *Frische Hefe* ist kompakt, hat beim Zerbrechen glatte Flächen, riecht frisch und angenehm.
- Hefe darf *nicht in Berührung kommen* mit Salz, Fett und über 40° Wärme.
- *Frisch gemahlenes Mehl* ist gehaltvoller und schmackhafter.
- Zugabe von *Kleie* (bis zu 10% des Mehlgewichts) läßt das Brot feuchter werden.
- *Vollkornbrot* darf man ofenfrisch essen, warmes Weißbrot dagegen ist sehr schwer verdaulich.
- Brot soll luftig und vor Feuchtigkeit geschützt *aufbewahrt* werden. Es muß «atmen» können.
- *Altbackenes Brot* läßt man niemals schimmlig werden (es darf dann auch nicht mehr an Tiere verfüttert werden.) Wegwerfen von Brot ist eine Sünde!
- *Altbackenes Brot* zerschneidet man in Scheiben oder Würfel, bevor es ganz hart ist. So kann es nicht schimmeln und läßt sich besser weiterverarbeiten.
- Brot, das nicht befriedigend *aufgegangen* ist, kann man «retten», wenn man eine Schüssel voll heißes Wasser in den Backofen stellt, dann zuerst 20 Minuten bei 150° backt, später die Temperatur auf 200° erhöht.
- *Geformtes Brot* stellt man vor dem Backen eine Viertelstunde kühl und schiebt es dann in den auf 220° vorgewärmten Ofen. So verliert es seine Form nicht mehr.
- Brotteig läßt sich leichter *kneten,* wenn man die Schüssel in den Schüttstein stellt (die Arbeitshöhe ist besser).
- Mehl soll in eine angewärmte Schüssel *gesiebt* werden.
- Brot bepinselt man mit kaltem Wasser, bevor man es in den Ofen schiebt. So bekommt es eine *glänzende Oberfläche.*

- *Kastenbrot* nimmt man sofort nach dem Backen aus der Form, sonst wird es schwammig.
- *Schrot* (bis zu ¼ der Mehlmenge) wird vorher eingeweicht, wenn man besonders feuchtes Brot erzielen will. Die Wassermenge von der totalen Flüssigkeitsmenge des Rezepts abziehen!
- Zum Backen von *Roggenmehl* braucht man Sauerteig.
- Ob ein Brot *durchgebacken* ist, kann man feststellen, indem man auf den Boden des Laibes klopft: es muß hohl tönen.
- Hefeteig geht auch im *Kühlschrank* auf. Es dauert aber viel länger.
- Große *Fleischstücke,* in Brotteig gebacken, werden besonders wohlschmeckend und saftig.
- Zusatz von *Anis oder Kümmel* gibt nicht nur einen feinen Geschmack (besonders bei Roggenbrot). Er verhindert auch das Austrocknen, weshalb sich das Brot länger frisch hält.
- Von Brot, das einen Tag alt ist, ißt man *weniger* (die ältere Generation erinnert sich an die Kriegszeit, wo den Bäckern der Verkauf von frischem Brot bei hohen Strafen verboten war).
- *Frisches Brot* läßt sich schöner schneiden, wenn man die Messerklinge wärmt.
- *Nicht mehr ganz frisches Brot* wird wieder knusprig, wenn man es kurz unters fließendes kalte Wasser hält und 5 Minuten in den auf höchster Stufe vorgewärmten Backofen schiebt.
- Packt man *angeschnittenes Brot* zusammen mit einer Apfel- oder Sellerieknollenhälfte, dann bleibt es länger frisch.
- Wird es trotzdem am Stück hart, dann kann man es auf einer feinen Raffel zu *Paniermehl* reiben.

Getreidesorten

Besonders gut zum Brotbacken eignen sich:

— Weizen
— Dinkel
— Roggen

Brotback- und Brotrezepte

Scones (Rettung, wenn man zu wenig Brot im Haus hat!)

    1 kg Weißmehl
2 – 3 KL Salz
    6 KL Backpulver
  250 g Butter oder Margarine
    ½ l Milch

Backofen auf höchste Stufe einstellen. Mehl au den Tisch sieben, Salz, Backpulver und Butte (in Flocken) beigeben, alles miteinander zu eine krümeligen Masse verarbeiten, portionenweis Milch zufügen, bis ein kompakter, aber nich nasser Teig entstanden ist. Diesen in zwei gleich große Stücke teilen, jeden Teil zu einem runde Fladen von etwa 20 cm Durchmesser drücken wie einen Kuchen in dreieckige Stücke schne den, diese auf ein gefettetes Backblech leger 15 – 20 Minuten backen. Können noch warr gegessen werden.

Bauernbrot

Früher buk man aufs mal soviel Brot, wie i Backofen Platz hatte. Heute sollte man auc diese Großmutter-Weisheit wieder berücksicht gen, um Strom zu sparen. In einem normal gro ßen Backofen kann man auf zwei Bleche gleichzeitig backen. Beim konventionellen Ty muß man daran denken, die Bleche nach de halben Backzeit auszutauschen, beim Heißluf backofen entfällt dies.

2 Würfel Frischhefe à 42 g
1 dl lauwarmes Wasser
2 kg Ruchmehl (Typ 640)
2 EL Salz
ca. 1,4 l lauwarmes Wasser

Die Hefe zerbröseln, mit 1 dl lauwarmem Wasser anrühren. Das Mehl in eine vorgewärmte Schüssel sieben, das Salz dem Schüsselrand entlang ins Mehl streuen. In der Mitte des Mehles eine Vertiefung machen, das Hefewasser hineinschütten, mit einem Löffel etwas Mehl hineinrühren. Dies ist der Vorteig, den man nun mit einem warmen, feuchten Tuch zugedeckt an einem warmen Ort ½ Std. gehen läßt. Dann stellt man die Schüssel ins Geschirrwaschbecken. Dadurch hat man eine zum Kneten besser geeignete – weil tiefere – Arbeitsfläche. Man legt den Teigschaber bereit (jenes halbkreisförmige Arbeitsgerät, mit dem man den Teig von der Schüssel kratzen kann) und stellt vorsichtshalber auch eine geöffnete Mehltüte in Reichweite. Außerdem sollte man die Ärmel sorgfältig zurückrollen. All diese Verrichtungen mit teigverklebten Händen tun zu müssen, wäre mühsam. Man könnte hier einwenden, heutzutage knete man einen Brotteig mit der Maschine. Ich habe aber festgestellt, daß es bei dieser Quantität Mehl von Hand gleich gut geht bei weniger Zeitaufwand, weil man nachher keine Maschine reinigen muß.

Nun arbeitet man das lauwarme Wasser nach und nach ins Mehl. Man kann das anfänglich mit dem Rührlöffel machen. Ich ziehe es vor, von Anfang an meine Hände als Rühr- und Knetmaschine zu benützen. Je mehr Wasser man ins Mehl gibt, desto kleiner sollen die einzelnen Zugaben sein. Man schabt den Schüsselboden und die Hände ab, knetet diese Krümel in den Teig, wobei man ihn gegen innen einlegt und mit den Handballen gut drückt, denn durch das Kneten soll Luft in den Teig gearbeitet wer-

Bauernbrot, zum Aufgehen in Körbchen gelegt,

... sehen gebacken so aus.

den. Ist der Teig zu feucht, so gibt man klein Mengen Mehl dazu und knetet so lange, bis ei glatter Teig entstanden ist. Man schneidet mi dem Teigschaber eine Kerbe. Enthält der Tei Luftblasen, so ist er genügend lang geknetet Man deckt ihn wieder mit einem warmen feuchten Tuch zu und läßt ihn nun 2 Stunden a einem warmen Ort stehen. Er muß ums Doppe te aufgehen.

Dann zertrennt man ihn in vier Teile, knetet je den Teil einzeln nochmals gut durch, form längliche oder runde Fladen, die man auf di eingeölten Backbleche legt. Nochmals läßt ma sie mit dem warmen, feuchten Tuch bedeckt sc lange gehen, bis der Backofen, in den wir ein feuerfeste Schüssel mit heißem Wasser gestel haben, die Temperatur von 200° erreicht ha Die Brotlaibe werden mit Wasser bepinselt un längs- oder kreuzweise eingeschnitten in de Backofen geschoben. Backdauer 20 Minuter dann die Temperatur auf 180° reduzieren, Ble che eventuell austauschen, nochmals 20 Minu ten backen.

Sauerteigbrot

Wer noch nie Brot gebacken hat, übt sich m Vorteil zuerst mit dem Bauernbrot (siehe Reze auf Seite 228). Man bekommt dadurch das G fühl, wie ein Brotteig sein muß, und gerät nich in Panik, wenn der Teig am Anfang wie Lei an den Händen klebt – was hauptsächlich bei Backen mit Roggenmehl der Fall ist.

Für Sauerteigbrot braucht man zunächst einma einen Sauerteig. Am schönsten ist es, wenn ma diesen von einem lieben Menschen geschen bekommt, denn je länger ein Sauerteig scho «gelebt» habe, desto besser sei er.

Wer keine Sauerteig-Freundin hat, bereitet ih sich folgendermaßen zu:

Man rührt eine Tasse Roggenmehl mit ein Tasse lauwarmem Wasser zu einem dünn

Brei, bedeckt ihn mit einem Gazetuch (Gaze, weil diese sehr luftdurchlässig ist) und läßt ihn zwei bis drei Tage lang an einem angenehm warmen Ort stehen. Dann soll er säuerlich riechen und kleine Blasen bilden. Tut er das nicht, war die Umgebungsluft zu schmutzig oder die Temperatur zu kühl: man muß ihn wegwerfen und einen zweiten Versuch starten.

Erfüllt er aber die angegebenen Voraussetzungen, dann geht man wie folgt vor:

```
1,500 kg  Weißmehl (in Deutschland Typ 405)
0,500 kg  Roggenmehl (in Deutschland
          Typ 1140)
    2 EL  Salz
    1 EL  Brotgewürz (siehe Seite 233)
          Sauerteig
 8 – 9 dl lauwarmes Wasser
```

Am Vorabend siebt man zuerst das Weißmehl, dann das Roggenmehl in eine Teigschüssel, streut das Salz und das Gewürz ringsum dem Rand entlang. In der Mitte des Mehls macht man eine Vertiefung, schüttet den Sauerteigbrei hinein und mischt etwas Mehl darunter. Der Vorteig soll aber nicht kompakter sein als ein dünnes Mus. Eventuell verdünnt man ihn mit etwas lauwarmem Wasser.

Hat man einen Sauerteig geschenkt bekommen, dann verrührt man ihn mit 1 dl lauwarmem Wasser und geht dann wie oben beschrieben vor.

Man bedeckt die Schüssel mit einem Tuch und läßt sie bis am Morgen stehen.

Nun beginnt die Arbeit des Teigknetens. Man legt sich einen Teigschaber bereit und vergißt nicht, eine bereits geöffnete Tüte mit Weißmehl in Reichweite zu haben. Mit teigbedeckten Händen danach zu suchen, ist ärgerlich. Auch achtet man darauf, daß die Ärmel bis zum Ellenbogen ordentlich zurückgerollt sind.

Man verknetet anfänglich bloß mit der rechten

Kartoffelbrot

Sauerteigbrot

Hand den Vorteig, der Blasen zeigen soll, sobald man unter die Oberfläche kommt. Nach und nach gibt man etwas lauwarmes Wasser dazu und knetet dann den Teig mit beiden Händen, indem man ihn vom Rand her gegen die Mitte hochhebt, zusammendrückt, um Luft hineinzuarbeiten. Nach der Zugabe von 8 dl Wasser sollen die einzelnen Wasserportionen immer kleiner werden. Der Teig fühlt sich sehr zäh und klebrig an. Man schabt den Schüsselboden und die Hände mit dem Teigschaber rein, verarbeitet auch diese Mehlreste, eventuell ist noch eine kleine Wasserzugabe nötig. Weiter kräftig kneten — bis der Teig zu einer schönen, glatten Kugel wird. Davon sticht man eine Tasse voll Teig für das nächste Brot ab und bewahrt ihn zugedeckt im Kühlschrank oder im Keller auf. (So bleibt er ca. 3 Wochen frisch). Den Rest zerschneidet man in vier gleichgroße Stücke, die man auf einer bemehlten Oberfläche zu runden Fladen formt. Je zwei davon bedecken ein gefettetes Backblech. Man bepinselt die Fladen mit etwas Öl und schneidet sie kreuzweise mit etwa 10 cm langen Schnitten ein. Dann schiebt man sie zum Aufgehen in den (ungeheizten) Backofen — vorausgesetzt, daß in der Küche eine Temperatur von 20° herrscht.

Abends nimmt man die Brote aus dem Ofen, heizt diesen vor auf 175°, backt die Brote 20 Minuten in dieser Hitze, erhöht dann auf 200°. Wer einen Ofen mit Ober- und Unterhitze hat, backt mit Mittelhitze und wechselt nach einer halben Stunde die Bleche aus. Gesamte Backzeit gut 1 Std.

Kartoffelbrot

Nachfolgendes Rezept tönt zwar etwas kompliziert. Ich habe aber bewußt alle Arbeitsgänge ganz genau beschrieben, damit auch einer Anfängerin dieses feine Brot, außen knusprig und innen feucht, gelingt. In unserem Haushalt bak-

...en wir Kartoffelbrot, wenn wir sowieso Pell-
...artoffeln kochen.

    2 Würfel Frischhefe
    6 dl lauwarmes Wasser
  500 g Weißmehl (in Deutschland Typ 405)
  500 g Ruchmehl (in Deutschland Typ 650)
 1½ EL Salz
  500 g mehlige Kartoffeln mit der Schale,
       gewaschen

...ie Hefe mit 1 dl der obigen Wassermenge an-
...ühren. Das Mehl in eine angewärmte Schüssel
...ieben. Die Kartoffeln mit kaltem Wasser auf-
...etzen.
...m Mehl eine Vertiefung machen, das Hefewas-
...er hineinschütten, mit etwas Mehl einen flüssi-
...en Vorteig anrühren. ½ Std. gehen lassen.
...as Salz und das restliche Wasser dazugeben,
...uerst mit dem Kochlöffel, dann von Hand
...inen Teig kneten. Diesen mit einem warm an-
gefeuchteten Tuch bedecken, aufgehen lassen. Die nun gekochten Kartoffeln noch heiß schälen, etwas auskühlen lassen, an der Bircherraffel in den Teig raffeln, alles noch einmal gut durchkneten, wiederum mit dem feuchten Tuch bedeckt um das Doppelte gehen lassen. Durchkneten, 2–3 Brotlaibe formen, diese in einem gut bemehlten Brotkorb oder in einer Schüssel nochmals 10 Minuten gehen lassen, auf ein gefettetes Backblech stürzen, im auf 200° vorgewärmten Ofen ¾ Std. backen.

Rezept für *Brotgewürz,* das man sich in der Apotheke mischen lassen kann:

  10 % Anis
  10 % Fenchel
  20 % Koriander
  55 % Kümmel
   5 % Kardamonpulver

...erwertung von altbackenem Brot
...äseschnitten Schmatz

   1 KL Sonnenblumenöl
     8 Scheiben altbackenes Brot
   8 KL herben Weißwein
       Maggi-Würze
     8 Scheiben gut schmelzender Käse
       (z. B. Fontina, Appenzeller,
       Formagella oder Taleggio)
     8 Hälften eingekochter Pfirsiche
       oder Birnen

...as Backblech einölen, die Brotscheiben drauf-
...gen, mit dem Weißwein und einigen Spritzern
...ürze befeuchten, die Käsescheiben daraufle-
...en, in den auf starker Oberhitze vorgewärmten
...fen schieben, ca. 5 Minuten backen, bis sich
...oldene Blasen auf dem Käse zeigen. Das Kom-
...ott im Saft erhitzen, damit die fertig gebacke-
...en Käseschnitten belegen.

Nuß-Schnitten

1 KL Sonnenblumenöl
8 Scheiben altbackenes Roggenbrot
8 KL Süßmost
3 Eier
1 EL Zucker
200 g geschälte, geriebene Mandeln
1 EL Mehl

Das Backblech einölen, die Brotscheiben darauflegen, mit dem Süßmost beträufeln. Die restlichen Zutaten gut miteinander vermengen und auf die Brotscheiben streichen. In den auf 200° Oberhitze vorgeheizten Ofen schieben, die Schnitten ca. 10 Minuten backen. Sie sollen goldbraun werden.

Für meinen Begriff die beste Art, altbackenes Brot zu verwenden, ist die Tessiner Brottorte, eine Art von «Man-nimmt-was-man-hat-Kuchen». Die Variation der Zutaten ist hier erlaubt, da der Kuchen nicht aufgehen muß. Das einzige was gleich bleiben sollte, sind die Brot-, Milch und Eiermengen und – auch wenn ich deshalb vielleicht von strengen Abstinenzlern einen bösen Brief bekomme: es sollte etwas Schnaps hinein, sonst hat der Kuchen keinen Pfiff.

Bevor Sie Ihr eigenes Rezept kreieren, versuchen Sie's mit folgendem, das ich von verschiedener Seite her bekommen habe. Man hat mir erzählt, daß eine Tessiner Zeitung vor etlichen Jahren einen Wettbewerb für das beste Brottorten-Rezept ausschrieb. Es sollen über vierhundert Rezepte eingeschickt worden sein, wobei das nachstehende das preisgekrönte sei:

Torta di pane

300 g altbackenes Brot
1 l Milch
1 Vanilleschote
1 Ei

1 Prise Salz
 10 Amaretti-Bisquits (siehe Kapitel Ei)
  1 Zitrone (Saft und Schale)
4 EL Zucker
2 EL Kakaopulver
2 EL Schnaps (Grappa, Kirsch, Cognac)
  2 Handvoll Weinbeeren
  1 Handvoll Orangeat und Zitronat
1 KL Sonnenblumenöl
  1 Handvoll Pinienkerne
1 EL Grießzucker

Das Brot in eine Schüssel geben, die Milch mit der aufgeschlitzten Vanilleschote aufkochen, die Kerne herauskratzen, alles über das Brot gießen, über Nacht stehen lassen. Die Vanilleschote entfernen, mit den Händen das Milch-Brot-Gemisch zu einem homogenen Teig zerdrücken. Die übrigen Zutaten (außer Öl, Pinienkerne und zweiter Zuckermenge) hineinarbeiten. Die Springform mit dem Öl auspinseln, den Teig hineingeben (die Form darf bis obenhin gefüllt werden, das Volumen vergrößert sich nicht mehr). Den Teig schön glattstreichen, die Pinienkerne und den Zucker darüberstreuen, in den kalten Ofen schieben, 2½ Std. auf 150° C backen, im Ofen erkalten lassen.

Brot und Gesundheit

– Da gibt es jenes Urgroßmutter-Rezept zur Krankheitsdiagnose: man trocknet mit einem Stück Brot den Schweiß von der Stirn eines Kranken. Frißt ein Hund dieses Brot, so ist die Krankheit gutartig.
– Der Pro-Kopf-Verzehr von Brot geht jedes Jahr zurück – möglicherweise wegen der Ansicht, Brot mache dick. Gleichzeitig steigt aber die Zahl der Fettleibigen immer mehr – womit also diese Ansicht schlagkräftig widerlegt wäre.
– Sauerteigbrot bleibt länger im Magen als Hefeteigbrot. Das heißt also, daß durch ersteres Hungergefühle vermindert werden (Fettleibige, laßt uns Sauerteigbrot essen!)

Was war zuerst: Das Huhn oder das Ei

Zu Zeiten, als die Hausfrauen noch frisch geschlachtete Hühner bekamen, mußten sie die Frische des Fleisches mit einigen Unannehmlichkeiten bezahlen: die Hühner mußten gerupft und ausgenommen werden. Kopf und Füße mußte man entfernen. Wenn am Samstag meine Cousine Elsa kam, auf dem Weg zum Markt, machte sie zuerst bei meiner Mutter Station, erstens um Kaffee zu trinken, und zweitens, um meiner Mutter das Mitgebrachte: frische Butter, Käsle, Eier, Speck anzubieten, wohl auch um gelegentlich der Mutter «Metzelsuppe» und die «Metzgede», also frische Blut- und Leberwürste als Gruß von daheim mitzubringen. Da war gelegentlich auch ein frisch geschlachtetes Huhn dabei. Alles in einem großen Henkelkorb, über den ein rot-weiß-kariertes Tuch gebreitet war. Dann hat meine Mutter sich hinters Haus gesetzt und das Huhn gerupft. Das gerupfte Huhn wurde über der Flamme des Gasherdes abgesengt, der Flaum verbrannte, und es stank fürchterlich. Der Kopf wurde abgehackt und die gelben Füße, und dann kam der Moment, auf den ich die ganze Zeit gewartet hatte: die Mutter öffnete mit einem scharfen Messer das Huhn und entnahm ihm die Eingeweide. Ich versichere Ihnen, alles, was ich heute über Anatomie weiß, hat seinen Ursprung bei diesen Gelegenheiten. Und eine Mutter, die niemals ein Huhn ausnimmt und dabei die einzelnen Organe erklärt, nimmt ihrem Kind eine Bildungsmöglichkeit, die einfach durch gar nichts wettgemacht wird. Kein noch so farbiges Anschauungsbild ersetzt die Realität der Organe. Wenn Darm, Magen, Leber, Nieren, Galle, Herz entfernt waren, dann wurden plötzlich im Huhn die Eierstöcke sichtbar, in denen Eier unterschiedlicher Größe zu sehen waren. Das gab Mutter Gelegenheit, erste Schritte einer sexuellen Aufklärung zu machen. Und mir, mich über das Geheimnis des Eies zu wundern, ein Geheimnis, über das sich seit allen Zeiten Menschen Gedanken gemacht haben. Wie kommt es, daß aus dem Ei ein Hühnchen wird? Und wenn in dem Ei ein Hühnchen schlummert, dann schlummert in dem Hühnchen wieder ein Ei und in dem Ei ein Hühnchen und in dem Hühnchen ein Ei?
Sagen Sie nicht, da liege ein Denkfehler. So hat das Mittelalter gedacht. Vor unserem biologischen Wissen ist es zwar falsch, aber tatsächlich ist es doch so, von den Möglichkeiten her. Da liegt so ein Ei, Mathematiker sagen, mit einer idealen Form, durch die die Natur mit einem Minimum an Kalk ein Maximum an Schutz für den Keim und seinen Eiweißvorrat zum Aufbau des Hühnchens geschaffen hat. Es ist scheinbar tot, und doch wird es unter bestimmten Umständen sich öffnen und ein neues Lebewesen entlassen. Aber wenn man an den Anfang denkt, da kommt man an die berühmte Frage, was wohl zuerst war. Das Huhn oder das Ei. Es ist so schwer zu begreifen, daß diese Frage sinnlos ist. Unser ganzes Denken ist darauf angelegt, so zu fragen, und wir verstehen nur mühsam, daß es sinnlos ist, von einem Huhn und von einem Ei zu sprechen, weil es einen Strom des Lebens gibt, der sich ständig verändert, der begonnen hat irgendwo bei einfachsten Lebensformen und der sich immer entwickelt, aber in Zeiten, die unser kurzes Menschenleben eben nicht übersieht, so daß uns

Hühner immer wie Hühner erscheinen, aber nicht als eine Form des Lebens, die von einer anderen Form kommt und zu einer anderen Form geht.

Zu allen Zeiten waren die Menschen vom Geheimnis des Eis fasziniert und von der Frage nach dem Anfang; und eine ganze Reihe von Völkern, die Griechen zum Beispiel und die Ägypter, haben sich die Antwort gegeben, daß ein Ei am Anfang der Welt stand. Aus einem Ei kam in Ägypten der Gott, der alles schuf und aus dem zwei Hälften eines Eies wurden: Himmel und Erde. So war in Ägypten das Ei auch das Symbol für das Weiterleben nach dem Tode, und den innersten Sarg, in dem die Mumie lag, nannten die Ägypter das Ei. Und so ist das Ei auch im Christentum zu einem Symbol für die Hoffnung auf Auferstehung geworden. Aus dem scheinbar toten Ei kommt quicklebendig das Hühnchen hervor. So steht Christus aus dem Grabe auf, so werden die Christen in einer neuen Welt leben. Das ist der Sinn der Ostereier, die zum Beispiel in Griechenland grundsätzlich rot, mit der Farbe des Lebens, des Blutes, angemalt werden. Auf dem Heiligen Berg gibt es keine Hühner. Hühner sind weibliche Tiere. Nichts Weibliches darf auf den Heiligen Berg. Darum gibt es auch keine Eier, und die Mönche essen auch keine. Nur an Ostern. Wenn man in der Karwoche mit dem Schiff von Ouranoupolis nach Daphni fährt, wo man die Mönchsrepublik betritt, dann ist das ganze Schiff voll mit Eiern, in Körben und Schachteln, angemalt und frisch. Und wenn am Ostermorgen, bei Tagesanbruch, der Gottesdienst, der um Mitternacht begonnen hat, zu Ende ist und die Mönche aus der Katholikon genannten Hauptkirche herüberkommen in den Speisesaal, dann gibt es rotgefärbte Eier in Hülle und Fülle, und die ernsten Mönche spielen das heitere Spiel des «Eierditschens». Man schlägt sein Ei gegen das eines anderen und ist stolz, wenn das eigene Ei ganz bleibt und das des anderen zerbricht. «Christos anesti», sagen sie dazu, «Christus ist auferstanden» und der andere entgegnet:

«Christus ist in Wahrheit auferstanden».

Die Schale ist zerbrochen, das Eßbare des Eis kommt heraus.

Wenn die Cousine Elsa am Karsamstagmorgen mit ihrem Korb kam, dann brachte sie regelmäßig für die Mutter auch ein am Karfreitag gelegtes Ei mit. Dieses Karfreitagsei hat die Mutter an einem besonderen Ort das ganze Jahr über aufgehoben. «Es wird nicht schlecht», hat Mutter immer gesagt, «es trocknet nur einfach ein. Aber es schützt unser Haus vor dem Blitz.» Ich glaube aber, daß Mutter die Karfreitagseier auch gegessen hat bzw. dem Vater, als er noch lebte, und mir zum Essen gegeben hat, vermutlich, ohne daß es wir wußten. So ein Karfreitagsei vermittelt mehr als jedes andere Ei im Frühling Kraft und Gesundheit. Mein Vater, dessen Herz nicht so recht intakt war, konnte derlei Lebenskraft schon brauchen. Auch ich war in meiner Kindheit ewig krank. Aber die schönste Beschäftigung mit Eiern ist das Suchen der Ostereier.

Meine Eltern wohnten bei einer der Schwestern meiner Mutter und ihrem Mann zur Miete. Um das Haus herum gab es einen großen Garten: Einen Ziergarten vor dem Haus mit Rasen und Blumenrabatten und auf den anderen Seiten des Hauses Obstbäume, mit Beeten, Sträuchern, ein paar Rasenflächen, Tannen, Birke. Die erste Runde des Eiersuchens vollzog sich im Ziergarten vor dem Haus. Es war der «Osterhase» meiner Eltern. Ich wurde mit einem kleinen grünen Körble ausgestattet und suchte unter Rosenbüschen, Rhododendron, Azaleen, Hortensien. Nach den von Mutter am Samstag bemalten Ostereiern, nach Schokoladeeiern und kleinen Zuckereiern, bunt und einfach nur süß, und dem, was ich bis heute über alles liebe, den Gelee-Eiern und jenen Zuckerprodukten, die wie «Ochsenaugen» ausschauen, unten mit Schokolade bestrichen sind und deren Eidotter so kolossal gelb ist.

Einmal fand ich hinter einem Busch einen grasgrünen hölzernen Schubkarren. Von seiner Größe her genau richtig für mich, mit einer kleinen Schaufel und einem kleinen Rechen. Er gehört mitsamt der Freude, die ich damals hatte, zum unvergeßlichen Bestand meiner Kindheit. Nie hat mir jemand noch einmal so etwas geschenkt wie diesen Schubkarren, mit Ausnahme eines Tankwagens für meine Eisenbahn, den ich einmal zu Weihnachten bekam. Die zweite Runde des Ostereiersuchens vollzog sich im Obstgarten meines Onkels, der zugleich mein Pate war. Der Osterhase des Götti war ein etwas reicherer Osterhase. Onkel Otto und Tante Rosa (in diesem Buch ist noch von einer anderen Tante Rosa die Rede. Dabei dürfen Sie sich nichts denken. In unserer Familie gab es zu Zeiten fünf Rosas, fast genau so viele wie Maries!) hatten keine Kinder und waren auch sonst als freie Unternehmer wohlhabend − mein Onkel Otto war der bedeutende Erfinder einer sogenannten Sparfeuerung («Sie sparen garantiert 20% Heizmaterial!») und verdiente in der Zeit vor dem Krieg mit diesem Zeug nicht schlecht. Er baute regelmäßig seinen Fotoapparat auf, d.h. zunächst wurde ein Stativ aufgestellt, die Kamera darauf verschraubt, dann wurde der vordere Deckel geöffnet, das Objektiv mit seiner schwarzen Ziehharmonika entfaltet, dann verschwand Onkel Otto unter einem schwarzen Tuch, dort beurteilte er das auf dem Kopf stehende, auf eine Mattscheibe projizierte Bild von mir, wie ich in gänzlich natürlicher Weise gerade in diesem Augenblick ein Ei finde («so jetzt bitte nicht mehr bewegen! Nein, noch etwas mehr nach links, nein nicht so!»), dann wurde das schwarze Tuch entfernt, eine Kassette mit einer Fotoplatte eingeschoben, dann wurde ein Deckel hochgezogen und dann hatte ich mich wieder bewegt. Onkel Otto mußte den Deckel wieder runterschieben, die Kassette herausnehmen, die Mattscheibe wieder einführen, wieder unter dem schwarzen Tuch verschwinden, ich wieder ganz natürlich und locker das Ei finden, und das alles beliebig oft, bis dann das Foto gemacht war. Aber immerhin, auf diese Weise besitze ich ein Bild von mir, wie ich mit etwa fünf Jahren breitgrinsend Ostereier in meinen Schubkarren lade. Vielleicht verdanke ich auch mein heutiges Geschick, mich von den Kameras im Studio nicht weiter stören zu lassen, dem Onkel Otto und seiner Plattenkamera, Gott habe ihn selig, die Kamera besitze ich noch.

Heute versteckt niemand mehr für mich Eier. Dabei suche ich so gerne. Zugegebenermaßen suche ich tagaus tagein, allerdings keine Ostereier, sondern meinen Autoschlüssel, einen Kugelschreiber, einen dringenden Brief, den Terminkalender, und das ganze Büro ist ständig damit beschäftigt, mir beim Suchen zu helfen.

Aber für Ostern habe ich etwas anderes. Meine zwei längst erwachsenen Töchter haben die Leidenschaft für das Ostereiersuchen offenbar von mir geerbt. Und so verstecke ich halt am Ostermorgen im Garten oder, wenn es regnet, im Haus die Ostereier für meine Familie. Meistens ist noch eine unverheiratete Schwester meiner Frau zu Besuch, so daß lirumlarum über 100 Eier zu suchen sind. Und jetzt stellen Sie sich vor, wie ich dieses Zeug eine Stunde lang im ganzen Haus verteile, und zwar mit viel Phantasie und tückischer Raffinesse. Und natürlich stellen Sie sich vor, daß nicht mehr alle gefunden werden. Das schafft das ganze Jahr über der ganzen Familie die Freude, gelegentlich unversehens auf ein Osterei zu stoßen.

Zu den Freuden des Frühstücks gehört für mich ein weiches Ei. Und selbst in den Zeiten, als der Onkel Doktor mich hart fasten ließ (600 kcal), blieb mir das Frühstücksei vergönnt. Ich bin sicher, daß

Sie sich wundern wegen Cholesterin und so, aber wenn der Körper gesund ist und nicht zu viel Cholesterin produziert, dann macht das Frühstücksei überhaupt nichts aus, habe ich mich belehren lassen. Im Salatkapitel, im Abschnitt über das Öl (Seite 105) finden Sie Ausführliches zu diesem Thema. Aber vielleicht, vor allem, wenn Sie ein bestimmtes Lebensalter überschritten haben, sollten Sie einmal untersuchen lassen, wie es mit dem Cholesterin in Ihrem Körper steht, vielleicht auch nur, damit Sie Ihr Frühstücksei weiter genießen können. Denn ich weiß von Freunden, die völlig darauf verzichten, weil sie meinen, ein tägliches Frühstücksei sei gesundheitsschädlich.

Eine Geschichte muß ich Ihnen noch im Zusammenhang mit dem Ei erzählen. Diese Geschichte hat zwar die Kathrin schon einmal in einem ihrer Bücher erzählt, aber aus begreiflichen Gründen ein klein wenig anders als ich.

Was ich schon immer einmal sehen wollte, war der Augenblick, wenn die kleinen Hühnchen aus dem Ei kommen. Nun gehört es zu den Vorteilen eines Fernsehmachers, wenn er etwas partout sehen will, dann produziert er einen Film darüber. Das ist sozusagen professionell. Also bestellte ich den Eugen, Freund und Kameramann, der einfach alles weiß und kann, nach Gerra zur Kathrin, die in den bewußten Tagen gerade kleine Hühnchen erwartete, d.h. nicht eigentlich sie, sondern ein brütendes Huhn. Eugen kam an, wurde mit dem Nest und den Eiern konfrontiert, Kathrin und ich gingen zum Abendessen, Eugen kam etwas später. Er sagte, er habe die Scheinwerfer noch richtig aufgestellt, so daß man das freudige Ereignis auch angemessen aufnehmen könnte. Auf die besorgte Frage von Kathrin, ob die Glucke auch noch auf den Eiern sitze, versicherte Eugen, es sei alles in bester Ordnung, der Vogel sei zwar einen Moment erschrocken, als der eine Scheinwerfer umgefallen sei, aber er sei sofort wieder auf das Nest zurückgekehrt, und er, Eugen, habe jetzt auf alle Fälle mal die Scheinwerfer brennen lassen, damit das Vieh sich beim plötzlich Einschalten nicht erschreckt. Wir warteten auf die Hühnchen bis zum Schlafengehen. Am anderen Morgen sausten Eugen und ich voller Angst in den Stall, die Hühnchen könnten in der Nacht geschlüpft sein. Sie waren es nicht. Wir warteten einen Tag, am zweiten Tag sagte Kathrin, jetzt sei aber höchste Zeit. Dann beschloß sie, einmal ein Ei auszupendeln, ob auch alles in Ordnung sei. Mit Hilfe von Eugens Ehering und einem ihrer langen Haare stellte sie befriedigt fest, es sei Leben in dem Ei und sie habe sich – das gibt's ja bekanntlich und nicht nur bei Hühnchen – wahrscheinlich verrechnet. Ein weiterer Tag ging ins Verzascatal. Noch einer und noch einer. Jeden Tag pendelte Kathrin und das Pendel stellte jeden Tag fest: Leben in den Eiern. Am vierten Tag kam beim Pendeln das Ei («es ist lebendig, es ist lebendig!») ins Rollen, fiel auf die Erde und zerbrach. Es stank fürchterlich, das Hühnchen war keinesfalls lebendig, das nicht und keines von den anderen. Die brennenden Scheinwerfer des ersten Abends hatten das arme Huhn erschreckt. Es hatte das Nest verlassen und die Hühnchen starben. Daraus habe ich dreierlei gelernt:

1. Kameramänner können nicht alles
2. Pendeln muß man können
3. Vertrauen ist gut, Kontrolle ist besser.

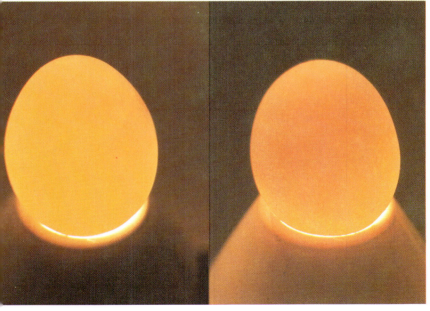

Die Großmutter wußte:

— *Wie man prüft, ob ein Ei frisch ist:*
Ei ins Wasser legen. Frische Eier sinken unter Je älter sie sind, desto mehr schwimmen sie a der Oberfläche. Grund: die Luftblase, die sic am stumpfen Ende des Eies befindet, vergröße sich.
Man kann Eier auch durchleuchten, um de Grad der Frischheit zu prüfen: ein beinahe e großes Loch in einen Karton schneiden, diese Karton in einem dunklen Raum auf eine Lamp legen, das Ei auf das Loch im Karton. Ganz fr sche Eier lassen das Licht milchweiß durch schimmern, schon nach einem Tag formen sic winzige Pünktchen, die heller sind als die übrig Eischale. Je älter das Ei ist, desto ausgeprägt sind diese Tupfen. Die Luftblase vergrößert sic täglich. Wenn man das aufgeschlagene Ei a einen Teller gleiten läßt: frisch = Eigelb liegt i der Mitte des Eiweißes, 1 Woche alt: Eigelb lie am Rand. Je älter Eier sind, desto wäßriger wi das Eiweiß.

— *Wie man Eier schonend kocht:*
In viel kaltem Wasser aufsetzen, zum Sied punkt bringen, wegstellen: vier Minuten f weiche Eier, mindestens 10 Minuten für har Eier, zugedeckt stehen lassen. Vorteile dies Methode: die Eischale springt weniger — beso ders wichtig, wenn Sie die Eier im Kühlschra aufbewahren. Die Vitamine werden mehr g schont. Beim hartgekochten Ei verfärbt sich d Dotter nicht. Springt das Ei trotzdem, etwas E sig ins Wasser gießen oder das Ei in Alufo einpacken.
Gibt man kalte Eier in kochendes Wasser, springen sie. Ein Schuß Essig im Kochwass verhindert das Auslaufen des Eis. Das Springe kann auch durch das Einstechen des Eis verhi dert werden.

– *Wie man prüft, ob ein Ei roh oder gekocht ist:*

Man dreht es wie einen Kreisel. Ein gekochtes Ei tanzt wie dieses Spielzeug. Ein rohes Ei bleibt nach zwei Umdrehungen schon liegen. Schimpfen Sie nicht, wenn ein gekochtes, abgeschrecktes Ei sich nicht gut schälen läßt. Dann ist es nämlich einfach noch ganz frisch!

– wie man beim Verwenden mehrerer ganzer Eier vorgeht: Man schlägt sie zuerst einzeln in in Schüsselchen auf. Falls ein Ei verdorben wäre, kann man es rechtzeitig entfernen.

– *Wie man Eigelb und Eiweiß trennt:*

Man schlägt das Ei in der Mitte auf und läßt das Eiweiß in eine Schüssel fließen, indem man das Eigelb von einer Eischalenhälfte in die andere gleiten läßt. Dann wischt man das noch in der Schale verbliebene Eiweiß mit dem Finger aus. Andere Methode: das Ei aufschlagen, auf die Hand gleiten lassen. Das Eiweiß fließt durch die Finger, das Eigelb bleibt zurück.

– *Wie man Eier aufbewahrt:*

Auf die Spitze gestellt im Keller. Im Kühlschrank, wenn möglich im geschlossenen Eierfach und nicht neben stark riechenden Speisen. Eier nehmen Gerüche auf.

– *Wie man Eigelb aufbewahrt:*

Indem man den Dotter, mit Wasser bedeckt, in den Kühlschrank stellt.

– *Wie man mit hartgekochten Eiern umgeht:*

Hartgekochte Eier sofort ins kalte Wasser legen. Sie lassen sich dann besser schälen. (Bei ganz frischen Eiern nützt allerdings dieser Trick nichts). Hartgekochte Eier sind leichter verdaulich, wenn man etwas Saures dazu ißt. Will man hartgekochte Eier zerschneiden, muß man sie erst ganz erkalten lassen.

Die Schleifspuren des linken Eies zeigen es: Es hat sich gedreht wie ein Kreisel, war also hart gekocht. Das rechte rohe Ei blieb nach zwei Umdrehungen liegen.

— Wie man Eiweiß rasch zu steifem Schnee schlägt:
Gefäß und Schneebesen müssen ganz fettfrei sein. Im Eiweiß dürfen keine Spuren von Eigelb sein. Man gibt pro Eiweiß eine Prise Salz und einen KL voll Wasser zu, bevor man zu schlagen beginnt. Wenn das Eiweiß kalt ist, wird es schneller steif. Eiweiß, bei Zimmertemperatur geschlagen, läßt Soufflés schöner aufgehen.

— Wie man süßen Eierschnee herstellt
(für Meringues, Schneeballen, Makronen):
Das Eiweiß mit Salz und Wasser leicht schaumig schlagen, etwas Zucker (oder Puderzucker) beifügen, weiter schlagen, wenn man ein elektrisches Rührgerät verwendet, nicht höher als mittlere Drehzahl, Zucker nach und nach zugeben. Die Eierschneemasse muß schließlich weiß glänzend und schnittfest sein.
— Daß Eizusatz *Hefeteig* trocken macht.
— Daß *mit Eigelb bepinselte Backwaren* schön braun und knusprig werden.
— Daß getrocknete, fein zerstampfte *Eierschalen* ein hervorragendes Düngemittel für Rosen und alle Gurkengewächse sind.

Zaubern mit Eiern

Wie mancher Zauberer zeigt Eiertricks, zieht Eier aus vorher leeren Hüten, aus dem Ohr eines harmlosen Zuschauers, läßt sie aus Ärmeln rollen ...
Wenn ich mir aber überlege, wieviel sich erst in der Küche mit Eiern zaubern läßt: Fleischbrühe klären, Speisen lockerer machen, Saucen, Suppen und Desserts binden, beim Backen den Teig treiben, den Geschmack verfeinern, Speisen färben, dekorieren ... Das Ei spielt beim Menuplan genau so gerne die Haupt- wie die Nebenrolle – und das bei süßen, salzigen und ganz pikanten Speisen – zudem enthält es erst noch einen der billigsten wertvollsten Nährstoffe. In einem Hühnerei ist alles, was der Mensch zum Leben braucht. Eier sind immer hygienisch verpackt. (Karl May-Leser wissen es: Old Shatterhand, (oder war es Kara Ben Nemsi?) ließ sich an Orten, wo ihn alle Speisen ekelten, nichts als weichgekochte Eier geben, damit er seinen Magen nicht verdarb).

Rezepte mit Eiern

Eigelb
Der Umgang mit Eigelb will gelernt sein.
Will man warme Saucen mit Eigelb binden, beachte man folgende Punkte:
Die benötigte Menge Eigelb in einer relativ großen Schüssel verquirlen, die zu bindende, kochende Flüssigkeit schöpfkellenweise zum Eigelb geben, gut verrühren, alles in den Kochtopf zurückgeben und unter stetem Rühren mit dem Schwingbesen aufkochen. Würde man umgekehrt verfahren, so würde das Eigelb gerinnen, ohne die Flüssigkeit zu binden.

Großmutters Vanillesauce oder -Pudding

Vanillesauce
6 dl Milch
2 EL Zucker
1 EL Maisstärke (für Pudding 3 EL)
3 Eigelb
1 Vanillestengel, der Länge nach aufgeschnitten

4 dl Milch, den Zucker und die Vanilleschote aufkochen. Die Maisstärke in eine Teigschüssel geben, die restliche Milch, dann die Eigelb darunterrühren. Die Vanillemilch in einigen Portionen dazuschütten, jedesmal wieder gut umrühren. Alles in den Kochtopf zurückgeben und unter stetem Rühren mit dem Schwingbesen aufkochen. Vorsicht: die Sauce brennt gerne an. Sauce unter gelegentlichem Rühren kaltwerden lassen.
Will man Vanillepudding machen, nimmt man 3 EL Maisstärke.

Mayonnaise
Sie selbst herzustellen, ist einfach, wenn man darauf achtet, daß alle verwendeten Zutaten Zimmertemperatur haben.

> *1 Eigelb, eventuell 1 Eiweiß steif geschlagen*
> *1 KL Senf*
> *1 – 2 dl Sonnenblumen- oder Olivenöl*
> *1 KL Weinessig oder Zitronensaft*
> *Salz, Pfeffer, ev. Cayennepfeffer*

Das Eigelb mit dem Senf verrühren. Das Öl tropfenweise zugeben, dabei die Masse ständig mit einem Kaffeelöffel schlagen (das geht besser, als mit dem Schwingbesen zu rühren). Wenn sich die Quantität verdoppelt hat, kann die Ölzugabe kaffeelöffelweise erfolgen.
Mit einem Eigelb kann man bis zu 3 dl Mayonnaise machen. Ist die gewünschte Quantität erreicht, gibt man den Essig und die Gewürze bei. Nochmals gut umrühren.
Wenn man das geschlagene Eiweiß unter die fertige Mayonnaise zieht, wird diese wesentlich kalorienärmer. In diesem Fall stärker würzen!

Falsche Mayonnaise

>1 Eigelb
>150 g Rahmquark
>4 EL Milch
>>Salz, Pfeffer, ev. Cayennepfeffer, Würze

alle Zutaten gut miteinander vermengen, kühl stellen.

Soleier

>1 l Wasser
>2 EL Salz
>>1 Handvoll Zwiebelschalen
>1 EL Thymian getrocknet
>>1 gepreßte Knoblauchzehe
>>12 frische Eier

Wasser und Gewürze 15 Minuten kochen, erkalten lassen, abseihen.

Die Eier in Wasser während 10 Minuten kochen, abschrecken, erkalten lassen, ringsum mit einem Löffel anschlagen, daß die Schale splittert, in ein enges Glas legen, den Sud darüber gießen, 3 Tage ziehen lassen. Am besten schmeckt Roggenbrot dazu.

Eiweiß

Falls man das Eiweiß nicht sofort verwenden will: mit Vorteil am Vorratsgefäß vermerken, wieviele Eiweiß es enthält. Es gibt viele Backrezepte, die mißlingen, wenn die Zahl der Eiweiße nicht stimmt. Eiweiß läßt sich (zugedeckt, sonst trocknet es ein) eine Woche lang im Kühlschrank aufbewahren.

Mit Eiweiß zu backen, braucht etwas Fingerspitzengefühl.

Soufflés dürfen niemals in den kalten Ofen gestellt werden. Am besten gelingen sie in Öfen mit Thermostat, wenn die Hitze von 175° erreicht ist.

Bäckt man Meringues oder Makronen (Eiweißverwertung), so gibt man das Backgut auf ein gefettetes Pergamentpapier oder auf ein Backpapier.

Geschlagenes Eiweiß gibt man immer in die übrigen Zutaten, niemals umgekehrt, weil sonst die ins Eiweiß geschlagene Luft wieder entweichen kann. Aus dem gleichen Grund verwendet man zum Unterheben des Eiweißes einen Kochlöffel und niemals den Schneebesen.

Thunfischmousse

- 1 EL frische Butter
- 1 EL Weißmehl
- 2½ dl Hühnerbrühe
  Saft und Schale einer halben Zitrone
  Salz, Pfeffer, Cayennepfeffer
- 1 EL Kapern
  - 1 mittlere Dose Thunfisch, abgetropft (ca. 150 g), möglichst gut zerkleinert (Mörser, Mixer)
  - 6 Eiweiß mit 6 KL Wasser und einer Prise Salz steif geschlagen

Die Butter schmelzen, das Weißmehl darunterrühren, 2 Min. köcheln, die heiße Hühnerbrühe dazugeben, gut rühren, eindicken lassen, Zitrone, Gewürz und Kapern beifügen.
Kräftig würzen, denn durch das Eiweiß wird die Speise ja viel voluminöser. Den Thunfisch dazugeben, das Eiweiß unterheben, in die leicht eingefettete Auflaufform schütten, im auf 175° vorgeheizten Ofen 30 Minuten backen. Warm oder kalt (dann in Schnittchen geschnitten) zu Salat servieren. Tomaten- oder Zwiebelsauce paßt dazu.

Amaretti

- 300 g Mandeln, geschält, getrocknet, gemahlen
- 300 g Zucker
  einige Tropfen Bittermandelöl
  - 3 Eiweiß mit 3 KL Wasser und einer Prise Salz steif geschlagen

Mandeln schält man, indem man sie mit kochendem Wasser übergießt und 10 Minuten stehen läßt. Zum Trocknen gibt man sie auf einem Backblech 1 Std. in den auf 50° erwärmten Backofen.
Man reibt sie, mischt sie gut mit dem Zucker, gibt das Bittermandelöl bei, je nach Geschmack mehr oder weniger. Dann hebt man das Eiweiß sorgfältig unter die Mischung und gibt kaffeelöffelgroße Häufchen auf das mit Backpapier ausgelegte Kuchenblech. Im auf 150° vorgeheizten Ofen ½ Std. backen. Sie sollen ganz leicht angebräunt sein. Herausnehmen, auf beiden Seiten mit Daumen und Zeigefinger eindrücken. Sie sollen krakeliert werden.

Eierpilze

6 Eier, hartgekocht, geschält
3 Tomaten, möglichst gleich groß, halbiert
einige Cornichons, rote und gelbe Peperoni, in Essig eingelegt
einige Zweiglein Petersilie
2 dl Mayonnaise (siehe Seite 239)

Eine flache Palette mit einer dünnen Schicht Mayonnaise bestreichen, den runden Teil der Eier so wegschneiden, daß die Eier auf der Platte verteilt werden können, die Petersilie gleichmäßig verteilen, die Essigfrüchte dem Rand entlang legen, die Tomatenhälften von Saft und Kernen befreit auf die Eierspitzen setzen, mit dem Spritzsack Mayonnaisetüpfchen auf den «Pilzhützen» anbringen. Kaltstellen.

Schönheitspflege mit Eiern

Gesichtsmasken

gegen trockene Haut:

    1 Eigelb
    ½ geraffelter Apfel
    1 KL Mandel- oder Olivenöl
    1 Eigelb
    1 KL Gerstenmehl
    1 KL Weizenkeimöl

Zur Straffung von fetter und trockener Haut:
    1 Eiweiß, leicht geschlagen,
    1 KL frischer Rahm

gegen fette Haut:

    1 große Erdbeere, fein zerdrückt
    1 Eiweiß, leicht geschlagen
    5 Tropfen Glycerin

Nährmaske

    1 Eigelb
    1 KL Honig
    1 KL Zitronensaft
    1 EL Weizenkeimöl

bei **Sonnenbrand**, allgemeinen Verbrennungen:
1 Eiweiß leicht geschlagen

Haarpackungen

strapaziertes Haar:

    1 Eigelb 10 Min. wirken lassen

Haarspliß:

    1 Eigelb
    1 EL Olivenöl   1 Std. wirken lassen

trockene Haare:

    1 Eigelb
    1 Tasse Salbeitee aus 1 EL getrockneten
          Salbeiblättern, 10 Min. ziehen lassen
    1 Prise Salz,
    20 Min. wirken lassen

Man wäscht die Haare einmal mit einem milden Shampoo, trägt die Haarpackung auf und umhüllt die Haare mit einem Frottiertuch. Die entstehende Wärme verstärkt die Wirkung der Packung. Dann wäscht man die Haare ein zweites Mal mit Shampoo, spült zuerst klar und zum Schluß mit einem Glas lauwarmem Wasser, dem man 1 EL Zitronensaft beigefügt hat.

Der wahre Schatz der Indios: Die Kartoffel

Als Kolumbus auszog, den Seeweg nach Indien zu finden, da ging es darum, die Versorgung Europas mit Gewürzen zu sichern. Als die Spanier und Portugiesen nach Kolumbus in die Neue Welt reisten, da reisten sie auf der Suche nach dem sagenhaften Land Eldorado, dem Goldland mit seinen Schätzen. Natürlich haben die Spanier eine Menge Gold zusammengestohlen und den armen Indios abgepreßt. Den wirklichen Schatz aber, den sie nach Europa brachten, den haben sie überhaupt nicht erkannt. Es waren 2 Pflanzen, die sie für Zierpflanzen hielten und auch noch für giftig: die Kartoffel und die Tomate.

Durch die Kartoffel wurde es möglich, im Europa der Massenbevölkerung Hungersnöte zu vermeiden. Vielleicht ist es die größte Tat des Königs Friedrich II. von Preußen, den sie den Großen nennen, daß er seine Bauern gezwungen hat, Kartoffeln anzubauen. Kartoffeln haben die Menschen über die großen Nöte dieses Jahrhunderts, die zwei verbrecherischen Weltkriege, hinweggebracht. Heutzutage spielt die Kartoffel in der Ernährung keine so große Rolle mehr, weil man sie völlig zu Unrecht für einen Dickmacher hält. Dabei enthält die Kartoffel keinerlei Fett, dafür pflanzliches Eiweiß und Kohlenhydrate, sie hat nur 68 kcal auf 100 g, aber eine ganze Menge Mineralstoffe und Vitamine. Vor allem Vitamin C, das leider durch das Kochen zum Teil zerstört wird (am besten Pellkartoffeln essen!).

Wichtig in den Kartoffeln sind aber auch Kalium und Magnesium, zwei Mineralstoffe, die in unserer modernen Ernährung zu wenig enthalten sind und deren Fehlen an manchen Krankheitserscheinungen schuld ist. Für den Ernährungswissenschaftler gilt die Kartoffel — und das wird viele Leser wundern — als eine der wertvollsten Eiweißquellen. Der Eiweißgehalt ist mit 2% zwar gering, aber es gibt ernährungsphysiologisch betrachtet, ein eigenartiges Phänomen: Kartoffeln ergänzen das Milch-, Ei- und Fischeiweiß, wenn man gemischte Gerichte macht, derart, daß der Nährwert der genannten tierischen Eiweiße erheblich steigt. So nimmt man an, daß ein Ei einen Eiweißwert für den Körper mit der Zahl 100 hat. Ißt man Ei mit Kartoffeln, also das berühmte Bauernfrühstück, dann hat das Ganze einen Wert von 134, d.h. es sättigt erheblich besser, es liefert dem Körper erheblich mehr wertvolles Eiweiß als Ei für sich und Kartoffeln für sich. Das macht den Wert zum Beispiel des Kartoffelbreis aus (natürlich auch seine Problematik, wenn man auf die Linie achten muß).

Meine Mutter hatte einen Schrebergarten mit einem kleinen Häuschen, 3 Pfirsichbäumen und ein paar Johannisbeersträuchern. Er lag am Stadtrand von Freiburg, ein Bach floß daran vorbei, in den ich von Zeit zu Zeit immer wieder fiel, kurz, es war ein kleines Paradies. Sie pflanzte immer auch ein großes Beet mit Frühkartoffeln. «Die anderen lohnen sich nicht», pflegte Mutter zu sagen. Ich habe als kleiner Bub zugeschaut und später geholfen, mit der «Haue» die Setzlöcher für die Kartoffeln zu machen, schön gleichmäßig gegeneinander versetzt, so daß es diagonale Reihen gab über das Feld, ich habe die Saatkartoffeln in die Löcher gelegt, Mutter hat sie wieder zugemacht und das Feld eingeebnet. In den schlechtesten Zeiten nach dem Krieg hat Mutter keine ganzen Kartoffeln mehr gelegt, sondern nur noch Stücke mit «Augen», und sie hat gesagt, «Der liebe Gott wird auch das wachsen lassen». Wir haben die Saatkartoffeln gegessen und die Kartoffeln sind auch so aufgegangen und haben getragen. Mutter hat die Kartoffeln gehäufelt. Dann mußte man beginnen, gegen die Kartoffelkäfer zu kämpfen, deren Larven rot und häßlich die Kartoffelblätter fraßen, und schließlich war der Zeitpunkt gekommen, wo man die ersten Kartoffeln ernten konnte. Mutter zog am Kartoffelkraut, das welk ist und gelb, wenn die Kartoffeln geerntet werden können. An den Wurzeln hingen die Knollen – die Kartoffeln sind ja keine Früchte, sondern Verdickungen der Wurzeln – und dann wurden mit der Haue die restlichen frischen Kartoffeln aus der Erde geholt und aufgelesen. Meine Mutter hatte ein kleines Leiterwägele, das sie im Sommer immer mit in den Garten nahm. Ich habe an anderem Ort schon davon erzählt. Am Abend fuhren wir dann mit dem Leiterwägele wieder heim, und auf dem Leiterwägele stand eine Zaine, ein Korb, mit den leuchtend gelben neuen Kartoffeln, im Bach frisch gewaschen. Frisch geernteter Salat war dabei und junge Erbsen und Karotten, was es halt so um die Zeit gibt, wenn man Frühkartoffeln ernten kann.

Ich könnte ein Loblied auf die frisch geernteten Kartoffeln singen. Wer das nie gegessen hat, der weiß überhaupt nicht, wie Kartoffeln schmecken: Entweder kurz gekocht oder mitsamt der Schale, sie ist ja hauchdünn, in Butter gedämpft. Jungen Salat machte Mutter dazu, Erbsen und Karotten, Fleisch gab es nicht nach dem Krieg, und als es Fleisch wieder gab, konnten wir uns keines leisten. Aber ich habe nie etwas entbehrt. Was ist schon Fleisch, verglichen mit den Genüssen junger Kartoffeln, frisch geschnittenen Salats, jungen Gemüses?

Mutter sagte, man sollte die Kartoffeln möglichst am Gründonnerstag oder in der Karwoche, vor allem aber bei Vollmond legen. Dann mußte man aufpassen, daß das Legen nicht zur Stunde des Steinbocks – da lassen sie sich nicht weichkochen – , nicht zur Stunde des Krebses – da setzen sie keine Knollen an oder bleiben klein – , nicht zur Stunde des Fisches – da werden sie wäßrig und faulen – , nicht in der Jungfrau – da geht alle Kraft in die Blüte – , stattfindet, sondern in der Waage, da wiegen sie schwer, in den Zwillingen, da gibt es viel, im Löwen, da gibt es gleich «löwenmäßig» viel und vor allem im Widder, da bekommt man so viel, daß sie einem zuwider werden.

Wenn beim Legen der Kartoffeln dicke Wolken am Himmel sind, dann werden auch die Kartoffeln dick. Legt man beim Kartoffellegen ein rotes Band aufs Feld, haben die Kartoffeln Freude und werden schön mehlig. Mutter setzte sich nach dem Kartoffelpflanzen immer ein bißchen hin und sagte: «Ich muß ausruhen, damit die Kartoffeln mitausruhen, dann tragen sie reichlicher».

Wenn Mutter eine Warze entfernen wollte, dann hat sie eine halbe Kartoffel drüber gerieben und sie irgendwo hingeworfen, wo weder Sonne noch Mond hinschauen konnten.

In der Schweiz, so lese ich, gibt es eine wunderschöne Sage: Als die Kartoffel gebracht wurde, da wollten sie die Leute nicht haben und sie nur als Schweinefutter verwenden. Als das der liebe Gott sah, da wurde er zornig und wollte die Kartoffeln nur noch so wachsen lassen, daß sie wirklich nur als Schweinefutter taugten. Die Mutter Gottes aber, die die Nöte der Menschen kennt, ihre Armut und ihre Unfähigkeit, das zu erkennen, was sie wirklich brauchen, bat den lieben Gott, ihnen doch die Kartoffeln nicht wegzunehmen und ihnen Zeit zu lassen, die Kartoffeln als das zu erkennen, was sie wirklich sind: das wichtigste Grundnahrungsmittel. Da erbarmte sich Gott der dummen Menschen und ließ ihnen die Kartoffeln.

Die Großmutter wußte:

— Kartoffeln sollen kühl (4 – 5° C), dunkel und trocken *gelagert* werden. Feuchte Wärme (in die heutige Zeit übersetzt: Plastiksäcke) läßt sie schneller keimen.

— *Lagert* man Kartoffeln bei Temperaturen unter + 4° C, so können sie *süßlich werden.* Das verschwindet wieder, wenn man sie vor dem Verbrauch eine Woche lang in der Küche aufbewahrt.

— Kartoffeln wäscht man, bevor man sie schält, und spült sie nochmals kurz unter fließendem Wasser ab. Damit sie, einmal geschält, *nicht fleckig werden,* kann man sie in kaltes Wasser legen, muß sich aber bewußt sein, daß damit wertvolle Vitamine verloren gehen. Deshalb gibt man geschälte Kartoffeln besser so rasch wie möglich ins bereits siedende Wasser. Je weniger Wasser, desto besser. Außerdem bleiben sie so schnittfester.

— *Salzkartoffeln,* abgekühlt und wieder aufgewärmt, bekommen einen schalen Geschmack. Deshalb die Kochzeit so bemessen, daß sie sofort serviert werden können – oder warmhalten.

— *Gewaschene Kartoffeln* eignen sich nicht zur Lagerung.

Kleine Kartoffelkunde

— die gleichzeitig zeigt, wie vielfältig das Angebot an Kartoffelsorten ist.

Kochtyp A

Eine feste Kartoffel, die auch bei längerem Kochen nicht zerfällt (festkochend). Das Fleisch ist feucht, glatt, schnittfest und nicht mehlig. Der Stärkegehalt ist niedrig. Ideal für Kartoffelsalat, Salzkartoffeln, Pellkartoffeln (Gschwellti). Gut geeignet für Bratkartoffeln (roh), Kartoffelsuppe. Bedingt geeignet für: Rösti, Kartoffelgratin, Saucenkartoffeln. Nicht geeignet für Pommes frites, Kartoffelstock, Gerichte aus Kartoffelteig (Gnocchi, Knödel, Kartoffelbrot) Baked potatoes.
Deutschland: Erna, Forelle, Hansa, Linda, Nicola, Selma, Sieglinde
Schweiz: Nicola, Stella

Kochtyp B

Eine Kartoffel, deren Schale beim Kochen gerne aufspringt. Das Fleisch bleibt dabei jedoch im allgemeinen fest. Sie ist schwach mehlig und hat einen mäßigen bis mittleren Stärkegehalt.
Ideal für: Rösti, Bratkartoffeln
Gut geeignet für: Pellkartoffeln (Gschwellti), Salzkartoffeln, Kartoffelgratin, Saucenkartoffeln, Kartoffelsuppe, Kartoffelsalat.
Bedingt geeignet für Pommes frites, Kartoffelpüree, Gerichte aus Kartoffelteig, Baked potatoes.
Deutschland: Agnes, Amalia, Berber, Berolina, Birgit, Carola, Clarissa, Clivia, Corine, Dunja, Gloria, Grandiflora, Grata, Gusto, Hela, Ilse, Isna, Isola, Jessica, Maja, Margit, Palma, Pinki, Ronea, Ukama, Ulla, Wega
Schweiz: Bintje, Christa, Colmo, Ostara, Palma, Sirtema, Urgenta

Kochtyp C
Diese Kartoffel springt im allgemeinen beim Kochen stark auf. Ihr Fleisch ist mehlig, ziemlich trocken, grobkörnig und locker. Sie hat einen mittleren bis hohen Stärkegehalt. Ideal für: Kartoffelstock, Pommes frites, Gerichte aus Kartoffelteig (Gnocci, Knödel, Kartoffelbrot), Baked potatoes. Gut geeignet für: Kartoffelgratin, Saucenkartoffeln, Bratkartoffeln (roh), Kartoffelsuppe.
Bedingt geeignet für Rösti, Salzkartoffeln, Pellkartoffeln (Gschwellti), Kartoffelsalat.
Deutschland: Aula, Irmgard
Schweiz: Christa, Desirée

Die wichtigsten und gebräuchlichsten Kartoffelsorten

Rezepte mit Kartoffeln

Pellkartoffeln – Gschwellti:

Kartoffeln gut waschen, mit kaltem Wasser knapp bedeckt aufsetzen, je nach Sorte 20 – 30 Min. kochen. Wasser abschütten. Beim Kochen im Dampfkochtopf: nie den Kochvorgang abbrechen, indem man kaltes Wasser über den Deckel laufen läßt. Sonst zerplatzt die Haut, wenn nicht sogar die ganze Kartoffel.

Beilagen zu geschwellten Kartoffeln: Heringe, Käse, Holunder- oder Heidelbeermus oder Quarkmüsli.

Hier zwei Quark-Rezepte aus Kathrins Küche:

1. 2 EL Kaffeerahm
   1 Päckchen Rahmquark
   4 EL Yoghurt
   1 gestr. KL Streuwürze
   1 gestr. KL Maggiwürze
   ½ gestr. KL Pfeffer
   1 feingeschnittene Zwiebel
   1 feingeschnittene Salzgurke

2. 1 Päckchen Rahmquark
   1 Päckchen Magerquark
   3 EL Kaffeerahm
   3 EL feingeschnittenen Schnittlauch
   1 zerdrückte Knoblauchzehe
   1 gestr. KL Streuwürze
   ½ gestr. KL Pfeffer

Wenn man Pellkartoffeln kocht, lohnt es sich, die doppelte Menge aufzusetzen, denn sie lassen sich weiterverwenden, z. B. für Rösti, Kartoffelbrot.

Rösti

1 kg am Vortag in der Schale gekochte Kartoffeln
2 EL Salz
4 EL eingekochte Butter (früher nahm man Schweineschmalz)
3 EL Wasser

Die Kartoffeln schälen, entweder auf einer groben Raffel raffeln, oder vierteilen und in Scheibchen schneiden, gut mit dem Salz vermengen, 2 EL Butter in der Bratpfanne heiß werden lassen, die Kartoffeln beifügen, auf kleinem Feuer 10 Min. bei gelegentlichem Stochern und Wenden braten. Zu einem kompakten Fladen zusammendrücken, dem Pfannenrand entlang einen weiteren EL Butter dazugeben. Das Wasser darüberträufeln. Nun den Fladen mit einem Teller bedeckt weitere 10 Min. auf kleinem Feuer braten. Die Rösti wenden, indem man sie auf den Teller, der als Deckel diente, stürzt und vom Teller wieder in die Pfanne gleiten läßt. Wieder 1 EL Butter beigeben, bedecken, nochmals 10 Min. lang braten, den Fladen auf dem als Deckel dienenden Teller servieren. Rösti kann sowohl Hauptspeise sein wie auch Beilage zu Fleisch, Käse oder Eiern.

Hirtenauflauf «Shepherd's Pie»

- 300 g Reste von Schafs-, Rinds- oder Schweinebraten
- 2 Zwiebeln fein gehackt
- 2 EL Sellerieblätter fein gehackt
- 1 EL eingesottene Butter
- 1 Tasse Fleischbrühe
- 1 kg in der Schale gekochte oder Salzkartoffeln
- 1 Ei, ca. 1 dl Milch
- Salz, Muskat, Pfeffer
- 1 Eigelb

Vorbereitung: Das Fleisch in kleine Würfel oder Scheibchen schneiden. Zwiebel und Sellerieblätter in feine Streifen, beides in der Butter dünsten. Die Kartoffeln passieren (heiß oder kalt), mit Ei, Milch und Gewürz vermischen.
Einfüllen: Eine Auflaufform gut bebuttern, von der Hälfte der Kartoffelmasse einen ca. 2 cm breiten Rand andrücken. In den Hohlraum

Fleisch, Zwiebeln und die Fleischbrühe geben, mit dem Rest Kartoffelmasse bedecken. Kartoffelmasse glattstreichen, mit dem Eigelb bepinseln, mit einer Gabel «Zierrillen» anbringen. Backen im Ofen in guter Hitze ca. 30 Min. Servieren mit grünem oder mit Rüben-, Randen-, Bohnensalat usw.

Kartoffelpfluten

    1 kg Schalen- oder Salzkartoffeln
2 – 3 dl Milch
  1 – 2 Eier
    Salz, Muskat, Pfeffer
  4 EL Kochbutter oder 3 – 4 EL Öl
    1 Zwiebel, klein gehackt
    2 Äpfel, geschält, grob geraffelt
  1 EL Paniermehl

Masse: Die Kartoffeln noch heiß durchpressen, mit der heißen Milch, dem verklopften Ei und dem nötigen Gewürz vermischen. Formen: Mit zwei in die flüssige Kochbutter getauchten Eßlöffeln längliche Klöße abstechen, in eine erwärmte Platte anrichten. Abschmelzen mit den gerösteten Zwiebeln und mit den Äpfeln, die man mit dem Paniermehl im Rest der Kochbutter gedämpft hat.

Kartoffelgratin

   1 EL frische Butter
   1 kg Kartoffeln geschält, in feine Scheibchen geschnitten
250 g Gorgonzola oder dänischer Blaukäse, in Scheiben geschnitten
  ½ l Fleischbrühe

Eine Pyrexform mit der Butter ausstreichen, die Hälfte der Kartoffeln hineinschütten, die Hälfte des Käses darüberlegen, mit dem Rest der Kartoffeln und dem restlichen Käse bedecken, die Fleischbrühe darüberschütten. In den kalten, auf 200° C eingestellten Backofen stellen, 45 Min. backen.
Ein mit Rotweinessig und Knoblauch angemachter grüner Salat schmeckt am besten dazu.

Kräuterkartoffeln

1 EL eingesottene Butter
   1 große Zwiebel, fein gehackt
   1 Knoblauchzehe, gepreßt
   1 kg Kartoffeln, geschält, in feine Scheibchen geschnitten
  ¾ l Milch
1 KL Salz
   1 Prise Pfeffer
3 EL gehackte Petersilie oder gehackter Schnittlauch oder
1 EL gehackter Liebstöckel oder Majoran

Die Butter in einem Kochtopf zergehen lassen, Zwiebel und Knoblauch 5 Min. dämpfen, aber nicht braun werden lassen, die Kartoffeln zuge-

Eine kleine Auswahl, wie Kartoffeln zubereitet werden können: Knödel, Kartoffelbällchen, pommes frites, Kartoffelkroketten →

ben, mitdämpfen, die Milch beifügen. Sie soll die Kartoffeln knapp bedecken. Salzen. Auf ganz kleiner Flamme 50 Min. köcheln lassen. Oft rühren, da die Speise zum Anbrennen neigt. Pfeffern, die Kräuter beigeben, noch 1 bis 2 Minuten ziehen lassen. In zugedecktem Topf auf den Tisch stellen. Der Kräuterduft läßt das Wasser im Munde zusammenlaufen!
Dazu serviert man geräucherte Würste und/oder einen grünen Salat.

Die Kartoffel als Medizin

Frostbeulen:
warme, zerdrückte Pellkartoffeln auflegen

Kopfschmerzen:
rohe Kartoffelscheiben auf die Stirn legen

Magersucht:
Kartoffeln erlauben es, dem Kranken relativ viel Fett zuzuführen, ohne daß es ihn anwidert.

Rheumatische Gliederschmerzen, Gicht:
rohe, geriebene Kartoffeln mit heißem Wasser übergießen, die schmerzhaften Stellen darin möglichst heiß baden.

Übersäuerung des Magens:
während längerer Zeit täglich Kartoffelbrei essen.

Verbrennungen:
rohe, geriebene Kartoffeln auflegen

Verschlucken von spitzen Fremdkörpern, Fischgräten:
größtmögliche Mengen gekochter Kartoffeln essen.

Chronische Verstopfung:
Zu allen drei Hauptmahlzeiten viel Kartoffeln, möglichst in breiiger Form essen. Brot meiden.

Herzbeschwerden, Fettleibigkeit:
Während längerer Zeit viel ohne Salz gekochte Kartoffeln essen. Kartoffeln fördern die Entwässerung, wodurch das Herz entlastet, das Gewicht reduziert wird.

Warnung:
Grüne Kartoffeln und Kartoffelkeime enthalten das Gift Solanin, sind also für Mensch und Tier ungenießbar. Keimende Kartoffeln dürfen nur noch verwendet werden, wenn man die Keime tief ausgestochen und die Knolle geschält und gekocht hat.

Die Schönheitspflege mit Kartoffeln

Gesichtsmaske gegen fette Haut
1 in der Schale gekochte Kartoffel schälen, fein zerdrücken, 2 EL Milch und 1 KL Zitronensaft daruntermischen, auftragen, 20 Minuten einwirken lassen.

Gesichtslotion bei fetter und normaler Haut
1 Glas Kartoffelsaft. Dazu verreibt man eine rohe, gewaschene Kartoffel auf einer feinen Raffel und drückt den Brei in einem Gazetuch aus.
1 Glas Tomatensaft miteinander vermischen, Wattebausch damit tränken, morgens und abends auftragen. Lotion im Kühlschrank aufbewahren.

Augenringe zum Verschwinden bringen
1 rohe Kartoffel schälen, fein reiben, auf die Augen auftragen, 10 Minuten einwirken lassen, spülen.

Gesichtsmaske gegen Pickel und Mitesser:
1 rohe Kartoffel schälen, fein reiben, auftragen, 10 Minuten einwirken lassen. Wer es eilig hat, reibt die Haut mit einer Kartoffelscheibe ab.

Mit Kartoffeln Papier und Stoff bedrucken

Es widerstrebt mir, Eßbares zu verwenden für Zwecke, die nicht der Ernährung dienen. Der Vollständigkeit halber erwähne ich doch die Kartoffelstempel, die man aber nur machen soll, wenn man verschrumpelte, gekeimte oder erfrorene Kartoffeln dafür verwendet.
Die einfachste Stempelform machen wir, wenn wir ein Weihnachtsgebäckförmchen in die Schnittfläche einer halbierten Kartoffel drücken und den Rand ringsherum mit einem scharfen Messer etwa 1 cm tief abschneiden. Zeichnerisch Begabte entwerfen selbst Ornamente, z.B. Blumen, Schmetterlinge, Blatt- und Tierformen. Je einfacher sie sind, desto besser wirken sie.
Zum Bedrucken eignen sich saugfähiges Papier (z.B. Tapetenmakulatur), Baumwolle und Seide.

Papier bedruckt man mit Plakatfarbe (im Farbwarengeschäft erhältlich), die man mit einem Pinsel auf den Stempel aufträgt. Macht man nach einem Farbauftrag zwei bis drei Stempel, erzielt man verschieden stark gefärbte Drucke.
Vorschläge: Tischsets, Servietten, Glückwunschkarten, Geschenkpapier, Geschenkschachteln, Tapeten und Seide.
Baumwolle bedruckt man mit Stoffarbe (Farbwarengeschäft). Vorgehen siehe Papier.
Vorschläge: Tischsets, Servietten, Tischtücher, Vorhänge, Einkaufstaschen, Schürzen, Borden an Kinder- und Sommerkleidern.
Seide: Schals, Blusen

Milch — ein kostbarer Saft

Sich den Werdegang der Milch vom Gras über die Kuh bis zur Tüte im Selbstbedienungsgeschäft vorstellen, heißt sich wundern, daß Milch nicht viel, viel teurer ist!

Es fängt hübsch an: mit den Kühen, die Lisi, Rosa oder Maya heißen, die Gras, Heu und Kraftfutter fressen, Wasser trinken, die zweimal täglich gemolken werden, am besten morgens und abends um fünf Uhr. Ein Kleinbauer tut diese Arbeit auch heute noch von Hand. Aber mehr als zehn Kühe täglich melken bedeutet einen Kraftakt.

Wenn es noch einen Schritt weiter romantisch ist, wird die Milch mit dem Pferdewagen zur Molkerei gebracht — aber dort hört die Nostalgie endgültig auf. Unsere Großmütter wußten noch, daß «sämtliche Milchgefäße nach ihrer Entleerung möglichst bald ausgewaschen werden — im Sommer mit heißem Sodawasser — und dann müssen sie mit heißem Wasser gebrüht und mit kaltem gespült werden. Im Sommer, besonders bei Gewittern, wird man gut tun, die zum frischen Gebrauch benötigte Milch aufzukochen.»

Im Kochbuch aus der Mitte des letzten Jahrhunderts, das vor mir auf dem Tisch liegt, wird genauestens beschrieben, wie man Butter macht. Da steht auch, daß «die Morgenmilch wertvoller ist als die Abendmilch». Wer weiß heute noch — es sei denn, er habe eigene Milchtiere — ob er Abend- oder Morgenmilch trinkt?

Aber um auf den Werdegang der Milch zurückzukommen: In der Molkerei wird sie ein zweites Mal filtriert, gewogen, auf ihre Reinlichkeit geprüft und in einen gekühlten Sammeltank geleitet. Tankwagen, die ein Fassungsvermögen von über 15 Tonnen Milch haben, holen sie ab und transportieren sie in die Großmolkerei, wo sie zu den verschiedenen Milchprodukten verarbei-

tet wird. Energieaufwand pro Liter Milch inklusive Verpackung: im Schnitt einen Liter Erdöl. Ein weiter Weg vom hölzernen Butterfaß zum Erdöl.

Für unsere Großmütter war Milch einfach Kuhmilch, die man aus dem eigenen Stall oder in der Molkerei holte. Heute geht der Großteil des Milchverkaufes über den normalen Detailhandel. Die Milch abgepackt in handliche Tüten, gekennzeichnet nach verschiedenen Kriterien, die wir hier nur kurz streifen können.

Die Milchsorten: Vorzugsmilch z.B. Vollmilch teilentrahmte oder fettarme Milch, entrahmte Milch, außerdem Sauermilch, Buttermilch Milchmischgetränke, Kondensmilch, Trockenmilch.

In Tüten abgefüllte Milch ist **homogenisiert, das** heißt, daß die in der Milch enthaltenen Fettkügelchen durch mechanische Bearbeitung oder Hochdruck zerkleinert werden. Dadurch bleiben sie in der Milch gleichmäßig verteilt. Die Milch rahmt deshalb nicht auf. Das heißt aber auch, daß sie sich nicht zu Dickmilch verarbeiten läßt. Yoghurt kann damit aber ohne weiteres hergestellt werden. Außerdem ist diese Milch **pasteurisiert**, das heißt, sie ist ganz kurz erhitzt und sofort wieder abgekühlt worden Vorteil: sie bleibt länger frisch.

Ultrahocherhitzte Milch ist während längerer Zeit auf hoher Temperatur gehalten worden. Sie bleibt ungeöffnet auch ohne Kühlung mindestens sechs Wochen haltbar.

Sterilisierte Milch bleibt bei Zimmertemperatu ungeöffnet bis zu einem Jahr haltbar.

Vollmilch hat im Durchschnitt einen natürlichen Fettgehalt von 3,5 %. Teilentrahmte Milch ist meist zusätzlich mit Eiweiß angereichert und hat einen Fettgehalt von 1,5 − 1,8 % Eine aufmerksame Hausfrau beachtet beim

Milchkauf das aufgedruckte Verbrauchs- oder Abfülldatum.

Für unsere Großmütter war es noch selbstverständlich, die Milch in hölzernen oder Keramikgefäßen im Keller aufzubewahren, vor dem Gebrauch die Rahmschicht mit der Rahmkelle abzusahnen. Heute weiß niemand mehr, daß Rohmilch nicht in verschlossenen Gefäßen aufbewahrt werden durfte. Dafür gelten Regeln, die umgekehrt der älteren Generation seltsam vorkommen würden:

Milch in Tüten oder Flaschen wird im Kühlschrank aufbewahrt. Man soll sie nicht starkem Licht oder stark wechselnden Temperaturen aussetzen.

Da sie — wie Eier — Fremdgerüche sehr annimmt, soll man sie nicht neben geruchsintensiven Speisen lagern.

Pasteurisierte Milch braucht vor dem Verbrauch nicht mehr erhitzt zu werden.

Joghurt, Dickmilch, Junket, Kefir

Wenn auch die Herstellung von Butter nicht mehr aktuell ist (dazu braucht man nämlich Rohmilch, weil die Tütenmilch homogenisiert ist), so lohnt es sich doch noch, wenigstens Joghurt selbst zu machen. Hierfür gibt es heutzutage Joghurtapparate mit elektrischer Warmhaltung, Zeitautomatik und Thermostat. Ich besitze einen Joghurtapparat, der existiert, solange ich mich erinnern kann, und wir brauchen ihn beinahe täglich: Es ist ein doppelwandiger Aluminiumtopf mit gutsitzendem Deckel. Ich brauche bloß den Rand des Topfes mit heißem Wasser zu füllen, die auf 40,5° C erhitzte Milch mit Joghurt zu impfen, sie in vorgewärmte Gläser abzufüllen, zuzudecken und mindestens 4 Stunden stehen zu lassen.

Verwendet man einen heute handelsüblichen Joghurtapparat, so muß man die Gebrauchsanweisung ganz genau befolgen. Je länger Joghurt in der Wärme steht, desto saurer wird er. Das Spaßige am selbstgemachten Joghurt: pröbeln mit Aromabeigaben (Zucker, Caramel, Kaffee, Fruchtpüree, Schokolade) einerseits, und andererseits: selbstgemachtes Joghurt kostet kaum die Hälfte.

Joghurt ist ein ideales Ersatzmittel für Öl oder Sahne für all die vielen, die auf ihre Linie achten müssen. Man kann es als Salatsauce genausogut gebrauchen wie zur Herstellung von Fruchteis (wenn auch letzteres Rezept keines aus Großmutters Zeiten ist, denn damals gab es noch keine Tiefkühler). Ich verrate es trotzdem – damit man es als Dessert servieren kann, wenn man zuvor zu sehr «â la Großmutter» geschlemmt hat auf Seite 217.

Dickmilch ist heute durch Joghurt eigentlich verdrängt worden. Schade – denn Dickmilch mit Beeren, das ist ein besonderer Sommergenuß. Am besten macht man Dickmilch, indem man Vorzugsmilch (die also nicht pasteurisiert worden ist) während zwölf Stunden an einen warmen Ort stellt. Mit pasteurisierter Milch, der man pro Liter zwei Eßlöffel Buttermilch beigegeben hat, läßt sich aber Dickmilch ebenfalls herstellen. Vor dem Servieren soll sie gekühlt werden.

Ein weiteres Großmutter-Milchprodukt ist *Junket*. Dazu benötigt man Junket-Tabletten, die in der Apotheke mit Gebrauchsanweisung erhältlich sind. Junket ist nichtsäuerliche Dickmilch: die Gerinnung wird auf andere Weise verursacht.

Eine uralte, neuentdeckte Milchform ist *Kefir*. Die Schwierigkeit besteht darin, sich einen richtigen Kefirpilz zu beschaffen. Er ist möglicherweise in Molkereien erhältlich. In Reformhäusern gibt es ein Präparat, das, wird Milch zugesetzt, die Herstellung von Kefirmilch erlaubt. Falls Sie aber das Glück haben, einen Kefirpilz, einen richtigen, zu erhalten:

Man gibt ihn abends in lauwarme Milch, die man in ein Glas mit Schraubdeckel füllt: Zwischen Milch und Deckel müssen zwei Zentimeter Luft bleiben. Man stellt das Glas an einen hellen, warmen Ort und hat nach einem Tag, also am andern Abend, seinen Kefir. Der Pilz wird aus der Milch entfernt (eventuell abgesiebt) und mit fließendem, lauwarmem Wasser gewaschen. Dann ist er wieder verwendungsbereit für die neue Portion Kefir.

Der Kefir wird getrunken (darf jedoch nicht älter als 24 Stunden sein!).

Die Großmutter wußte:

— Wenn man *Milch wärmen* will, spült man den Kochtopf mit kaltem Wasser aus. Sie brennt dann nicht an.

— In *leicht angebrannte Milch* kann man eine Prise Salz geben. Verschwindet der Brandgeruch auch dann nicht, muß man sie wegschütten.

— *Versalzene* Suppen und Saucen lassen sich durch Milchzugabe «retten».

— *Rinds- und Schweinsleber,* in Milch einlegt, wird weicher.

— Milch läßt sich rasch *säuern,* wenn man etwas Zitronensaft oder Essig dazugibt

— *Leicht angesäuerte Milch* wird durch Zugabe einer Prise Backpulver «gerettet».

Rezepte mit Joghurt

Apfeleis

>   500 g geschälte, fein geraffelte Äpfel
>   Saft und Schale einer Zitrone
>   3 EL Zucker oder entsprechende Menge
>   flüssigen Süßstoff
>   2 Gläser Joghurt

Die Äpfel schälen, die Schale der Zitrone abreiben. Die Äpfel raffeln und lagenweise mit dem Zitronensaft beträufeln, Zucker oder Süßstoff und Joghurt daruntermischen, in eine Schüssel geben, diese ins Tiefkühlfach stellen. Jede halbe Stunde gut umrühren, bis das Eis durchgefroren ist.

Joghurt-Salatsauce mit ganz wenig Kalorien

>   1 KL Senf
>   1 Glas Joghurt
>   4 EL Weißweinessig
>   1 dl fettlose Fleischbrühe
>   2 EL Sojasauce
>   Salz, Pfeffer

Alles miteinander vermischen. Kann im Kühlschrank einige Tage aufbewahrt werden.

Gurkensüppchen

>   1 EL eingesottene Butter
>   1 feingehackte Zwiebel
>   1 Gurke, geschält, ¾ davon gehobelt,
>   ¼ in Würfeln
>   1 l Fleischbrühe
>   1 Joghurt
>   3 Eigelb
>   Pfeffer, eventuell Salz
>   1 EL frischen Dill, gehackt, oder Petersilie

Die Butter schmelzen, die Zwiebeln darin dünsten, die Gurkenscheibchen zugeben, 5 Min. dämpfen, mit der Fleischbrühe ablöschen, 20 Min. ziehen lassen, durch ein Sieb streichen, wieder aufkochen.

Joghurt und Eigelb in der Suppenschüssel verquirlen, die Suppe schöpflöffelweise darüberschütten, gut rühren, nochmals gut erhitzen, würzen, über den Dill und die Gurkenwürfel anrichten.

Nerven, der Darmmuskulatur, dem Knochengerüst benötigt. Milchgenuß trägt also wesentlich dazu bei, gesund zu bleiben. «Milch macht manches wieder gut».

Der Genuß von Joghurt reguliert die *Darmtätigkeit*, hilft, die durch Antibiotika zerstörte Darmflora wieder aufzubauen. Milchsäure ist ein harmloses, wirksames Medikament bei Durchfällen.

Bei *Schlafstörungen* trinkt man ein Glas warme Milch. Warme Milch mit Honig stillt den *Husten*.

Entzündete Augen behandelt man mit lauwarmen Kompressen aus halb Milch, halb Wasser.

Joghurt-Cake

- 1 *Joghurt nature*
- 2 *Joghurtbecher Mehl, gesiebt*
- 1 *Joghurtbecher Zucker*
- ½ *Joghurtbecher Sonnenblumenöl*
- 2 *Eier*
- 1 Kl *Vanillezucker*
- 2 Kl *Backpulver*
- 4 EL *geriebene Haselnüsse*
- 2 EL *Weinbeeren*

Alles in der angegebenen Reihenfolge mischen, in den auf 175° erhitzten Ofen schieben, 10 Minuten backen, Ofen auf 150° zurückstellen, 30 Minuten backen.

Milch als Medizin

Wer täglich einen Liter Vollmilch trinkt, deckt damit ½ des Bedarfs an Eiweiß, ½ des Bedarfs an Fett, ⅔ des Kalziumbedarfs, den ganzen Phosphorbedarf.

Das Milcheiweiß schützt die Leber

Das Milchfett, leicht verdaulich, hat gute Wirkung auf die Haut

Kalzium und Phosphor werden vom Herz, den

Schönheitspflege mit Milch und Joghurt

Kleopatra soll bekanntlich in Eselsmilch gebadet haben. Eine ganze Wanne voller Milch ist gar nicht notwendig, um die Wohltat eines Milchbades zu genießen. Ein Liter Milch — auch Buttermilch — dem warmen Badewasser zugefügt, ergibt wunderbar weiche Haut. Wenn man noch zwei Eßlöffel flüssigen Honig dazugibt, ist das Badevergnügen komplett.

Wenn man zwischendurch seine Haut erfrischen möchte: einen Wattebausch mit Milch tränken, das Gesicht damit betupfen oder — noch besser — ein Tuch mit kühler Milch tränken, einige Minuten aufs Gesicht legen.

Joghurt-Gesichtsmaske bei strapazierter Haut

¼ Banane zerdrücken, mit 2 EL Joghurt vermischen, auf das gereinigte Gesicht auftragen, mit warmer Kompresse bedeckt 20 Minuten einwirken lassen.

Von Kuh- und anderer Milch

Wenn man gemeinhin von «Milch» redet, meint man damit Kuhmilch. Ich weiß in der Zwischenzeit von vielen süddeutschen Leserinnen, daß sie während und nach der Kriegszeit Ostfriesische Milchschafe hielten auf Landflächen, die für die Kuhhaltung eben zu klein waren. In der Schweiz nimmt der Bestand an diesen Tieren jedes Jahr zu — und ich bin stolz darauf, ebenfalls zu den «Milchschäfelern» zu gehören. Abgesehen von den Freuden, die der Umgang mit diesen Tieren bringt: Wer einmal daran gewöhnt ist, Schafmilch zu trinken, tut sich mit jeder andern Milch schwer. Lauter Superlative bieten sich an: Schafmilch hat einen höheren Nährwert (im Schnitt 7 % Fett), eine feinere Struktur, ist leichter verdaulich, wohlschmeckend, hat einen überragenden Gehalt an Aminosäuren, Vitaminen. Für Leber- und Magenkranke ist Schafmilch Medizin.

Ich halte nun seit zehn Jahren Milchschafe. Wenn ich denke, wie wenige, verschwindend wenige Krankheitstage alle meine Mitbewohner und ich selbst während dieser Zeit aufzuweisen haben: ein großer Anteil unserer guten Gesundheit geht auf das Konto der Schafmilch.

Zwei von vielen Alpfschaf-Waisenlämmchen, die wir mit Schafmilch aufgezogen haben.

Da haben wir den Salat

«Nein», sagte die Kathrin, «wir reden nicht von Kartoffelsalat und Fleischsalat, nicht von Fischsalat und Frutti di mare, auch nicht von Fruchtsalat und von Gurkensalat, wir reden in dem Kapitel nur von grünem Salat».

Da sitze ich also und soll über grünen Salat schreiben. Was soll einem dazu einfallen? «Seit wann essen eigentlich Menschen Salat?», fragt Annette. «Wahrscheinlich haben sie es immer getan, von allem Anfang an.» Aber wann war Anfang? Unsere Großmutter hatte es leicht. Sie nahm die Bibel wörtlich, so wie es fromme Juden tun, die anhand der Generationen von Adam und Eva bis heute auf ungefähr 5000 Jahre kommen. Aber die Schöpfungsgeschichte, so meinen moderne Theologen darf man nicht wörtlich nehmen und die Folge der Generationen – wie sie das Alte Testament beschreibt – auch nur für die Zeit nach Moses. Also wann war Anfang? Man wird es nie sagen können. Das, was den Menschen ausmacht – sein Bewußtsein, sein Verstand, seine Fähigkeit, die Welt zu verändern – hat sich in Millionen von Jahren entwickelt. Und je länger die Wissenschaft sucht, desto weiter zurück reicht die Spur des Menschen. Die Zeit, über die wir ein bißchen mehr wissen, sind lächerliche 10000 Jahre, 300 Generationen vielleicht. Seit 5000 Jahren etwa können die Menschen schreiben, da wissen wir noch ein bißchen mehr von ihnen und erfahren sofort auch schon von Gärten und von Pflanzen, die in diesen Gärten angebaut werden. Dazu gehören Blattpflanzen, die man roh ißt und die man mit Essig und Öl anmacht: Salat! Aber in der Zeit davor, eben in jenen 10000 Jahren, seitdem die Menschen sich Hütten und Häuser gebaut haben, Tiere gezüchtet haben und Pflanzen angebaut, war sicher auch Salat dabei. Und noch früher, vor 50000 Jahren, vor 200000 Jahren? Die Forscher sagen, da wären die Menschen «Sammler und Jäger» gewesen. Was heißt das? Die wenigen Menschen sind durch das wilde Land gezogen, dahin und dorthin, haben Tiere gejagt und haben die Pflanzen gesammelt, von denen sie wußten, daß sie eßbar sind. Gewußt haben sie es aus der Erfahrung der Generationen davor, vielleicht auch mit dem Instinkt, der die Kuh auf der Weide nur das fressen läßt, was ihr bekommt. Und sicher haben sie viele dieser Pflanzen roh gegessen. Und sicher haben sie gewußt, daß zum Beispiel die Pflanze «Löwenzahn» sehr viel besser schmeckt, wenn man etwas Salz – hatten sie schon Salz? – darüber streut oder wenn man von dem heißen Fett des gebratenen Wildschweines darauf tropfen läßt. Nichts fällt vom Himmel. Alles Lebendige zumindest entwickelt sich vom Einfachen hin zum Komplizierten. Und so haben unsere heutigen Salatsorten, es gibt allein 100 Sorten Kopfsalat, einfache Wiesenpflanzen als Ahnen. Den Löwenzahn und die Brunnenkresse essen wir ja noch heute in der Form, wie sie wild wachsen. Auch den Feldsalat, den manche Leute Rapunzel nennen oder Nissel oder Nüßlesalat oder Sunnewirbele (was für ein schöner Name, den die Alemannen für diese Pflanze gefunden haben!). Die Sunnewirbele sind noch immer ein Ackerunkraut, das man im Herbst draußen finden kann, in Rebbergen z. B., wenn man danach sucht. Auch die Urform der Endivie, des Chicorée und des Radicchio wächst noch immer ganz bescheiden an unseren heimischen Wegrändern: die Wegwarte. Sie hat auch den Namen Zichorie.

Wer eine Zichorienwurzel auf St. Jakobi mit einem Hirschgeweih oder einem Goldstück ausgräbt, bekommt Kräfte wie ein Bär und hat Glück in der Liebe. Keine Waffe kann ihm etwas anhaben, alle Ketten, die ihn fesseln, kann er sprengen. Die moderne Wissenschaft aber sagt, die Zichorienwurzel enthalte einen dem Insulin verwandten Stoff, und damit kann man die Wegwarte als Diabetikergemüse verwenden.

Wenn man Zichorie hört, dann fällt einem der Kaffee-Ersatz unserer Großmütter ein. Meine Mutter hat noch «Zichorie» im Laden gekauft und grundsätzlich unserem Malzkaffee zur Verbesserung des Geschmacks beigefügt, und wahrscheinlich sogar dem sonntäglichen Bohnenkaffee. Zichorie war ein braunes Pulver, das dem etwas dünnfarbigen Malzkaffee eine schöne dunkle Farbe verlieh. Aber der Name Zichorie lebt auch in dem französischen Wort: Chicorée. Und es ist die gleiche Pflanze, eine Art unserer bescheidenen Wegwarte. Ich habe es bei meinen Tessiner Freunden gesehen. Sie haben «Zichoria» im Garten. Sobald es ein bißchen warm wird, treibt die Wurzel, die noch vom Vorjahr in der Erde ist, Blätter für den ersten Salat. Er ist sehr bitter, und wer bitteren Salat mag – ich – schätzt ihn sehr. Ansonsten geben die Tessiner Hausfrauen etwas Zucker in die Salatsoße, um die Bitternis etwas zu lindern. Aber man kann auch «Chicorée» für den Winter davon ziehen. Doch darüber mehr bei Kathrin.

Die zweite große Salatsorte ist die Familie unseres Kopfsalates. Dabei ist der Kopfsalat erst seit Ende des Mittelalters überhaupt ein «Kopf»salat, denn davor war er, wie heute noch der Römische Salat, ein Schnitt- und Pflücksalat und wie der neuerdings in den Läden auftauchende Eichblattsalat ein Gewächs mit einzelnen Blättern. Der Züchtungskunst der Renaissance-Gärtner ist es gelungen, die Blätter des Kopfsalates zu einem festen Kopf zusammenzufügen. Der Vater der Familie ist wohl der Lattich. Von dem sagen die Historiker, daß er schon vor fast 3000 Jahren in Babylon gegessen wurde und daß die Ägypter ihn angepflanzt haben. Wer jemals einen ganz frisch abgeschnittenen Kopfsalat in der Hand hielt, der weiß, daß an der Schnittstelle eine Milch ausfließt. Von da her hat der Salat seinen lateinischen Namen. Er heißt Lactuca, darin steckt das Wort Lac = Milch. Und weil die Mohnpflanze auch eine Milch absondert, die, wenn sie eingetrocknet ist, Opium heißt, haben die Griechen gedacht, der Salat müßte eine ähnliche Wirkung haben, d. h. er sei ein Schlafmittel, darum haben sie ihn immer am Schluß einer Mahlzeit gegessen. Die Ägypter haben etwas ganz anderes angenommen. Sie glaubten, der Salat fördere die Liebe (wie war das mit der Wegwarte? Sie sollte doch auch, in rechter Weise ausgegraben, Glück in der Liebe bringen). Kurz, wenn die Ägypter ihren Gott der Fruchtbarkeit, den Gott Min abbildeten, dann stellten sie ihn immer vor einen Garten mit Salat. Aber vielleicht hängt es auch damit zusammen, daß man in Angelegenheiten der Liebe so oft Ursache hat, zu sagen: «Da haben wir den Salat», was ja nichts anderes meint, als ein rechtes Durcheinander.

Im Ernst, Salat enthält eine Menge Vitamine und Spurenelemente, so daß man durchaus annehmen kann, daß er in Zeiten von Vitaminmangel eine entsprechende Wirkung entfaltet. Aber wir haben jetzt nur von den «feinen» Salaten gesprochen, von dem, was schon seit eh und je die Reichen und Vornehmen gegessen haben. Die Römer hatten eine ungeheure «Salatkultur». Sie haben den Salat auf die verschiedensten Weisen angemacht. Ihre «feinen Salate» wurden von den aufstrebenden

Germanenfürsten natürlich übernommen. Und so kam zu den Zeiten Karl des Großen der Gartensalat in die Gärten der Fürstenhöfe und der Klöster. Die Wissenschaftler der Zeit rühmten von ihm, er mache ein gutes Blut.

Wir wollen jetzt aber auch von den Wildsalaten sprechen, von dem, was das einfache Volk gegessen hat. Erst vor knapp 400 Jahren begann auch es, Salat zu essen (darum spielt der Salat im Aberglauben auch keine Rolle). Bis dahin kannte man nur die Wildsalate, aber man hat weit mehr als das, was wir im Frühling auf den Äckern und Wiesen suchen, gegessen: Bachbunge, Bärenklau, Bärlauch, Barbarakraut, Beinwell, Brennessel, Brunnelle, Brunnenkresse, Gänseblümchen, Gänsefuß, Gundermann, Guter Heinrich, Herderich, Hirtentäschel, Hopfen, Huflattich, Knopfkraut, Löffelkraut, Löwenzahn, Lungenkraut, Wilde Malve, Nachtkerze, Pastinac, Portulak, Ackerglockenblume, Sauerampfer, Schafgarbe, Scharbockskraut, Spitzwegerich, Taubenkropf, Tripmadam, Vogelmiere, Wegwarte, Weidenröschen, Wiesenknopf, Wiesenschaumkraut und viele andere.

Die Wildsalate der einfachen Leute wurden mit Speck, Essig und Zwiebeln bekömmlich gemacht. Etwas Essig kommt über den Wildsalat, der Speck wird mit den Zwiebeln gebraten und kommt zum Schluß dazu. Eigenartig war, daß im bäuerlichen Raum gemischte Salate sehr verbreitet waren. Gekochtes wurde mit Rohem vermischt, z. B. Karotten, Sauerkraut und Feldsalat, oder gekochte Kartoffeln mit sauren Gurken und Äpfeln. Meine Mutter hat, wenn sie Kartoffelsalat gemacht hat, grundsätzlich über den Kartoffelsalat die Blätter eines grünen Salates angerichtet. Sie hatte die beiden Salate getrennt voneinander angemacht und dann den grünen auf den Kartoffelsalat gegeben. Das hat gut ausgeschaut. Die Sauce des grünen Salats wurde von dem Kartoffelsalat aufgesaugt und machte den noch saftiger, und gut geschmeckt hat es überdies. Es hatte noch einen Effekt; wer Kartoffelsalat essen wollte, mußte in Gottes Namen auch von den Salatblättern essen, die darüber lagen. Das hat Salatmuffel, wie damals mich, dazu gezwungen, Salat zu essen. Womit wir bei einem Thema ganz besonderer Art sind: Daß Salat «gesund» ist, pfeifen die Spatzen vom Dach. Daß Salat viele Vitamine enthält, haben wir schon gesagt. Im Gegensatz zu den gekochten Gemüsen werden aber die empfindlichen Vitamine bei den Salaten nicht durch Kochen zerstört. Auch die Mineralien werden nicht herausgelöst und bleiben erhalten.

Als der Onkel Doktor zur Auffassung kam, daß ich 30 Kg Gewicht verlieren müßte, um weiter gesund zu bleiben, da habe ich unentwegt Salat essen müssen. Aber nicht nur wegen der Vitamine und Mineralstoffe, sondern auch, weil der Salat «füllt». Man hat das Gefühl, sich satt gegessen zu haben, und die Kalorienzufuhr hält sich dennoch in vernünftigen Grenzen (100 g Salat – eine ganze Menge – enthalten 15 kcal!!!). Andererseits ist es modern, vom Sinn der Ballaststoffe zu reden. Die Ballaststoffe sind zu ihrem Namen gekommen, weil man vor wenigen Jahrzehnten noch angenommen hat, sie seien nichts anderes als eine unnütze Belastung des Organismus, Stoffe eben, die den Körper so verlassen, wie sie hineingekommen sind. Ideal erschienen Nahrungsmittel wie zum Beispiel der Zucker, den der Körper ohne Rest aufnimmt, vor allem wenn es «raffinierter», schneeweißer Zucker ist. Oder das Weißmehl der Type 405, aus dem unser Weißbrot und unser Kuchen gemacht ist. Nimmt man derlei Nahrungsmittel zu sich, so hat der Darm eigentlich über weite Strecken nichts mehr zu tun. Gleich die ersten Darmmeter nehmen sozusagen den gesamten Nahrungsbrei auf, der übrige Darm bleibt leer. Die Folge: der Mensch hat keine Verdauung. Das heißt, die Verdauung hat er schon, aber er hat keinen Stuhlgang (haben Sie sich schon einmal Gedanken darüber gemacht, daß wir über ganz natürliche Vorgänge wie das Gegenteil vom Essen und Trinken nicht mit konkreten, genauen Begriffen reden und schreiben können, als wäre das, was auf der Toilette passiert, etwas Unanständiges). Noch schlimmer ist, daß in einem «arbeitslosen» Darm Fäulnisvorgänge stattfinden und Krankheit entsteht. Anders ist es, wenn die sogenannten Ballaststoffe den Darm füllen. Die Arbeit des Darmes besteht darin, daß er den Nahrungsbrei durch Zusammenziehen und Dehnen in Richtung Körperausgang bewegt, um ihm auf diesem Weg die Nahrungsstoffe zu entziehen. Ballaststoffe aber sind geeignet, durch Druck auf die Darmwände den Darm zu seiner Arbeit anzuregen, kurz, das Beste, um regelmäßigen Stuhlgang zu haben und gesund zu bleiben, sind genügend Ballaststoffe. Man kann sie in der Form von mit Wasser angerührter Kleie zu sich nehmen, man kann aber auch Salat – und Gemüse und Obst – in ausreichender Menge essen.

Solange es Berichte über den Salat gibt, solange wird der Salat mit Essig und Öl angemacht. Essig und Öl gehören zusammen wie Zwillinge, und doch sind sie so gegensätzlich, wie es gegensätzlicher eigentlich nicht geht. Ist das Öl sanft und weich, Stoff des Lebens, ist der Essig hart und scharf, ein Stoff des Todes. Essig. Der menschgewordene Gott schenkt sich und sein Leben den Menschen in der Form von Brot und Wein. Der Wein gilt in der Liturgie als sein Blut. Und Blut, das ist der Saft des Lebens, das ist der Träger des Lebens. Am Gründonnerstag stiftete Christus dieses Geheimnis des verwandelten Weines. Und einen Tag später, am Karfreitag, starb er am Kreuz, und das Letzte, was er zu sich nahm, war Essig, der gestorbene Wein, der Wein, der seine Süße und seine Kraft verloren und die Schärfe der Säure angenommen hat. Für mich verbindet sich mit dem Essig noch eine andere merkwürdige Assoziation zum Tod. Ich habe einmal ein Sterben nach der alten Art, daheim, nicht in der Klinik, unter Menschen miterlebt. Als alles vorbei war, als mein Onkel tot war, da haben ihn meine Tanten mit Essigwasser abgewaschen. Und als er wieder angekleidet war für seinen letzten Gang, da haben sie alle Essigflaschen im Hause ausgegossen, auch die Flasche mit der Essigmutter im Keller, von der aller Essig kam.

Es gibt viele moderne Gesundheitsapostel, die lehren, jeder Tropfen Essig koste einen Tropfen Blut. Auch meine Mutter hat immer gesagt, wenn ich die restliche Salatsauce auslöffeln wollte: «Der Essig zerstört das Blut und macht eine unreine Haut». Und in den Regeln für die Gesundheit, die die Universität von Salerno, die älteste westeuropäische Ärzteschule, vielleicht im 13. Jahrhundert aufgeschrieben hat, heißt es:

«Essig kühlt dich ab und trocknet dich aus. Er macht dich kalt, nimmt dir die Kraft, macht dich betrübt und vermindert deinen Samen. Ausgetrocknete Nerven verstört er und dörret die fetten.» Andererseits schreibt der lateinische Schriftsteller Plinius: «Der Essig ist zu einem angenehmen Leben notwendig.» Und so scheint es mir.

Nun ist es mit dem Essig und mit seiner Herstellung auch so eine Sache. Essig entsteht aus Flüssigkeiten, die Weingeist enthalten, durch Essigbakterien bei Anwesenheit von Luft. Diese Essigbakterien sind wie die Sporen der Hefe so gut wie allgegenwärtig. Darum braucht man nur eine Flasche mit Wein unverschlossen an einem warmen Ort stehen zu lassen, damit Essig entsteht. Will man die Sache beschleunigen, wirft man allerdings ein Stücklein Sauerteigbrot hinein. Der Wein verwandelt sich in Essig. Es entsteht eine Schicht von Essigsäurebakterien, eine sogenannte Essigmutter, und von jetzt an genügt es, Essig zu entnehmen und wieder Wein nachzufüllen. Dabei muß man darauf achten, daß der nachgefüllte Wein Zimmertemperatur hat, denn kalter Wein würde die Essigmutter zerstören. Dies geschieht auch dann, wenn man den Wein direkt auf die Essigmutter gießt.

Meine Mutter hat gesagt, wenn man keine Essigmutter hat und zum ersten Mal Essig ansetzt, dann wirft man 3 Stücklein Brot in den Wein und sagt dabei die Namen der drei bösesten Weiber, die man kennt (und das ist schwer, weil man sich ja nicht entscheiden kann, welches die bösesten sind!). Außerdem muß man in diesem Augenblick ganz sauer schauen und böse sein, sonst wird der Essig nichts.

Keine Frau, die «ihre Tage» hat, darf die Essigflasche berühren, sonst verdirbt der Essig (das hat er mit dem Wein im Keller, mit dem Sauerkraut und mit dem Brotteig gemeinsam!).

Die Flasche mit der Essigmutter darf man nicht verschenken, sondern nur verkaufen, und wenn man nur einen Pfennig dafür nimmt. Sonst gelingt es einem nie mehr, Essig herzustellen.

Am Karfreitag (an diesem Tag spielte der Essig seine besondere Rolle als Gottes letztes Getränk in dieser Welt), wird die Flasche mit der Essigmutter ausgeputzt, der Essig wird abgefüllt, die Essigmutter wird gewaschen und kommt in frischen Wein (zimmerwarm), wenn in der Flasche zwei Essigmütter sind, eine «alte» und eine «junge», wird die alte entfernt und weggeworfen. Was entsteht, ist ein guter Weinessig. Meistens macht man ihn aus Rotwein. Ich gieße alle Weinreste, rote und weiße, wie es kommt, durcheinander in die Flasche. Ich kann mir nicht vorstellen, daß etwas so Natürliches wie der Weinessig – ein echter! – in Maßen genossen, schädlich sein soll. Aber leider Gottes ist es so schwer, an echten Weinessig zu kommen, wenn man ihn nicht selbst herstellt. Oder wie es in dem Lehrbuch «Unsere Nahrung» von Resi Arimond und Ruth Reisen heißt: «Reiner Weinessig ist kaum im Handel». Ich habe die Möglichkeit, einen rechten Essig in Frankreich oder der Schweiz zu kaufen, weil Baden-Baden nicht allzuweit von den Grenzen entfernt liegt. Aber ich verstehe einfach nicht, warum es in der Bundesrepublik so schwer ist, Weinessig zu kaufen, in den nichts anderes, vor allem kein sogenannter Branntweinessig druntergemischt ist. Und das gilt sogar für den Obstessig.

Essig wird industriell folgendermaßen hergestellt: Holzgefäße, riesige Fässer sind mit Buchenholzspänen gefüllt, die sich mit der Zeit mit Essigsäurebakterien überziehen. Diese Gefäße werden von einer Flüssigkeit durchrieselt, die 10 bis 14 % Alkohol enthält sowie gewisse Ammon- und Phosphorverbindungen. Es handelt sich in der Regel um Holzzucker- oder Melassesprit. Essigsäure kommt auch aus der Destillation von Holz oder der synthetischen Herstellung aus purer Chemie, dabei entsteht Essigessenz, die entweder mit Wasser verdünnt (100 g Essig müssen zwischen 5 g und 15 g wasserfreie Essigsäure enthalten) oder mit Geschmackstoffen, zum Beispiel mit Weinessig vermischt wird. Ja, ja, ich weiß, lieber Herr Chemiker, daß Essigsäure chemisch betrachtet gleich Essigsäure ist, aber ich möchte sie trotzdem lieber in der Form von reinem Weinessig genießen.

Essig darf nicht mit Metall in Berührung kommen, weder beim Umgang mit ihm, noch wenn er bereits am Salat ist. Also niemals Metallöffel oder -gabeln beim Anmachen von Salat verwenden und schon gar keinen Metallöffel längere Zeit im Salat liegen lassen. Metalle wie Blei, Zink, Kupfer und Messing bilden zusammen mit dem Essig giftige Salze, Silber bildet auch ein Salz und wird dabei angegriffen. Sie meinen, Blei käme nie mit Ihrem Salat und seinem Essig in Berührung? Sind Sie sicher, daß Ihre schöne Salatschüssel aus Elsässer Keramik keine bleihaltige Glasur hat? Jedenfalls, wenn Sie so etwas kaufen, fragen! Und lieber eine Glasschüssel nehmen oder Holz. Und niemals einen Metalltrichter zum Essigumfüllen verwenden und den Salat immer mit einem Salatbesteck aus Holz anmachen. Ich bin übrigens ein mißtrauischer Mensch, und darum nehme ich noch nicht einmal eine Kunststoffschüssel für den Salat, denn Sie wissen ja, aus welch abscheulich giftigem Zeug Kunststoffgeschirre hergestellt werden. Normalerweise ist es vielleicht unbedenklich, aber in der Anwesenheit des aggressiven Essig weiß ich nicht, ob nicht vielleicht doch eine nicht restlos chemisch gebundene Sache plötzlich löslich wird ...

Übrigens noch ein paar Tips für die Küche: Essig läßt Eiweiß stark quellen, Essig läßt Stärke weniger binden, Essig macht Zellulose härter (Ballaststoffe) und Essig wirkt konservierend, d. h. es tötet Mikroorganismen wie Bakterien und Hefepilze ab. Aus diesem Grunde sollte man bei grünen Salaten, deren Herkunft vielleicht nicht ganz so klar ist, oder grünen Salaten in südlichen Gegenden, wo die Gefahr einer Darminfektion durch Rohkost leicht besteht, eher ein bißchen mehr Essig an den Salat gießen. Das kann man sogar im Gasthaus machen, weil sowohl in Italien wie in Griechenland die Essig- und die Ölflasche auf dem Tisch steht oder auf Verlangen ohne Problem gebracht wird.

Im Mittelalter hieß es: der Essig macht Lust zum Essen, er öffnet Milz und Leber, er wirkt gegen Schlafsucht und Lethargie und säubert frische Wunden. Zu Zeiten der Pest haben die Menschen mit Essig getränkte Tücher vor dem Mund getragen.

Jetzt wird einer kommen und sagen, warum verwenden Sie nicht Zitronensaft anstatt Essig? Dann werde ich sagen, ich verwende Zitronensaft, aber nur dann, wenn es mir darum geht, bestimmte Speisen einfach nur sauer zu machen, überall dort also, wo der Eigengeschmack von Essig stören würde. Am Salat aber schmeckt mir der Weinessig und sein unnachahmlicher Geschmack einfach besser. Und ein Grundprinzip aller Ernährungslehre ist: es muß schmecken.

Ehe ich allerdings das chemische Zeug, das unter der Bezeichnung «Essig» verkauft wird, benutze, nehme ich doch erheblich lieber Zitronensaft.

Nicht ganz so schlimm wie beim Essig ist es mit dem Öl. Und trotzdem, auch dort ist es noch schlimm genug. Sogenanntes Speiseöl wird raffiniert, d. h. es wird chemisch gereinigt, Farbstoffe werden entzogen, es wird erhitzt. Dabei geht das Elend bereits bei der Gewinnung los. Die Ölfrüchte werden mit ungeheurem Drücken bis aufs Vorletzte ausgepreßt. Das letzte Öl wird dann noch mit chemischen Lösungsmitteln, wie z. B. Benzin, aus dem Ölkuchen ausgelaugt. Dann muß das Benzin wieder chemisch entfernt werden, natürlich. Das Ganze, damit ein optimales Ergebnis erzielt wird, und natürlich, damit das Produkt billig verkauft werden kann. Der menschliche Körper stellt an sich Fett selber her. Fett ist sein Brennstoffvorrat für schlechte Zeiten. Er bildet es aus dem Überschuß an Eiweiß und Kohlenhydraten, die er als Nahrung zu sich nimmt. Er bräuchte also gar kein Fett zu essen, wenn es nicht Fette gäbe, die er nicht selbst produzieren kann. Sie heißen die essentiellen, d. h. die wesentlichen Fettsäuren. In diesem Zusammenhang ist dann auch immer von ungesättigten Fettsäuren die Rede. Ungesättigt heißen diese Fettsäuren, weil in ihrem chemischen Aufbau bestimmte Bestandteile fehlen. Das macht sie sozusagen besonders biologisch aktiv, weil sie sich chemisch zu ergänzen trachten. Nun ist aus dieser Sache mit den essentiellen Fettsäuren ein ganzer Kult entstanden, insbesondere, nachdem eine Zeitlang eine regelrechte Cholesterinpanik geherrscht hat. Inzwischen weiß man, daß der Körper mehr Cholesterin täglich selber herstellt, als er überhaupt durch die Nahrung aufnehmen kann, daß eine Diät äußerstenfalls 7 % des Cholesterinspiegels vermindern kann und daß ein Übermaß an Cholesterin eine Frage eines kranken, zu viel Cholesterin produzierenden Körpers ist und weniger seiner Nahrung. Das ist eine Aufgabe für den

Arzt und seine Therapie. Wessen Körper aber gesund ist, der kann das Cholesterin glatt vergessen, denn wenn man einmal zu viel Cholesterin mit der Nahrung aufnimmt, produziert ein gesunder Körper einfach weniger selbst.

Öl und Fett überhaupt sind die Träger von Duft- und Geschmacksstoffen. Es ist einfach kein Zufall, daß ein Salat ohne Öl nicht schmeckt, und wenn man noch so viel Essig, Kräuter und Gewürze dranschüttet. Das Öl macht den Salat erst fein, so wie die Butter das Marmeladebrot erst fein macht. Hinzu kommt, daß die Vitamine A, D, E und K fettlöslich sind. Das heißt, der Körper braucht das Öl, damit die entsprechenden Vitamine aus dem Salat aufgenommen werden können. Nun könnte man meinen, man könne die Frage nach dem Öl nur nach Geschmack entscheiden, so ist es wiederum auch nicht. Wenn wir schon Fett essen, und Öl ist ja reines Fett, dann sollten wir wertvolles Fett essen, das heißt Öl mit den Fettsäuren, die der Körper nicht selbst produzieren kann, und nicht mit solchen, die uns einfach nur dick machen. Außerdem sollte das Öl auch die übrigen Vitalstoffe enthalten, die in den Ölfrüchten enthalten sind. Die besten Öle sind die kaltgepreßten. Aber sie kosten auch mehr. Für eine Flasche kaltgepreßtes Olivenöl kann man mehrere Flaschen eines biologisch mehr oder weniger wertlosen Speiseöls kaufen. Viele Leute empfehlen das Sonnenblumenöl wegen seinem hohen Anteil an «mehrfach ungesättigten Fettsäuren». Distelöl ist wegen seiner Fähigkeit, Cholesterin abzubauen, geradezu Mode. Traubenkernöl gilt als etwas besonders Feines. Ich schwöre auf das kaltgepreßte Olivenöl, am liebsten aus Griechenland, aber wann kommt man schon nach Griechenland. Dagegen kann man im Laden die kaltgepreßten Olivenöle der großen italienischen Olivenölfirmen kaufen, die den Namen «Extra Vergine», «Jungfrauenöl» tragen. Ich habe einen Ernährungswissenschaftler gefragt, wie dieses Olivenöl zu beurteilen ist. Er hat mir auch seinen wissenschaftlichen Wert bestätigt: obwohl es nicht so viele mehrfach ungesättigte Fettsäuren enthält wie zum Beispiel das kaltgeschlagene Sonnenblumenöl, besitzt es die Eigenschaft, u. a. Cholesterin abzubauen. Nun gibt es unterschiedliches Cholesterin im Körper, solches, das der Körper braucht und solches, das er nicht braucht und in seinen Gefäßwänden ablagert. Während das Distelöl beide Arten von Cholesterin, das «gute» und das «schlechte» abbaut, baut das Olivenöl nur das «schlechte» ab. Und der Ernährungswissenschaftler versicherte mir, nach dem neuesten Stand der Wissenschaft könne man einem Menschen mit Cholesterinproblemen nur empfehlen, sparsam Olivenöl zu verwenden, viel Gemüse und Obst zu essen und viele Fische. Aber das ist bereits ein anderes Kapitel.

Bleiben wir beim Olivenöl. Ein griechischer Schriftsteller des Altertums hat geschrieben «zwei Flüssigkeiten sind dem Körper des Menschen angenehm: innerlich Wein und äußerlich Öl.»

Dies erinnert daran, daß das Olivenöl in der Antike das wichtigste Körperpflegemittel überhaupt war. Es pflegte die Haut und schützte sie zum Beispiel gegen Sonnenbrand, und man kann durchaus empfehlen, das genannte «Jungfrauenöl» auch einmal äußerlich zu versuchen. Dabei war das Olivenöl wahrscheinlich nicht das erste Öl, das die Menschen benutzt haben. Man weiß es natürlich nicht genau und man ist auf die spärlichen Zeugnisse aus den Gräbern angewiesen, aber schon vor mehr als 6000 Jahren wurde das Sesamöl von Äypten bis Indien benutzt. Das Sesamöl ist kaltgepreßt ein sehr gutes Speiseöl, und es ist auch heute noch im Angebot unserer Lebensmittelläden. Fast ebenso lange wird in Mesopotamien und Ägypten Leinöl verwendet, mindestens seit dem Zeitpunkt, als die Menschen begonnen haben, Flachs zur Leinenerzeugung zu verwenden, konnten sie auch den Flachssamen auspressen. In Spanien, in Holland und in der Schweiz zeigen Funde, daß man in West- und Mitteleuropa wenigstens seit 5000 Jahren das Leinöl kennt. In Ägypten hat man vor allem Rettichsaatöl benutzt. Aber man hat noch den Samen einer anderen Feldfrucht ausgepreßt, den Samen einer Rübenart, und bis heute spielt das aus diesem Samen gewonnene Öl eine Rolle, auch wegen seines besonderen Geschmacks: das Rapsöl. Manche Leute möchten auf das Rapsöl am Salat unter keinen Umständen verzichten, weil es dem Salat einen ganz besonderen Geschmack verleiht. Das hat es mit dem Walnußöl gemeinsam, das am Salat besonders fein schmeckt. Leider wird es nur allzu schnell ranzig.

Etwa um 2500 v. Chr. hat es auf Kreta mit Sicherheit schon Olivenöl gegeben, denn auf Kreta ist eine wilde Sorte von Olivenbäumen daheim. Man hat dort angefangen, die Ölbäume zu kultivieren. Wahrscheinlich hat man damals schon auf Kreta die gleiche Art der Ölgewinnung benutzt, die von den Bauern dort auch heute noch angewendet wird. Die Oliven werden mit heißem Wasser übergossen und saugen sich voll. Dann wird gepreßt, und die Wasser-Öl-Mischung fließt in flache Kufen. Dort sammelt sich das Öl oben, die Kufen haben unten einen Hahn, man läßt das Wasser abfließen und erhält so das reine Öl. Kreta, Syrien und Palästina waren Ausgangspunkt und Zentrum der frühen Ölkultur. Über Griechenland kamen die Ölbäume nach Italien und verbreiteten sich weiter im gesamten Mittelmeerraum. Es gibt heute 30 Sorten. Der Baum trägt in jedem zweiten Jahr Früchte. Darum muß man die Kulturen so anlegen, daß in jedem Jahr die Hälfte der Bäume Früchte trägt. Der Baum verträgt keine extremen Temperaturen, und man sagt und die Erfahrung belegt es, er wächst nur dort, wo die Luft des Mittelmeeres weht. Von Oktober bis Dezember wird geerntet. Die Oliven werden von Hand gepflückt oder mit Stangen herabgeschlagen. Wer jemals auf Kreta war, kennt die riesigen Ölbaumkulturen, von denen heute viele nicht mehr abgeerntet werden, weil es an Arbeitern fehlt und weil es in der EG auch einen Ölsee gibt. Olivenöl und Oliven sind zusammen mit Brot, Käse, Salz und Wein die Grundnahrungsmittel der einfachen Menschen am Mittelmeer. Olivenöl gilt bis heute als Träger göttlicher und heilender Kräfte. Das Kind wird bei der Taufe gesalbt, und es heißt, man dürfe es nicht küssen, ehe es gesalbt sei. Mit der heiligen Salbung, der Myronsalbung, wird das Kind in die orthodoxe Kirche aufgenommen. Kranke werden gesalbt, Sterbende werden gesalbt, Könige erhalten durch die Salbung ihre Weihe. In der Schweiz wird die Schwelle des Hauses des Bräutigams mit Öl gesalbt, in Italien wirft man an Weihnachten Ölzweige ins Feuer «so viel Söhne, so viel Ferkel, so viel Lämmer». In Baden nehmen schwangere Frauen geweihtes Öl im Namen Jesu ein, zum Heil für das ungeborene Kind. Kindern, die nicht sprechen lernen, bestreicht man die Zunge mit geweihtem Öl. Epileptiker und Besessene werden gesalbt. Bei Viehseuchen macht man dem Tier ein Kreuz mit geweihtem Öl auf Stirn und Rücken, und das Öl aus den Öllampen vor den Tabernakeln (Ewiges Licht) gilt als wirksam gegen viele Krankheiten.

Aber auch die Hexen benutzen das Öl. Sie nehmen von dem Tauföl und bestreichen ihre Lippen, um die Männer, die sie küssen, besser verführen zu können. Am Mittelmeer glaubt man, daß, wenn man Öl ins Wasser gießt, Geister und Dämonen sichtbar werden. Als es mir vor Jahren einmal in Thessalien besonders schlecht ging, riet mir ein griechischer Freund, die Frau des Pfarrers aufzusuchen. Sie brachte eine Schüssel mit Wasser und die Ölflasche, und sie ließ mich Öl in das Wasser spritzen, und dann teilte sie mir mit, ich sei von einer Frau verhext worden. In diesem Augenblick läutete das Telefon. Am Apparat war die einzige Frau, die in meinen Augen für derlei Hexerei in Betracht kam.

Die Papathia goß das Wasser mit dem Öl zum Fenster hinaus, und im gleichen Augenblick waren meine Probleme verschwunden.

Olivenöl. Öl vom heiligen Baum der Athene, Symbol des Friedens. Im Alten Testament Ausdruck göttlichen Schutzes, im Koran, Sinnbild göttlichen Segens. Was kann ein Nahrungsmittel mehr sein?

Als die Arche Noah auf dem Ararat gestrandet war, schickte Noah eine Taube aus, um zu erfahren, ob die Wasser der Sintflut sich verlaufen hätten, und sie kehrte zurück und trug einen Ölzweig im Schnabel als Sinnbild des Friedens. Der einzige Preis für die Sieger in Olympia war ein Zweig vom heiligen Ölbaum. Bis heute werden von der Kirche Ölzweige geweiht zum Schutz gegen alle Krankheiten, gegen Fieber, gegen Gewitter, Feuer, böse Geister, Hexen, Ungeziefer und Not.

Und Messias, griechisch «Christos» bedeutet, der mit Öl Gesalbte.

Die Großmutter wußte:

— Salat *wäscht* man am besten unter fließendem Wasser und läßt ihn dann nur noch einige Minuten in Salzwasser liegen. Das Salz bewirkt, daß eventuell doch noch an den Blättern haftendes Ungeziefer (Schnecken) sich lösen und auf den Boden sinken.

— Wenn man *Blattsalat kleinschneidet,* wäscht man die Blätter zuerst, schwingt sie trocken und schneidet dann. Dadurch vermeidet man das Auslaugen der Vitamine.

— *Welken Blattsalat* kann man wieder knackig machen, wenn man die gewaschenen Blätter eine Viertelstunde in handwarmes Wasser legt. Ernährungsapostel heben hier den Finger: die Vitamine werden dabei ausgelaugt. Sparsame Hausfrauen werden aber für diesen Tip trotzdem dankbar sein.

— Gewaschenen Salat muß man *trockenschwingen.* Hat man keine Salatschwinge, genügt es, die Blätter in ein sauberes, trockenes Küchentuch zu legen, dieses zuzuknoten und den Salat so zu schleudern. Macht man das nicht, verwässert sich die Sauce zu sehr.

— Salatöl imprägniert die Blätter, d. h. macht sie für die Sauce weniger aufnahmefähig. Deshalb: Salatsauce mit den Zutaten *außer* Öl mischen, das Öl auf den Tisch stellen, damit jeder nach seinem Gutdünken davon nehmen kann.

— Wenn man den Salat *unangemacht* auf den Tisch stellt, die Sauce und das Öl extra reicht, vermeidet man Salatreste, die man wegwerfen muß (Ausnahme: Salate, die «ziehen» müssen).

— *Bittere Salate* schmecken möglichst feingeschnitten besser. Gepreßter Knoblauch gehört in die Sauce. Dieser Salat sollte eine Stunde vor dem Servieren angemacht und an einen warmen Ort gestellt werden. Er sieht dann allerdings nicht mehr so schön aus, schmeckt aber viel besser. – Hartgekochte Eier vermindern die Bitterkeit von Salaten (z. B. Löwenzahnsalat).

— *Schnittlauch* gibt man am einfachsten zur Salatsauce, indem man ihn mit einer Schere kleinschnipselt. Und wenn wir schon beim Schnittlauch sind: Ihn schneiden, bevor sich Blütenstände entwickeln, waschen, gut trocknen (wichtig! sonst ist er nicht mehr rieselfähig), kleinschneiden, in Marmeladeglas mit Schraubdeckel geben, tiefkühlen. So hat man immer verwendungsbereiten Schnittlauch zur Hand.

Salatwürzen und -Kräuter

Würzen:
Salz
Pfeffer
Senf
Ketchup
Tomatenpüree
Rahm, sauer und süß
Mayonnaise
Joghurt
Sesam
Tabasco
Sojasauce
Worchestersauce

Meerrettich
Kapern

Kräuter:
Zwiebel
Zwiebelröhrchen
Knoblauch
    (eventl. nur Ausreiben der
    Schüssel mit Knoblauch)
Schnittlauch
Petersilie
Dill
Estragon

frischer Koriander
Liebstöckel
Kerbel
Bohnenkraut
Gurkenkraut
Minze
Thymian
Zitronenmelisse
Basilikum
Fenchelgrün
Oregano
Portulak
Pfefferminze

Von Öl und Essig

Öl und Essig sind es, die einen Blattsalat zu einer Delikatesse machen – oder ihn verderben können. Deshalb lohnt es sich, die Vor- und Nachteile einzelner Öle und Essigarten zu kennen:

Öl

Öl muß dunkel bei Zimmertemperatur aufbewahrt werden. Bei Temperaturen unter 6° flockt es aus, klärt sich aber bei etwas wärmerer Lagerung wieder.

Olivenöl

Die Qualität «extra vierge» oder «extra vergine» ist vorzuziehen (ist aber auch die teuerste). Sie wird aus kaltgepreßten Oliven gewonnen und ist naturrein. Dieses Öl ist grünlich, geruchlos, sein Geschmack fruchtig. Es ist ein Jahr haltbar. Das naturreine Öl kann mit der Zeit einen Bodensatz bilden, was aber weder der Bekömmlichkeit noch dem Geschmack abträglich ist.

Sonnenblumenöl

Auch hier ist das kaltgepreßte am gehaltvollsten. Haltbarkeit: höchstens sechs Monate.

Rapsöl

Raps wird in der Schweiz und in Süddeutschland angebaut. Es hat einen neutralen Geschmack. Haltbarkeit: höchstens sechs Monate.

Baumnußöl

Hat einen starken Eigengeschmack, sollte sparsam verwendet werden. Macht aber zum Beispiel einen Nüssli- oder Löwenzahnsalat zum Festschmaus. Nur kleine Quantitäten einkaufen, da höchstens zwei Monate lagerfähig. Übrigens: Reines Baumnußöl ist ein ausgezeichnetes Sonnenschutz- und Bräunungsöl!

Sojabohnenöl
Ist sehr dünnflüssig, von neutralem Geschmack, gut haltbar.

Kräuteröle
Mit ihnen läßt sich auf interessante Weise experimentieren. Grundsatz: wenn man Kräuteröl verwendet, nimmt man neutralen Essig dazu – und umgekehrt. Man gibt zum Beispiel mit Vorteil an sich trockene Kräuter wie Rosmarin, Thymian, Majoran, Salbei in eine Flasche, füllt mit dem Öl auf, verschließt die Flasche, läßt sie mindestens 14 Tage an einem dunklen Ort stehen. Hie und da schütteln. Die Flasche nach Ölentnahme immer wieder mit Öl auffüllen, damit die Kräuter nicht schimmeln, oder aber beim erstmaligen Gebrauch die Kräuter entfernen. Mit eher wasserhaltigen Kräutern macht man besser Kräuteressig (siehe nächsten Abschnitt).

Wie man Weinessig selbst macht
Man schwenkt in einer 2 Liter Flasche mit weiter Öffnung, – etwas guten Weinessig, so, daß die gesamte Fläche der Flasche mit dem Essig berührt wird, und läßt ihn eintrocknen. Das wiederholt man dreimal. Dann füllt man die Flasche mit ¼ l dieses Essigs, gibt 1½ l warmen Landwein dazu sowie ein Stück mit Pfefferkörnern bestecktes Roggenbrot. Dann verschließt man die Flasche mit einem luftdurchlässigen Gazestück. Man stellt die Flasche an einen warmen Ort. Aus dem Roggenbrot wird sich eine Essigmutter bilden. Eine Essigmutter sieht übrigens aus wie ein gallertartiger Pilz. Man zieht den Essig zum Gebrauch von Zeit zu Zeit in Flaschen ab und füllt wiederum warmen Wein nach.

Einmal im Jahr muß die Essigmutter gereinigt werden. Man schüttet den Essig ab, spült die Essigmutter im kalten, fließenden Wasser, gibt beides wieder zurück in die ebenfalls gut ausgewaschene Essigflasche.

Genau wie Sauerteig soll man ein Stück Essigmutter einer lieben Person schenken. Das erhält die Freundschaft.

Zuerst den eigenen Essig herstellen, diesen dann in *Kräuteressig* umwandeln: ein Hobby, das (noch) viel zu wenig bekannt ist!

Für Kräuteressig verwendet man am besten wasserhaltige Kräuter wie Dill, Petersilie, Majoran, Zitronenmelisse. Aber nicht Basilikum. Bei ihm bleibt der Geschmack in Öl besser enthalten.

Wenn man Kräuteressig für den Salat verwendet, nimmt man dazu ein möglichst geschmacksneutrales Öl – sonst gibt es nicht nur Salat, sondern auch Kräutergeschmackssalat – und das wäre schade.

In feinen Rezepten der Großmutterküche fehlte auch der *Himbeeressig* nicht – den die Erfinder der Nouvelle Cuisine wieder zu Ehren haben

kommen lassen. Auch dieser läßt sich selbst herstellen:
Man nimmt zwei Kilogramm der Himbeerrückstände, die beim Einkochen von Gelee oder Sirup anfallen (natürlich könnte man auch frische Himbeeren nehmen), gibt sie in ein Keramik- oder Glasgefäß, übergießt mit soviel Rotweinessig, daß die Beeren gut bedeckt sind, läßt dies 3 Wochen an der Sonne oder an einem warmen Ort stehen. Abseihen, pro Liter Flüssigkeit 100 g Zucker zugeben, ¼ Std. köcheln, filtrieren, in gut verschließbare Flaschen abfüllen, kühl und dunkel lagern.

Die Krone des Essigs aber ist «*Aceto balsamico*» – *Balsamessig*, für dessen Herstellung ich leider kein Rezept gefunden habe. So weiß ich bloß, daß dieser Rotwein-Essig über Jahre hinaus in Eichenfässern gelagert wird. Man sollte ihn sich als Andenken an eine Reise nach Italien kaufen. Zu verwenden, wenn man zu einem besonderen Tag einen ganz besonderen Salat mischen will.

Salade niçoise

In zehn alten französischen und italienischen Kochbüchern habe ich die Rezepte für Salade niçoise verglichen. Nur wenige Zutaten sind in allen enthalten, nämlich Sardellenfilets, Senf, Olivenöl, Salz und Pfeffer. Sonst variieren sie von gekochten Bohnen, Bleichsellerie, belgischer Endivie, hartgekochten Eiern, Gurken, gekochten Kartoffeln, Kopfsalat, grünen und schwarzen Oliven, Paprikaschoten, Karotten, Tomaten, Sellerieknollen, Knoblauch bis zu Zwiebeln, Basilikum, Thunfisch in Öl, Essig und Pfeffer.

Mein Vorschlag: die obenerwähnten, in der Küche vorhandenen Zutaten lagenweise in eine große Schüssel geben, übergießen mit einer Salatsauce aus

   4 EL Olivenöl,
2 – 3 EL Rotweinessig
   1 KL Senf
           Salz und Pfeffer

Salatsaucen

Ein schwieriges Unterfangen, Rezepte für Salatsaucen anzugeben! Vor allem schaffe ich es nicht, nur weil «man» es so macht, eine Zutat zu erwähnen, die mir selbst nicht schmeckt, z. B. den Zucker im Salat. Da streike ich schlicht und einfach. Scheint mir eine Salatart zu bitter, dann lasse ich die geschnittenen Blätter ein paar Minuten lang in lauwarmem Wasser liegen, gebe der Sauce unbedingt Knoblauch bei und lasse das ganze dann ziehen. Die Salatblätter sehen dann wohl etwas welk aus. Aber meine Gerichte sollen vor allem gut *schmecken*. Natürlich heißt es auch bei uns «Auge ißt mit» — doch dieser Leitspruch ist sekundär. «Teller leergegessen» ist wichtiger.

Nun also zu den Salatsaucen:

Zarte Blattsalate (z. B. Brunnen- und Gartenkresse) ohne Öl anmachen, z. B.

1 EL Milch
1 KL Zitronensaft
1 Spritzer Maggiwürze
Salz, Pfeffer

Standard-Salatsauce, für eine Salatportion für 4 Personen:

3 EL Öl
1 – 2 EL Essig
Salz, Pfeffer

je nach Salatart, Lust und Laune weitere Würzen oder Kräuter.

Schelten Sie mich nicht, weil die Essigmenge nicht genau vermerkt ist. Sie hängt sehr davon ab, welchen Essig Sie verwenden und welchen Geschmack Ihre Lieben und natürlich Sie selbst haben. Es lohnt sich, das «Essig-Öl-Verhältnis» genau zu testen und sich dann einen Fertigvorrat anzulegen, indem man Essig und Öl statt eßlöffelweise deziliterweise in eine Flasche gibt und mit Salz und Pfeffer würzt. Die restlichen Zutaten zur Sauce gibt man von Fall zu Fall bei.

Essig als Medizin

Daß Fußwickel aus Essigwasser fiebersenkend wirken, ist jenes Großmutter-Hausrezept, das sich wohl am ehesten in die neue Zeit hinübergerettet hat.

Ein *Fieberkranker* wird auch dankbar sein, wenn man ihm die Stirn mit einem Tuch abwischt, das in ein leichtes Essigwasser getaucht wurde.

Die *Apfelessig-Kur* nach Dr. Jarvis, der alte Vermonter Hausheilmittel sammelte, darf hier nicht unerwähnt bleiben: Täglich nüchtern trinkt man ein Glas Wasser, in dem man 2 KL Apfelessig und 2 KL Honig aufgelöst hat. Das erhält jung, beugt Alterserscheinungen vor.

Schönheitspflege mit Essig, Kopfsalat, Olivenöl

Deodorant

- 0,5 l Obstessig
- 30 g Thymian getrocknet oder
- 30 g Lavendel getrocknet

Das getrocknete Kraut in eine Emaille- oder Porzellanschüssel geben (keinesfalls Metall!), den bis knapp vor den Siedepunkt erhitzten Essig darüberschütten, über Nacht stehen lassen, abseihen.
Dieses Deodorant hemmt die Schweißabsonderung nicht, verhindert aber den Schweißgeruch.

Gesichtsmaske für trockene, strapazierte Haut, gegen Falten

Gewaschene Kopfsalatblätter trockentupfen, mit gutem Olivenöl beträufeln, auf das mit lauwarmem Wasser gereinigte Gesicht legen, ein mit warmem Wasser befeuchtetes Gazetuch darüber legen, 20 Min. einwirken lassen, mit lauwarmem Wasser abwaschen.

Die Großmutter wußte:

— Man kann Tomaten leicht *schälen,* wenn man sie auf einer Schaumkelle einen Moment in kochendes Wasser hält und dann oben kreuzweise einschneidet
— Tomaten behalten ihre *Umgebungstemperatur* lange. Deshalb Tomaten nicht aus dem Keller (oder Kühlschrank) direkt auf den Tisch bringen (zu kalter Tomatensalat schmeckt abscheulich). Umgekehrt: Tomatenspeisen, die aus dem Ofen kommen, nicht auf vorgewärmten Tellern anrichten.
— *Grüne Tomaten* werden rot, wenn man einen Apfel dazu legt
— *Grüne Tomaten* reifen langsam nach, wenn man sie am Stengel beläßt, diese bodeneben abschneidet, die Blätter entfernt und die Pflanze kopfüber an einem warmen Ort auf hängt
— Reife Tomaten lassen sich schöner *schneiden,* wenn man sie vorher in kaltes Wasser legt
— In Tomatensauce auf italienische Art gehört immer eine Prise *Zucker*
— Je *länger* man italienische Tomatensauce kocht, desto mehr schmeckt sie «nach südlicher Küche».

Rezepte mit Tomaten

Pizzaiola-Sauce

Diese Sauce bildet die Grundlage zu den verschiedensten Pizza-Rezepten, kann auch für Tomatenspaghetti verwendet werden. Man schafft sich am besten einen Vorrat, wenn der Garten überquillt oder wenn die Tomatenpreise am niedrigsten sind, indem man die Sauce kocht, in rechteckigen Gefäßen tiefgefriert, sie durch kurzes Eintauchen des Gefäßes in heißes Wasser aus jenem herauslöst, in Plastikfolie verpackt, vakuumverschließt und die Tomatenziegel im Tiefkühler lagert. Auf diese Weise schaffe ich es seit Jahren, meinen Haushalt mit Tomaten zu versehen, ohne je kaufen zu müssen.

   2 EL Olivenöl
   2 kg Tomaten, den Ansatzstrunk weggeschnitten, die kleinen geviertelt, die größeren geachtelt
   1 EL Salz

Das Öl warm werden lassen, die Tomaten beigeben, 10 Minuten auf kleiner Flamme dämpfen. Gut umrühren, sonst brennt die Sauce an, salzen, abfüllen.

Pizza Margherita

Teig:

> ½ Hefewürfel, lauwarmes Wasser
> 500 g Mehl
> 1 Kl Salz
> ½ dl Olivenöl

Die Hefe mit etwas lauwarmem Wasser auflösen. Das Mehl in eine Schüssel sieben, das Salz und das Öl dem Rand entlang beigeben, im Mehl eine Vertiefung machen, die Hefe hineinschütten, Mehl und Hefe durch Zugabe von mehr Wasser zu einem geschmeidigen, glatten Teig kneten, diesen mit einem feuchten Tuch zugedeckt an einem warmen Ort ums Doppelte aufgehen lassen, entweder ein rechteckiges Kuchenblech oder vier Bleche (mit Durchmesser 22 cm) damit belegen, dabei ringsum einen Wulst formen. Den Teig einstechen.

Belag:

> 1 EL Olivenöl
> 1 gehackte Zwiebel
> 1 gepreßte Knoblauchzehe
> ½ l Salsa pizzaiola oder 1 Dose Pelati, abgetropft
> 2 Mozzarella-Käse
> 2 EL Basilikum-Blätter, fein gehackt
> Salz, Pfeffer

Das Olivenöl heiß werden lassen, Zwiebeln und Knoblauch darin andünsten, Pizzaiola-Sauce beigeben, 15 Min. köcheln. Auf den Teigboden geben. Die restlichen Zutaten auf der Pizza verteilen, in den ganz heißen Backofen schieben und 20 – 25 Min. backen.

Weitere Pizza Varianten:
Neapolitanische Pizza

> ½ l Pizzaiola-Sauce oder 1 Dose Pelati, abgetropft
> 90 g Sardellen
> 2 Mozzarella-Käse
> 1 EL getrockneten Oregano
> Salz, Pfeffer

Gemüsepizza

> ½ l salsa pizzaiola oder 1 Dose Pelati, abgetropft
> 1 Lauchstengel
> 2 rote oder grüne Peperoni
> 1 Zwiebel
> eine Handvoll Petersilienblätter
> 2 Mozzarellakäslein
> 2 EL Olivenöl
> Salz, Pfeffer
> 1 EL Oregano

Die Zutaten in der erwähnten Reihenfolge auf den Pizzaboden bringen, ¼ Std. auf 200°, ¼ Std. auf 250° backen.

Getrocknete Tomaten in Öl

Man viertelt durchgereifte Fleischtomaten, entfernt die Kerne und den Saft (kann man für Ketchup verwenden), legt sie auf einen Gitterrost (z. B. Backofengitter), bestreut sie mit grobem Salz. Wenn das Salz keine Flüssigkeit mehr zieht, legt man die Tomatenstücke auf ein Holzbrett, das man in die Sonne stellt. Sie brauchen drei bis vier Tage, um gut durchzutrocknen (nachts natürlich nicht im Freien lassen). Wer will, kann die Trocknung auch im Backofen bei 50° durchführen, aber energiebewußte Hausfrauen ziehen die Sonne vor.

Die getrockneten Tomaten legt man in saubere, trockene Gläser, bestreut sie lagenweise mit schwarzem, grob gemahlenem Pfeffer, dazu 1–2 Gewürznelken, 1 Lorbeerblatt und 1 geschälte Knoblauchzehe pro Glas beigeben. Mit gutem Olivenöl auffüllen. Die unverschlossenen Gläser werden an einen kühlen, trockenen Ort gestellt, mit einem Tuch bedeckt und täglich kontrolliert. Man schüttet täglich Olivenöl nach, bis die Tomaten vollkommen ölgetränkt sind und nicht mehr an die Oberfläche steigen. Man achtet darauf, daß das Öl einen Zentimeter über den Tomaten steht, verschließt die Gläser und lagert sie trocken, kühl und dunkel.

Das Rezept mag kompliziert scheinen. Die Arbeit lohnt sich aber. Man ißt diese Tomaten als Beilage zu Käse, Wurst, Siedfleisch.

Ketchup

    1 EL *Sonnenblumenöl*
      2 *Zwiebeln, fein gehackt*
      3 *Knoblauchzehen gepreßt*
  3 kg *gut reife Tomaten (eventuell das Fruchtmus vom vorigen Rezept), geviertelt*
  5 dl *Rotweinessig*
  4 EL *Zucker*
  2 EL *Salz*
  1 KL *Piment*
  1 KL *weißer Pfeffer*
  1 KL *Zimtpulver*
½ – 1 KL *Nelkenpulver*
  1 KL *Ingwerpulver*
  2 EL *Sonnenblumenöl*

Das Öl heiß werden lassen, Zwiebel und Knoblauch leicht dämpfen, die Tomaten zugeben, alles 10 Min. durchdämpfen. Den Tomatenbrei durchs Passevite geben, die Gewürze beifügen, sprudelnd heiß kochen, bis die gewünschte Konsistenz erreicht ist, in ganz saubere Flaschen mit Bügelverschluß abfüllen. Obendrauf eine ½ cm hohe Schicht Sonnenblumenöl. Kühl, trocken und dunkel aufbewahren.

Tomatensalat Tessiner Art

  1 kg fleischige Tomaten, am besten noch etwas grün, geachtelt
150 g Salami, den man am Stück kauft und in Würfel schneidet
  1 Zwiebel, fein gehackt

Sauce:
3 – 4 EL Rotweinessig
  5 EL Olivenöl
  1 EL Petersilie, fein geschnitten
   1 Knoblauchzehe, gepreßt
    Salz
    grob gemahlener schwarzer Pfeffer

Tomaten, Salami und Zwiebel in eine Schüssel geben, vermischen, mit der Sauce übergießen, eine halbe Stunde ziehen lassen.

Gazpacho

  6 mittelgroße Tomaten, geviertelt
  ½ Gurke, geschält, gescheibelt
  3 mittelgroße Zwiebeln, grob gehackt
  2 Knoblauchzehen, gepreßt
  1 grüne Paprikaschote, in Streifen geschnitten
  ¾ l fettfreie Fleischbrühe
1 KL Zitronensaft
  Salz, Pfeffer
1 EL frische Butter
  2 Scheiben Weißbrot, gewürfelt
2 EL Petersilie, fein gehackt
2 EL Schnittlauch, fein gehackt

Die ersten fünf Zutaten im Mixer zu einer feinen Paste verarbeiten, Fleischbrühe, Zitronensaft daruntergeben, würzen, kühlstellen.
Die Butter schmelzen, Brot darin braunrösten, auf die Suppe streuen, Gewürze beigeben, servieren in Schüssel, die auf einer mit Eiswürfeln umgebenen Platte steht.

Gefüllte Tomaten kalt

Rohe Tomaten lassen sich mit unendlichen Varianten von Zutaten füllen:

> Käsestückchen,
> Quark mit Kräutern,
> Wurststückchen.
> Rohen oder gekochten Schinken, in Würfel geschnitten
> Thunfisch aus der Dose, zerzupft
> Harte Eier, mit der Gabel zerdrückt, vermengt mit Sardellenbutter, Mettwurst, Kräutern
> Sardinen, zerzupft, mit Cornichonstückchen vermischt und . . . und . . . und . . .

Tomatenspaghetti

Sauce:

> 1 EL Olivenöl
> 50 g Speckwürfel
> 1 Zwiebel, fein gehackt
> 2 Knoblauchzehen, gepreßt
> ½ l Salsa pizzaiola oder eine Dose Pelati, abgetropft
> 2 EL Tomatenpuree
> 1 KL Zucker
> 1 dl Rotwein
> je 1 KL Rosmarin, Salbei, Thymian, getrocknet
> Salz, Pfeffer

Das Olivenöl heiß werden lassen, Speckwürfel, Zwiebel, Knoblauch darin andämpfen. Restliche Zutaten der Reihe nach zugeben, mindestens ½, besser 1 Stunde lang köcheln lassen. Gelegentlich umrühren.

Spaghetti:

　　5 l　Wasser
　1 EL　Salz
　2 EL　Olivenöl
500 g　Spaghetti
　2 EL　Butterflocken
　1 – 2　Basilikumblätter
100 g　Parmesankäse, gerieben

Salz und Öl ins Wasser geben, aufkochen, Spaghetti beifügen, umrühren, je nach Spaghettiqualität 7 – 12 Min. kochen, öfters umrühren. Wasser abschütten, portionsweise in gewärmte Suppenteller anrichten, in der Mitte eine Vertiefung machen, Sauce hineingeben, mit Butterflöckchen bestreuen, Basilikum in die Mitte legen. Geriebenen Parmesankäse dazu servieren.

Tomatensuppe nach Käthi

　1 kg　reife Tomaten
　　2　kleine Zucchini, in dünne Rädchen geschnitten
　　4　Kartoffeln
　　3　Frühlingszwiebeln
　　2　Knoblauchzehen
　½　Tasse Olivenöl
　　1　Prise Zucker
　　　Salz, Pfeffer
　　2　Lorbeerblätter

Wir geben das Öl in einen Topf und schwitzen darin die kleingeschnittenen Zwiebelchen an. Wir geben die Zucchini dazu und nach kurzer Zeit die in Viertel geschnittenen Tomaten und die Kartoffeln. Wir lassen 10 Minuten dämpfen. Dann gießen wir mit 1 ½ l Wasser auf, geben Pfeffer, Salz, den Zucker, die Lorbeerblätter und den Knoblauch dazu und lassen die Suppe zugedeckt 40 Minuten kochen. Dann entfernen wir die Lorbeerblätter und passieren die Suppe durch oder pürieren sie im Mixer. Sie wird heiß mit Brotstücklein, die wir in der Pfanne geröstet haben, serviert, bestreut mit kleingehackter Petersilie.

Rezept zu diesem Bild auf Seite 283 oben.

Onkel Arthurs Tomatenkonfitüre

1 kg grüne Tomaten waschen, vierteilen
1 kg Zucker
1 ungespritzte Zitrone, mitsamt der
  Schale fein gewürfelt
2 Gewürznelken

Den Zucker mittelbraun karamellisieren, die Tomaten beigeben. Anfänglich gut rühren, sonst brennt die Masse an. Nicht verzweifeln, wenn das Ganze wie Schweinefutter riecht! 2 Stunden lang köcheln, die Zitronenwürfel und die Gewürznelken beigeben, nochmals ca. ½ Stunde kochen, Gelierprobe machen, je nach der Tomatensorte muß die Kochzeit noch verlängert werden. Heiß abfüllen, heiß verschließen.

Schönheitspflege mit Tomaten

Wer **brüchiges, schütteres Haar** oder Haarausfall hat, sollte viel Tomaten essen.
Tomatenscheiben, auf das Gesicht aufgelegt, reinigen und entfetten die Haut, sind also bei unreinem Teint zu empfehlen.

Gesichtslotion bei fetter und normaler Haut:
1 Glas frischen Kartoffelsaft
1 Glas frischen Tomatensaft
miteinander vermischen, Wattebausch damit tränken, morgens und abends auftragen. Lotion im Kühlschrank aufbewahren.

Tomaten im Garten

Zehn Tomatenstauden braucht man, um den Sommerbedarf einer vierköpfigen Familie an diesem herrlichen Gemüse zu decken. Die Familie Schweizer verzehrt im Jahr pro Kopf gegen zehn Kilogramm Tomaten. Ich wage die Behauptung, daß in meinem Haushalt mindestens das doppelte Quantum gebraucht wird. In unserem Garten stehen denn auch einhundert Stauden. Seit Jahr und Tag am selben, sonnigsten Standort, gesetzt über einem Büschel ins Pflanzloch gelegte Brennesselstauden, den Stengel durchbohrt mit einem Elektriker-Kupferdraht. Noch nie habe ich irgendwelche Schädlinge an meinen Tomaten gehabt. Ich achte allerdings auch darauf, daß ich beim Gießen das gestandene, sonnenwarme Wasser auf den Wurzelbereich bringe, nicht aber auf die Blätter. Wie Zwiebeln und Karotten pflanze ich die Tomaten in Mischkultur mit Petersilie, Basilikum, Spinat, Lauch, Kohlrabi und Federkohl.
Tomaten hassen die Nachbarschaft von Kartoffeln – vielleicht, weil auch diese Nachtschattengewächse sind. Es soll in den besten Familien vorkommen, daß sich Verwandte nicht lieben! Etwas, was die Großmutter noch nicht kannte, was ich aber doch warm (im wahrsten Sinne des Wortes) empfehlen kann: ein paar Stauden mit Tomaten-Schutzhüllen aus Plastik zu versehen. Das so geschaffene Treibhaus-Klima beschleunigt die Erntezeit um etwa drei Wochen – vorausgesetzt, man denkt daran, die Stauden, sobald sie blühen, zu schütteln. Sonst findet keine Befruchtung statt.
Auch als Balkonstaude ist die Tomate geeignet. Heute gibt es hierfür sogar extra gezüchtete Sorten.

Hat sieben Häute, beißt alle Leute: Die Zwiebel

«Du bis vielleicht eine dumme Zwiebel», pflegte meine Mutter wechselweise zu meinen Cousinen zu sagen, wenn sie wieder einmal mit irgend einem Problem – natürlich im Zusammenhang mit einem Mann – zu ihr kamen. Mir schien diese Diffamierung der Zwiebel immer zu weit zu gehen, denn der Zwiebel galt und gilt meine ganze Liebe. Am Sonntag, wenn meine Mutter Schweinebraten machte, dann wurde der beim Anbraten mit halben Zwiebelknollen umgeben, und bevor meine Mutter dann mit heißem Wasser die Sauce aufgoß, bekam ich auf ein Butterbrot eine halbe gedämpfte Zwiebel. Und der Zwiebelkuchen meiner Mutter! (Sie finden ihn im ersten Großmutterbuch als «Zwiebel-kuchen nach Tante Hanni»), oder die Zwiebelsuppe meiner Mutter! Und selbst der Zwiebelwickel, den das kleine Wernerle bei seinem steten Halsweh bald jeden Monat um den Hals bekam, war ein Genuß für die Nase und förderte das Gelüst nach gebratenen Zwiebeln. Im Krieg, als die Pausenbro-te der Schüler armselig wurden, war ich fein heraus: Ich hatte auf meinem Brot zwar nur rohe Zwie-belscheiben. Aber das liebte ich! Das hatte überdies noch den Erfolg, daß Lehrer und Mitschüler sich von mir fernhielten. Die Leidenschaft für rohe Zwiebelscheiben habe ich bis heute. Aber sie wurde von weiblichen Wesen schon in früher Jugendzeit – der Krieg war allerdings schon zu Ende, als ich ins gefährdete Alter kam – erheblich gedämpft. Der Geruch! Kennen Sie übrigens die Ge-schichte von Gregor von Rezzori, die er aus Maghrebinien, jenem sagenhaften Land irgendwo im Osten, erzählt? Ein Mann kam aus dem berühmten Restaurant «Zur Silberzwiebel» des noch be-rühmteren Kochs Cipollo Knobelinski und begegnete einem Freund. «Oh», sprach der, «Du bist ge-wesen bei Knobelinski, was hast Du gegessen?»
«Rat mal», sagte der andere. «Gib mir einen Hauch.» Der Mann hauchte seinen Freund an, der gleich mehrere Schritte nach hinten sprang und sagte: «Du hast Knoblauchwurst gegessen!»
«Richtig», sagte der Mann, «aber das war vorgestern. Was habe ich heute gegessen?» Der andere kam vorsichtig einen Schritt näher und sagte: «Gib mir noch einen Hauch».
«Hhaah!»
«Zwiebelfische!», rief er jetzt. «Wieder falsch, das war gestern, aber heute, was habe ich gegessen heute?» Der andere sagte: «Ich weiß es nicht». Da sagte der Mann triumphierend: «Erdbeertorte!»
Was sagen Sie jetzt! Dabei ist es ganz einfach, so sagt man, die Folgen des Zwiebelgenusses im Atem zu unterdrücken: Ein Glas warme Milch oder ein Eßlöffel kleingehackte Petersilie oder etwas Zitronensaft oder ein Apfel oder mindestens 10 Kaffeebohnen zerkaut, oder auch die frischen Blätter von Pfefferminze, Majoran und Thymian. Das behaupten die Leute und das behaupten gescheite Bücher. Aber das muß für Menschen gelten, die anders gebaut sind als ich. Was immer ich mache, wann immer ich Zwiebeln gegessen habe, Frauen, die mir nahestehen, schreien weh auf. Es ist eben nicht nur mein Atem. Das ätherische Öl der Zwiebel, das ihren besonderen Geschmack aus-macht, wird vom Körper aus allen Poren der Haut abgesondert, und der Zwiebelesser, also ich,

stinkt ganz allgemein. Nun gilt die Zwiebel seit altersher als Aphrodisiakum, zu deutsch: als Mittel, das die Liebe, vor allem die dazu gehörige Manneskraft, fördert. Aber das, was die Liebe fördert, wird erheblich behindert durch den Gestank. Der römische Schriftsteller Ovid, der sich vor 2000 Jahren mit derlei Problemen intensiv beschäftigt hat, gibt den einleuchtenden Rat, die Partnerin solle in Gottes Namen auch Zwiebeln essen. Und schon sei das Problem gelöst. Übrigens gab es im Alten Rom ein Sprichwort, das man auf ältere Herren hinsichtlich ihrer geschwundenen Kräfte anwandte: «Bulbus nihil profuerit», was zu deutsch heißt: «Dem hilft noch nicht mal eine Zwiebel». Aber so ist es halt mit der Zwiebel: Einerseits ist sie kolossal gesund. Sie enthält Vitamin A, Vitamin B 1 und Vitamin B 2 und Vitamin C (B 1 und B 2 sind übrigens die Vitamine, die einerseits gegen Reisekrankheit wirken und andererseits die Mücken fernhalten. Ist das ein Wunder!). Sie hemmt das Wachstum der Bakterien, hilft bei Magen- und Darmbeschwerden, hilft bei Gesichtslähmungen und Gesichtsneuralgien, hilft bei Angina und Entzündungen des Rachenraumes, regt die Gallensekretion an und die Verdauung, senkt den Blutdruck, hilft bei der Regulierung des Blutdrucks, hilft sogar bei schwerer Anämie, und ihr Saft stärkt den Haarwuchs. Andererseits dieser Geruch! Diese zwiespältige Wirkung der Zwiebel kommt vermutlich von ihrer Herkunft. Sie erinnern sich, vor alter Zeit hatte der Satan, der ein normaler Himmelsangestellter war, den Aufstand geprobt und wollte selber Chef sein, da hat ihm der liebe Gott fristlos gekündigt und ihn des Himmels verwiesen (selbst die Gewerkschaft konnte ihn nicht retten), seitdem sucht er, übrigens mit zunehmendem Erfolg, hier auf der Erde nach entsprechenden Anhängern. Kurz, als der Teufel zum ersten Mal auf die Erde kam, da wuchs, wo sein rechter Fuß hintrat, die Zwiebel, und wo sein linker Fuß hintrat, der Knoblauch. Jedenfalls behauptet das eine türkische Sage. Und sagt nicht Goethe, der Teufel sei die Kraft, «die stets das Böse will und stets das Gute schafft». Jedenfalls ist die Zwiebel scharf, und wenn man sie schneidet, muß man weinen. Und die Zwiebel und der Knoblauch stinken, oder besser, der Mensch, der davon ißt. Aber beiden ist gemeinsam ihre große Heilwirkung und ihre große Bedeutung als Gemüse und Gewürz. Ja, vor 5000 Jahren, im Zweistromland, an Euphrat und Tigris, im Lande Sumer und Babylon war Brot und Zwiebel die Grundnahrung der einfachen Menschen. Die Arbeiter, die vor 4500 Jahren die Pyramiden bauten in Ägypten, bekamen Zwiebeln zu essen. In Ägypten waren die Zwiebeln so wichtig, daß Eide bei der Zwiebel geleistet wurden. Die Römer brachten die Zwiebel zu uns. Ich stelle mir so ganz konkret vor, wie die Germanen über eine römische Zwiebelsuppe gestaunt haben. Das Wort Zwiebel erinnert an ihre südliche Herkunft, ist es doch mit dem italienischen Wort Cipolla sehr nah verwandt.

Meine Mutter hat die Zwiebeln an St. Benedikt gesteckt (21. 3.), gemäß dem Spruch «Benedikt macht Zwiebeln dick». Dabei ist das mit dem Zwiebelstecken eine rechte Wissenschaft. Einerseits ist die Zwiebel ein Gewächs, das unter der Erde entsteht, also muß sie bei Neumond unter die Erde. («Schtupf Zwiebel im Nui, kriegscht Zwiebel wie Knui».)

Andererseits sollen sie bei Vollmond gesteckt werden, damit sie dick werden. Jedenfalls sollen sie im Zeichen des Steinbocks gesteckt werden, damit sie fest werden, im Zeichen des Wassermanns werden sie nämlich faul, im Zeichen des Schützen schießen sie. Günstig ist auch der Karfreitag (wegen Christi Tränen!). Beim Zwiebelstecken hat meine Mutter immer gesagt, daß man nicht in die Höhe blicken darf oder sich aufrichten, sonst schießen die Zwiebeln ins Kraut. Und wenn man nicht schweigt, dann werden sie überhaupt nichts. Aber man soll sich beim Zwiebelstecken ärgern, dann gedeihen sie gut. Und wenn man gar ins Schwitzen kommt, dann werden sie richtig scharf. An Johanni sollte man sich auf dem Zwiebelbeet wälzen. Um es ganz genau zu sagen, das sollte ein nackter Mann machen. Vielleicht lebt da noch eine Erinnerung daran, daß früher Bauer und Bäuerin auf dem Getreidefeld miteinander geschlafen haben, damit das Feld fruchtbar wird. Meine Mutter hat auf alle Fälle an Johanni die Zwiebelröhren mit der Hand umgedrückt, damit die Kraft der Zwiebeln in die Knolle ging und nicht ins Lauch, wie sie sagte. Eine Zwiebel ließ sie stehen für den Zwiebelsamen im nächsten Jahr. Heutzutage sagt man allerdings, daß man das nicht machen soll. Aber das wird die Kathrin an anderem Ort erklären. Übrigens, wenn man eine Zwiebel neben einen Rosenstock pflanzt, dann sollen die Rosen stärker duften. Einmal im Jahr hat meine Mutter die Zwiebel als Orakel benutzt, das war in der Christnacht. Da hat meine Mutter aus einer Zwiebel 12 kleine Schalen gebildet. Die hat sie mit Salz bestreut und vor das Fenster gestellt, bevor sie zur Christmette ging. Und je nach dem, wieviel Feuchtigkeit das Salz nach der Mette gezogen hatte, hat sie geschlossen: die erste Zwiebelschale ist fast trocken, also im Januar wird es wenig Niederschläge geben; die zweite Schale ist sehr feucht, also wird es im Februar viel regnen oder schneien usw. Aber man kann natürlich die Zwiebel auch zu anderen Orakeln verwenden. Man kann eine Zwiebel in die Erde stecken und aus der Form der Wurzeln auf die Zukunft schließen. Man kann als unverheiratetes Mädchen für jeden in Frage kommenden Jüngling eine Zwiebel im Schlafzimmer aufstellen und schauen, wessen Zwiebel zuerst grün wird: Der ist's! Wird aber keine grün, dann bleibt das Mädchen im kommenden Jahr ungefreit. Wenn man unter Schwindel leidet, soll man eine weiße Zwiebel in der Tasche tragen. Und wenn man Warzen vertreiben will, dann muß man so viele Zwiebeln stehlen (ich lehne jede strafrechtliche Verantwortung ab!), wie man Warzen hat, und sie dann über die linke Schulter ins Feuer werfen. (Ich stelle mir vor, wie Sie an Ihrer Zentralölheizung stehen und versuchen, über ihre linke Schulter mit den Zwiebeln durch die Feuerklappe ins Feuer zu treffen!). Übrigens, wenn man ein Baby erwartet, darf man keine Zwiebeln essen, sonst wird das Kind dumm. Und damit bin ich wieder bei der Äußerung meiner Mutter: «Du dumme Zwiebel».

Die Großmutter wußte:

— Wenn man die Zwiebel, das Messer ins kalte Wasser taucht und das Brett mit Wasser abspült, muß man beim Zwiebelschneiden *weniger weinen.*
Denselben Effekt soll es haben, wenn man die Zwiebel mit wassergefülltem Mund schneidet. Niemand hindert einen daran, den ersten und zweiten Tip kombiniert zu erproben.

— *Schalotten* lassen sich leicht schälen, wenn man sie mit kochendem Wasser übergießt und eine Minute stehen läßt.

— *Geschnittene Zwiebeln* sofort weiterverwenden, erstens verursachen sie sonst Blähungen, und zweitens verändert sich auch ihr Geschmack.

— Ein Zwiebelstück, das man nicht sofort braucht, in einem *verschlossenen Gefäß* aufbewahren, sonst nehmen daneben aufbewahrte Lebensmittel den Zwiebelgeruch an.

— Soll eine Speise kräftig gewürzt werden, reibt man die Zwiebel an einer *Bircherraffel.*

— Um *Zwiebelringe* schön knusprig zu braten: Die Zwiebel querdurch in Scheiben schneiden, die ganze Zwiebelscheibe in Mehl drehen, dann in Ringe zerteilen.

— Um *nicht nach Zwiebel zu riechen* (besonders lästig nach dem Genuß roher Zwiebeln), ein Glas Milch trinken, eine Kaffeebohne oder etwas Petersilie oder Wacholderbeeren zerkauen.

— Durch Zugabe von grob gehackten, mitgekochten Zwiebeln lassen sich Fleischgerichte *«strecken».*

— Feingehackte oder geriebene Zwiebeln *binden Saucen,* falls man Mehl vermeiden will. Aber dann vorsichtig würzen!

— Bei Rezepten, die *gedünstete Zwiebeln* vorschreiben, darauf achten, daß sie nicht angebräunt werden. Der Geschmack würde sich sonst ganz wesentlich verändern.

— Damit beim *Würzen mit Lorbeer und Nelke* diese vor dem Servieren leicht entfernt werden können, steckt man das Lorbeerblatt mittels der Nelke in eine Zwiebel, die man nicht einmal zu schälen braucht. Zwiebelschale gibt Fleischbrühe eine schöne Farbe.

— Wenn man Eier hartkocht, gibt man dem Kochwasser einige der äußeren *Zwiebelschalenblätter* bei. Sie färben ab und kennzeichnen damit die Eier.

— Zwiebeln an einem *dunklen, luftigen Ort* aufbewahren — es sei denn, man wolle die Keime als Schnittlauchersatz verwenden. Dann stellt man sie ans Küchenfenster, wo sie bald treiben.

— Hat ein Schneidebrett, das eigentlich für einen andern Zweck als Zwiebelschneiden dient, *Zwiebelgeruch* angenommen, so reibt man es mit etwas Zitronensaft ab.

— Zwiebelschale zieht *Regenwürmer* an. Entweder beim Pflanzen von Setzlingen unter die Wurzeln legen oder dem Kompost beifügen.

Zwiebelsorten

Frühlingszwiebel (länglich, weißschalig, wird mit dem Laub verkauft)
Man läßt etwa gleich viel grünen Stengel an der Zwiebel, wie der weiße Teil lang ist. Am besten schmeckt sie unzerteilt in Butter oder Olivenöl gedünstet. Roh zu Salat ist sie sehr scharf – und vor allem riecht man sie, wenn ein anderer sie roh gegessen hat!

Römische Zwiebel, Haushaltszwiebel
Allerweltszwiebel, sowohl zum Würzen als auch für Gemüse geeignet. Sie ist rund, gelbschalig, bei trockener, dunkler Lagerung lange haltbar.

Rote Zwiebel, Burgunderzwiebel, violette Zwiebel
Hauptsächlich für Salat. Keine Lagersorte.

Schalotte
Die würzige Zwiebel, ohne scharf zu sein. Rote bis violette Haut, knoblauchförmig. Für feine Saucen-, Fleisch- und Gemüsegerichte.

Perl- oder Silberzwiebeln
Beliebt für Mixed pickles. Gelbe Haut, runde Form. Besonders zum Einlegen in Essig geeignet.

Spanische Zwiebel, Gemüsezwiebel
Größer als Haushaltszwiebeln, weniger scharf, deshalb besonders geeignet als Gemüse oder für Zwiebelsalat. Im Herbst erhältlich, nicht lagerfähig.

Rezepte mit Zwiebeln

Zwiebelsalat

> 2 l Hühnerfleischbrühe
> 500 g gehobelte Speisezwiebeln
> 2 EL Kapern
> 3 EL Rotweinessig
> 5 EL Olivenöl
> Salz, Pfeffer
> 100 g gekochten Schinken in Würfel
> geschnitten oder Schinkenspeck

Die Fleischbrühe aufkochen, die Zwiebeln dazugeben, 5 Min. kochen, die Zwiebeln abgießen (gibt, mit Kräutern gewürzt, eine feine Suppe) gut abtropfen lassen. Lagenweise mit den Kapern in eine Schüssel geben. Aus Essig, Öl, Salz und Pfeffer eine Salatsauce mischen, diese über die noch warmen Zwiebeln schütten. Die Schinken- oder Speckwürfel knusprig braten, über den Salat geben, alles gut mischen und sofort servieren.

Französische Zwiebel-Omelette

> 300 g Zwiebeln, fein gehackt
> 2 EL Olivenöl
> 6 Eier
> 6 halbe Eierschalen voll Wasser
> Salz, Pfeffer, Maggi-Würze
> 2 EL frische Butter

Die Zwiebeln im Öl hellbraun dünsten. Die Eier mit dem Wasser und den Gewürzen leicht verklopfen. Die Butter zergehen lassen, die Eimasse darin stocken lassen, die Zwiebeln über die eine Hälfte des Omeletts geben, die zweite Hälfte darüberschlagen. Mit Kopfsalat servieren.

Zwiebelsauce

> 4 mittelgroße Zwiebeln
> 1 EL eingesottene Butter
> 5 dl Hühnerbrühe
> 1 EL frische Butter
> 1 EL Weißmehl
> Salz, Muskat
> 1 Msp. Curry
> evtl. z. Legieren 1 Eigelb
> 2 – 4 EL Rahm

Die Zwiebeln schälen, in dünne Scheiben schneiden, in der Butter gut durchdünsten, ohne sie gelb werden zu lassen. Ablöschen mit der Bouillon und zugedeckt weichdämpfen (ca. 30 Min.). Durch ein feines Sieb streichen oder im Mixer pürieren. Kochbutter schmelzen, Mehl dazugeben und leicht dünsten unter Rühren. Gut die Hälfte der Bouillon vom Zwiebelsud nach und nach dazugeben unter ständigem Rühren. Das Zwiebelpüree in die Sauce geben, würzen und legieren. Servieren zu Hammelfleisch oder Zunge.

Braune Zwiebelsauce «Sauce Robert»

> 1 EL eingesottene Butter
> 3 EL Mehl
> 3 dl Bouillon, evtl. Fischsud
> 1 dl Rotwein
> 50 g Schinkenwürfel
> 3 – 4 Zwiebeln
> 1 EL frische Butter
> ½ bis 1 EL Zitronensaft
> 1 Msp. Senf
> 1 Pr. Zucker
> Liebig-Fleischextrakt

Eingesottene Butter erwärmen, Mehl dazugeben und unter ständigem Rühren kastanienbraun rösten, mit Bouillon und Rotwein ablöschen. Danach den fein geschnittenen Schinken beigeben. Die Zwiebeln in dünne Streifen schneiden, in der Butter weich dünsten. Sie unter die braune Sauce mischen und 20–30 Minuten köcheln lassen. Passieren und würzen. Servieren zu Ochsenzungen, Bratwürsten, Schalenkartoffeln, Fischen usw.

Gedämpfte Zwiebeln

```
300–500 g  Zwiebeln oder Schalotten
     50 g  Kochfett oder Öl zum Dünsten
      2 dl Bouillon
            Salz
            Muskat
   1 Pr.   Zucker
            etwas Streuwürze
            wenig Zitronensaft
   3–4 EL  Rahm
            evtl. Eigelb
```

Zwiebeln schälen, halbieren oder in Scheiben schneiden und im Fett dünsten, mit der Bouillon ablöschen, sorgfältig würzen und mit Rahm verfeinern. Servieren auf Toast, mit Schalenkartoffeln oder Reis sowie als Beigabe zu Hammel- oder Schweinebraten.

Zwiebel-Schinken-Kuchen

Teig (ergibt zwei Kuchen, kann tiefgekühlt werden)

```
125 g   Butterflocken möglichst kalt werden
        lassen
        (die Großmutter tat sie über Nacht in
        den Keller, wir haben den Kühl-
        schrank – Eilige stellen die Flocken
        ½ Stunde in den Tiefkühler)
250 g   Mehl
    1   gestrichener KL Salz
4–5 EL  möglichst kaltes Wasser
```

Die Butter mit möglichst kühlen Händen unter das Mehl reiben, das Wasser löffelweise beigeben, rasch kneten, eine Kugel formen, über Nacht in den Keller oder 1 Std. in den Tiefkühler stellen.

Füllung

```
250 g   Schinkenwürfel
300 g   Zwiebeln, geschält, grob gehackt
    2   Eier
100 g   Rahmquark
 ½ KL   Kümmel
 ¼ KL   Salz, weißer Pfeffer
100 g   geriebener Emmentaler
```

Die Schinkenwürfel in der heißen Bratpfanne rösten, bis das Fett geschmolzen ist, die Zwiebeln beigeben, mitdämpfen, etwas abkühlen lassen.
Den Teig auswallen, einstechen. Die Eier verquirlen, Quark, Kümmel und Gewürze daruntermischen. Zuerst die Zwiebel-Schinkenmasse, dann die Eier-Quarkmischung auf den Teig geben. Im auf 200° C vorgeheizten Backofen 15 Min. backen, mit dem Käse überstreuen, nochmals 5 Min. backen. Mit grünem oder Feldsalat servieren.

Zwiebelstrudel
Strudelteig siehe Seite 20

Füllung
- 2 EL eingesottene Butter
- 500 g Zwiebeln geschält, halbiert, in feine Scheibchen geschnitten oder gehobelt
- 1½ dl Rinderbrühe
- Salz, Muskat oder Kümmel
- 1 KL Zitronensaft
- 2 Eigelb
- 2 EL Paniermehl

Die Butter zergehen lassen, die Zwiebeln beigeben, auf kleiner Flamme 10 Minuten dünsten (sie dürfen nicht braun werden), mit der Brühe ablöschen, würzen, mit dem Eigelb legieren. Erkalten lassen.
Weiteres Vorgehen wie beim Apfelstrudel.
Eventuell mit Tomatensauce servieren, Kopfsalat dazu.

Essigzwiebelchen

- 1 kg Silberzwiebelchen
- 2 l Wasser
- 1 EL Salz
- 2 dl Olivenöl
- ¾ l Weißweinessig
- 4 Lorbeerblätter
- 4 Knoblauchzehen
- 1 KL weiße Pfefferkörner
- 1 KL Salz

Die Zwiebeln in eine Schüssel geben, mit kochendem Wasser übergießen, ca. 5 Min. stehen lassen. Dann lassen sie sich schälen wie Mandeln. 2 l Wasser mit dem Salz aufkochen, vom Feuer nehmen, die Zwiebeln beigeben, zugedeckt 5 Minuten stehen lassen, sorgfältig abseihen.
In einem gußeisernen Kochtopf das Öl warm werden lassen, die übrigen Zutaten beigeben. Sobald das Gemisch zu kochen beginnt, Flamme kleinstellen, die Zwiebeln beigeben, nicht länger als 5 Minuten köcheln lassen. Sie müssen fest bleiben. Dann vom Feuer nehmen und abkühlen lassen. In saubere Gläser mit Schraubdeckelverschluß abfüllen, die Gewürze gleichmäßig verteilen, mit der Flüssigkeit gut bedecken. Falls Flüssigkeit fehlt, noch Weißweinessig beigeben. Verschließen, kühl und dunkel mindestens 2 Monate lagern.

Variante:
Statt Weißwein- Rotweinessig und statt Lorbeer Salbei.

Zwiebelringe als Aperitifgebäck

2 große oder 4 kleine Zwiebeln, in querverlaufende Scheiben geschnitten, die einzelnen Ringe ausgelöst

Ausbackteig

Die Hälfte der Zutaten des Apfelküchleinteigs von Seite 19 mit Ausnahme von Zucker zu einem Teig verarbeiten.
Die Zwiebelringe in den Teig tauchen und im Fritieröl ausbacken.

Die Zwiebel als Medizin

Die Großmutter wußte es noch:
Gegen jede Krankheit ist eine Zwiebel gewachsen! Wenn man ganz alte Bücher über die Heilkunde durchblättert: Die Zwiebel ist immer dabei!
Paracelsus schrieb im 16. Jahrhundert ein genaues Rezept für eine «Kraftspeise der Jugend»: Gleichviel Zwiebel, Kraut, Knoblauch, Karotten und Spinat so fein wie möglich zerkleinern und zu einem Mus vermischen, das man in einem verschlossenen Glas aufbewahrt. Jeden Abend vor dem Schlafengehen übergießt man in einer kleinen Tasse einen halben Teelöffel davon mit heißem Wasser und trinkt es.
Da hat man vermutlich das Aphrodisiakum, von dem einst Ovid und hier Werner sprach!
Immer wieder begegnet man dem «Zwiebelsirup», für den ich die beiden folgenden Rezepte am empfehlenswertesten halte:

Zwiebelsirup zur Entschlackung und Entwässerung (also angezeigt bei Gicht, Rheuma, Übergewicht): 200 g feingeschnittene Zwiebeln in ein Glasgefäß geben, mit einem guten, herben Weißwein übergießen, zwei Tage an einem dunklen Ort stehen lassen, abseihen, in gut verschließbare Flasche geben. Drei Eßlöffel täglich auf nüchternen Magen einnehmen.

Zwiebelsirup gegen Erkältungskrankheiten, Vorbeugungsmittel gegen Kinderkrankheiten, Grippe: 300 g Zwiebeln roh durchpressen, in einem Glasgefäß mit 100 g flüssigem Honig und 600 g gutem, herbem Weißwein vermischen, in gut verschließbare Flasche abfüllen. Täglich 3 Eßlöffel, einen vor jeder Mahlzeit einnehmen, die Flasche jeweils vor Gebrauch gut schütteln.

Wundsalbe: gleichviel feinzerschnittene Zwiebeln, Honig und Rotweinessig miteinander zu einer Paste rühren.

Gegen Nasenbluten: eine Zwiebel halbieren, die eine Hälfte auf den Nacken legen, die andere Hälfte vor die Nase halten und tief einatmen.

Insektenstiche: Frischen Zwiebelsaft aufträufeln. Bei Stichen in Hals und Mund: Zwiebel kauen und möglichst lang im Mund behalten. Diese Maßnahme kann lebensrettend wirken!

Blähsucht, Sodbrennen: eine halbe, feingeschnittene Zwiebel mit einem Stück trockenem Brot essen.

Zwiebelauflagen: (Frau Feißts Zwiebelwickel gegen Erkältungen, Heiserkeit, auch bei Geschwülsten, Furunkeln, Nagelbettentzündungen, Ohrenschmerzen): die Zwiebel in dünne Scheiben schneiden, in der Bratpfanne heiß werden lassen (aber natürlich nicht braten oder dünsten). Die Zwiebelscheiben in ein poröses Tuch (z. B. Gazewindel) einpacken, auf die schmerzende Stelle legen, darüber kommt ein wasserdichtes Tuch, damit der Wickel möglichst lange heiß bleibt. Stündlich erneuern.

Zwiebelmus (als Zugsalbe): Ein knoblauchgroßes Zwiebelstück durch die Knoblauchpresse drücken. Den Brei auflegen. Stündlich erneuern.

Warzen verschwinden, wenn man sie mit Zwiebelmus belegt.

Bestes Schnupfenmittel: in jedes Nasenloch ein Stückchen Zwiebel stecken. 5 Minuten lang tief einatmen. Stündlich wiederholen.

Brüchige Finger- und Zehennägel werden stark und glänzend, wenn man sie täglich mit Zwiebelmus bestreicht.

Sommersprossen kann man bleichen, indem man sie täglich mehrmals mit frischem Zwiebelsaft betupft.

Hühneraugen beseitigt man, indem man Zwiebelringe in Essig aufkocht, noch heiß in ein Mulltuch verpackt, über Nacht auflegt. Einige Tage lang ohne Unterbruch wiederholen.

Zahnschmerzen lindert man, indem man eine warme Zwiebel dort, wo der Zahn schmerzt, auf die Backe auflegt.

Die Zwiebel im Garten

Man kann Zwiebeln natürlich säen – so wie es diejenigen tun, die die Zwiebel zu Handelszwekken anbauen. Im Hausgarten zieht man den Zwiebelanbau mittels Steckzwiebeln vor: Steckzwiebeln sind im frühen Frühjahr in Samenhandlungen erhältlich. Mit einem Kilogramm Steckzwiebeln, richtig angepflanzt, kann man den Winterbedarf einer vierköpfigen Familie decken.
Die Zwiebeln steckt man ab Mitte April. Sie schätzen es, wenn ihr Beet mit Holzasche und Schwarztee-Blätterresten (Schwefel und Kali) gedüngt worden ist.
Es empfiehlt sich, die Steckzwiebeln vor dem Ausbringen über Nacht in lauwarmem Wasser einzuweichen.
Man macht 2 cm tiefe Furchen im Abstand von 25 cm und setzt jede Handbreite ein Zwiebelchen, das man so zudeckt, daß nur noch die Spitze hervorschaut. Gut andrücken.
Nicht genug empfohlen werden kann die Mischkultur mit Karotten, also auf demselben Beet

abwechslungsweise eine Reihe Zwiebeln, eine Reihe Karotten anpflanzen. Den Karottensamen mischt man zudem mit Radieschen- oder Dillsamen. Dies, weil die Saatreihen so schneller sichtbar sind. Fast möchte ich sagen, daß Zwiebeln, Karotten und Dill sich lieben. Einer vertreibt die Schädlinge des andern und fühlt sich dementsprechend wohl!

Auch bei der Zwiebelernte hatten unsere Großmütter ihre speziellen Tricks: Wenn das Laub braun zu werden beginnt, knickt man die Stengel. Etwa zwei Wochen später lockert man die Pflanzen mittels einer Grabgabel – und nochmals zwei Wochen später erntet man die Zwiebeln. Am besten macht man das morgens an einem sonnigen Tag. Man breitet sie an einem warmen, luftigen Ort zum Trocknen aus.

Die geernteten Zwiebeln bindet man schließlich zum Zopf. Nicht bloß, weil das hübsch aussieht: es ist die beste Art, die Zwiebeln lange frisch zu erhalten. Wenn man auch nicht so schöne Gebinde wie die Frauen aus dem Berner Seeland machen kann: Man nimmt ein paar Strohhalme, die man mit einem Bindfaden zu einem Mittelstück fixiert, bringt oben eine Schlaufe zum Aufhängen an und wickelt, von unten beginnend am Laubansatz jede Zwiebel daran.

Falls gelagerte Zwiebeln zu schießen beginnen: die Schosse sind, feingeschnitten, ein ausgezeichneter Schnittlauchersatz!